Logoterapia y análisis existencial

Viktor Frankl

Logoterapia
y análisis existencial

Textos de seis décadas

Herder

Títulos originales: Logotherapie und Existenzanalyse
Traducción: José A. de Prado, Roland Wenzel, Isidro Arias, Roberto H. Bernet
Diseño de la cubierta: Gabriel Nunes

© 2017, Beltz, en Verlagsgruppe Beltz, Weinheim
© 2018, Herederos de Viktor Frankl
© 2018 Herder Editorial, S.L., Barcelona

2.ª edición, 2.ª impresión, 2020

ISBN: 978-84-254-4199-8

La reproducción total o parcial de esta obra sin el consentimiento expreso
de los titulares del *Copyright* está prohibida al amparo de la legislación vigente.

Imprenta: Ulzama Digital
Depósito legal: B- 22.290-2018
Printed in Spain

Herder
www.herdereditorial.com

ÍNDICE

PREFACIO A LA NUEVA EDICIÓN 9
PREFACIO A LA PRIMERA EDICIÓN 27

PRIMERA PARTE
TEXTOS DE SEIS DÉCADAS

I. Problemática intelectual de
   la psicoterapia 39
II. Autorreflexión psiquiátrica 59
III. Filosofía y psicoterapia 67
IV. Sobre la ayuda de los fármacos
   en la psicoterapia de las neurosis 79
V. Psicología y psiquiatría del campo
   de concentración 93
VI. Rudolf allers como filósofo
   y psiquiatra 133
VII. ¿Psicologización o humanización
   de la medicina? 147

VIII.	El encuentro de la psicología individual con la logoterapia	169
IX.	Hambre de pan y hambre de sentido	189
X.	El hombre en busca del sentido último	197
XI.	In memoriam 1938	223
XII	Observaciones sobre la patología del espíritu del tiempo	229

SEGUNDA PARTE
ELEMENTOS DEL ANÁLISIS EXISTENCIAL
Y DE LA LOGOTERAPIA

I.	Análisis existencial como explicación de la existencia personal	250
II.	Análisis existencial como terapia de neurosis colectivas	320
III.	Logoterapia como «cura de almas» médica	331
IV.	Logoterapia como terapia específica de neurosis noógenas	362
V.	Logoterapia como terapia no específica	372

ÍNDICE DE LAS FUENTES (POR CAPÍTULO) 411
OTRAS OBRAS DE VIKTOR FRANKL 413

QUIEN TIENE UN PORQUÉ PARA VIVIR
SOPORTA CASI CUALQUIER CÓMO

PREFACIO A LA NUEVA EDICIÓN

> *Yo no soy solamente médico especialista en dos disciplinas, sino también superviviente de cuatro campos de concentración, y, por esa razón, tengo también conocimiento acerca de la libertad que tiene el hombre para elevarse por sobre toda su condicionalidad, para oponer resistencia incluso a los condicionamientos y a las circunstancias más terribles y duras en virtud de lo que suelo denominar el poder de obstinación del espíritu.*[1]

Cuando Viktor Frankl escribió estas líneas, poco después de su liberación del campo de concentración, nadie hablaba todavía de «resiliencia». Este concepto llegó a constituirse como una categoría permanente del discurso médico solo a fines de la década de 1970, con el extenso estudio longitudinal de Emmy Werner titulado «Die Kinder von Kauai».

1. V.E. Frankl, *Ärztliche Seelsorge. Grundlagen der Logotherapie und Existenzanalyse. Und Vorarbeiten zu einer sinnorientierten Psychotherapie*, en *Gesammelte Werke*, vol. 5, Viena, 1993, p. 347.

Werner, psicóloga evolutiva estadounidense, había observado durante un período de cuarenta años a 698 niños nacidos en la mencionada isla del archipiélago de Hawái en 1955 y que habían crecido todos en circunstancias difíciles. Un tercio de ellos llegaron a gozar de estabilidad psíquica y a ser adultos exitosos a pesar de la pobreza, la desocupación o el alcoholismo con el que habían convivido en su casa paterna. Observando con más detalle el grupo, Werner se encontró con una serie de «factores de resiliencia», ante todo el vínculo seguro a una persona de referencia constante, pero también humor, disposición para aceptar ayuda y diferentes formas de espiritualidad.

Con la llegada de la psicología positiva, la investigación sobre la resiliencia ahondó en el estudio de estos y otros factores como momentos determinantes y reconoció pronto que estos deben tenerse en cuenta no solamente para la superación de circunstancias de vida difíciles, sino también, en general, como pautas para una vida lograda. Por eso, desde hace un tiempo se registra en la literatura psicológica tanto científica como popular un verdadero auge del concepto de resiliencia.

En esta literatura se hace frecuente referencia a Viktor Frankl —a su obra tanto como a su biografía, en especial con vistas a su supervivencia y al modo en que abordó sus experiencias como prisionero en cuatro campos de concentración durante la dictadura de Hitler—. Algunos autores llegan a describir a Frankl como uno de los pioneros de la investigación sobre la resiliencia, a pesar de que, en realidad, la palabra «resiliencia» no aparece ni una sola vez en la vasta obra de Frankl.

Esta ausencia es digna de mención ya por el solo hecho de que Frankl participó de forma muy activa y con mucho interés hasta su muerte, en 1997, en el discurso científico de actualidad de la psiquiatría, la psicoterapia y la psicología y entró una y otra vez en un diálogo crítico con nuevas tendencias y temas de investigación dentro de las ciencias de la conducta. Por este motivo es improbable que, en especial en el marco de su actividad docente en las universidades de Harvard, Dallas, Duquesne y San Diego, no haya entrado en contacto con el concepto y enfoque de la resiliencia.

Retrospectivamente no es posible reconstruir con seguridad las razones por las cuales Frankl no retomó nunca el concepto, dejándoselo a otros, a pesar de que, con el «poder de obstinación del espíritu», expuso un concepto *prima facie* semejante, que resuena también en la cita de Nietzsche que aparece reiteradamente en diversos textos de Viktor Frankl: «Quien tiene un porqué para vivir soporta casi cualquier cómo».[2] Aunque Frankl transforma el «soportar» pasivo de Nietzsche en el activo «poder de obstinación del espíritu»:

> Si uno se convertía en un detenido típico o si incluso en esta situación forzada, en esta situación límite, uno seguía siendo hombre. De esta decisión se trataba en cada caso. [...] Si todavía hubiera necesitado una prueba de que el poder de obstinación del espíritu es una realidad, el campo de concentración era el *experimentum crucis*.[3]

2. Cf. *infra*, pp. 123, 232 y 330.
3. Cf. *infra*, p. 112.

¿Qué relación guardan entre sí la resiliencia y el «poder de obstinación del espíritu»? En lo que sigue se habrán de esbozar los contornos del concepto de resiliencia y los del trabajo de Frankl sobre la cuestión de la posibilidad de superar psíquicamente sano un sufrimiento irremediable a fin de mencionar las coincidencias y diferencias entre ambos enfoques.

¿*Resiliencia* avant la lettre?

Ahora bien, para entrar en un diálogo semejante entre la investigación sobre la resiliencia y la tradición investigativa fundada por Frankl hay que aclarar primeramente un malentendido histórico, sobre todo porque una elucidación racional de ese error allana también el camino hacia un tratamiento más informado sobre la relación entre la logoterapia de Frankl y la resiliencia. Se lee a veces que la propia supervivencia de Frankl a sus tres años de prisión en los campos de concentración de Theresienstadt, Auschwitz, Kaufering y Türkheim se debe a su resiliencia (o poder de obstinación),[4] y que ese hecho es hasta un ejemplo clásico de los efectos del comportamiento resiliente —con lo cual se obtiene más conocimiento sobre la falta de realismo histórico y existencial que sobre la resiliencia o sobre el «poder de obstinación del espíritu».

En efecto, la cosa no es tan simple, por desgracia. El sufrimiento, la enfermedad, la injusticia y la muerte no se de-

---

4. Por ejemplo, en D. Mourlane, *Resilienz. Die unentdeckte Fähigkeit der wirklich Erfolgreichen,* Gotinga, 2012, pp. 29ss.

Prefacio a la nueva edición

jan engañar tan fácilmente ni someter a la factibilidad del hombre como si, por ejemplo, la mera actitud «correcta» o determinados factores de resiliencia pudiesen hacer posible de forma segura la superación de situaciones dolorosas (y, a la inversa, como si a quienes no sobreviven y superan dichas situaciones se les pudiese imputar una corresponsabilidad por su destino). El mismo Frankl enfatiza bastante a menudo en sus discursos conmemorativos que precisamente «los mejores» no sobrevivieron al Holocausto, y que la supervivencia en sí misma se debía con frecuencia a poco más que la mera casualidad o una gracia inmerecida:

> Pues los supervivientes sabíamos perfectamente que los mejores que habían estado con nosotros no salieron de allí: ¡fueron los mejores los que no regresaron! De ese modo, no podíamos sentir nuestra supervivencia sino como una gracia inmerecida.[5]

Antes bien, Frankl enfatizó el papel del albur de morir y la gracia de sobrevivir, así como el nefasto papel de un sistema político que dejó que las cosas llegaran al punto de que la mera casualidad, por ejemplo, en la forma del momentáneo estado de ánimo de los supervisores y comandantes del campo, pudiesen determinar sobre el ser o no ser de los internos. Así pues, en ese sentido —y no solamente con relación al sufrimiento histórica y biográficamente único del Holocausto—, Frankl se sentía demasiado comprometido

---

5. V.E. Frankl, *Psychologie des Konzentrationslagers. Synchronisation in Birkenwald. Und ausgewählte Texte 1945-1993*, en *Gesammelte Werke*, vol. 2, Viena, 2006, p. 185.

con una valoración realista del sufrimiento humano como para que pudiese agregar al sufrimiento otro fin o concepto que no fuese lo que el sufrimiento es, mal que nos pese: algo doloroso y que, en cuanto tal, no puede trivializarse intelectual o eufemísticamente con nada.

Por eso los intentos de reinterpretar de esa manera el sufrimiento le resultaban sospechosos —como deberían resultarles a todas las profesiones asistenciales—. Y ello por dos motivos: primero, porque no hacen justicia ni a la seriedad de la situación concreta ni a la proporcionalidad del sufrimiento con respecto a la situación; y segundo, porque corren el peligro de subestimar el carácter absoluto del sufrimiento mismo y, de ese modo, dejan de colocarse precisamente en la actitud mental a partir de la cual se puede reconocer el sufrimiento, afrontarlo con honestidad y, tal vez, también superarlo.

A pesar de todo, decir sí a la vida

Lo que a Frankl le importaba ante todo no era tanto la superación del sufrimiento concreto sino más bien una cuestión mucho más fundamental y absoluta que había que aclarar con anterioridad: si una vida que tarde o temprano se ve alcanzada por la trágica tríada de sufrimiento, culpabilidad y muerte —y, diciendo esto, se está hablando de toda vida humana— puede tener todavía sentido y merecer vivirse, absolutamente hablando. La reflexión de Frankl sobre esta pregunta se expresa en un pasaje clave de una de sus primeras conferencias tras la liberación del campo de concentración. En él formula al mismo tiempo uno de los

Prefacio a la nueva edición

motivos centrales de su obra de vida, de la logoterapia y el análisis existencial:

> Señoras y señores, no creo cometer un error si en este punto asumo un lenguaje más personal. Antes bien, creo que, de alguna manera, se lo debo a ustedes a fin de facilitar su comprensión de aquello que quisiera exponerles. Pues bien: en el campo de concentración había muchos problemas, y problemas difíciles; pero, para los prisioneros, el problema rezaba, en última instancia: «¿Sobreviviremos? Pues solo entonces tendría sentido nuestro sufrimiento». Sin embargo, para mí el problema rezaba de forma diferente: mi problema era justo lo contrario: «¿Tiene sentido el sufrir, el morir?»
> Pues solo entonces podría tener sentido sobrevivir. Con otras palabras, solo una vida con sentido —una vida que tenga sentido en cualquier caso— me parecía digna de ser vivida. Por el contrario, una vida cuyo sentido estuviese a merced del más crudo albur —a saber, del albur de si se sale o no con vida—, una vida así, con un sentido tan cuestionable, tenía que parecerme realmente indigna de vivirse incluso si uno sobreviviera...[6]

De modo que cuando Frankl retorna una y otra vez en su vasta obra al tema de la superación del sufrimiento, lo hace, ciertamente, para abordar la pregunta del modo en que se puede permanecer psíquicamente sano incluso en el sufrimiento, pero no solamente ni en primer lugar por ello.

6. V.E. Frankl, *Psychologie des Konzentrationslagers. Synchronisation in Birkenwald. Und ausgewählte Texte 1945-1993*, en *Gesammelte Werke*, vol. 2, Viena, 2006, p. 195.

Había que aclarar, ante todo, si la vida misma puede, en general, tener sentido, también cuando y a pesar de que, a veces, se ve ensombrecida por el sufrimiento. De ese modo Frankl coloca el sufrimiento en el contexto de la cuestión del sentido de la existencia en general: ¿se puede, a pesar de todo, decir sí a la vida?

Según Frankl, solo en la medida en que la vida tenga sentido a pesar del sufrimiento y en la medida en que, a veces, se pueda incluso alcanzar a ver un sentido también en situaciones dolorosas valdría la pena, en general, asumir las fatigas de la lucha por y con la vida ante la cual puede colocarnos el sufrimiento —siempre presuponiendo, desde luego, que se trate de un sufrimiento irremediable—. Pues, por el contrario, si fuese remediable, la invitación al sentido que hace ese momento estriba de manera patente no en soportar, sino en actuar para quitar ese sufrimiento o, por lo menos, mitigarlo.

El elemento decisivo del tratamiento que hace Frankl del sufrimiento es el realismo. Por ese motivo, los textos de seis décadas reunidos en este volumen muestran que la mirada de Frankl hacia el hombre que sufre se diferencia de numerosos modelos de superación del sufrimiento actuales en aquel entonces, incluido el de la resiliencia, en el hecho de que no considera el sufrimiento como un caso especial de la vivencia humana, sino como un elemento normal de la existencia humana. Pues no hay existencia que se vea exenta de sufrimiento y culpa, y cada una es confrontada con el problema de la caducidad de las cosas y de la propia mortalidad. Frankl apela, pues, al realismo de las profesiones asistenciales cuando incorpora la capacidad de sufrir del ser humano en el inventario de la madurez psíquica y espiritual del mismo modo que hace con la capacidad de amar y de trabajar. Se trata, en última instancia, de la capacidad de vivir, porque el sufrimiento, al igual que la alegría, forma parte de la vida.

Sentido en el sufrimiento y a pesar del sufrimiento

A menudo y —presumiblemente— con razón, se dice de Viktor Frankl que pinta un cuadro extremadamente optimista y positivo del hombre y del mundo. Por eso podrá parecer a primera vista paradójico que la capacidad de sufrir y la superación del sufrimiento ocupen tanto espacio en su obra. Seguramente ese hecho debe entenderse también, por un lado, en clave histórica y biográfica. Una psiquiatría y psicología europea del siglo pasado que fuese seria, si se sentía obligada a un mínimo de realismo, no podía ni quería darse el lujo de pasar simplemente de largo junto a las rupturas de la civilización de Auschwitz y de Hiroshima y volver, como si nada hubiese pasado, a una vida cotidiana sin preocupaciones. Por otro lado, fácilmente puede verse que la cuestión del sentido se plantea en especial en el sufrimiento, cuando se cierran espacios de libertad y los hombres corren el peligro de dudar o desesperar de la vida en su conjunto.

La aportación de la logoterapia a esta problemática estriba en un realismo incondicional. Y eso significa, por una parte, no reprimir el sufrimiento de la imagen de conjunto de la vida, pero, por la otra, no olvidar ni perder de vista tampoco el bien que queda en el sufrimiento y dirigir la mirada hacia los espacios de libertad que aún quedan o a los nuevos que se abren y buscar en ellos posibilidades de sentido escondidas.

El consuelo que traen la logoterapia y el análisis existencial al hombre que sufre consiste también en que se le asegura que su vida ha tenido siempre sentido y puede seguir teniéndolo todavía, también en medio del sufrimiento. Además, dicho consuelo se funda en la observación clínica de que el sufrimiento no tiene que significar necesariamente desesperación, sino que, dado el caso, depara una multiplicidad mucho más amplia de reacciones, o sea, que el destino, independientemente de la valencia con la que nos salga al encuentro, puede ser todavía plasmado.

Frente a la visión centrada en el rendimiento que se asocia a veces a la actual recepción del concepto de resiliencia hay que proteger el modelo del «poder de obstinación del espíritu» en Frankl del malentendido de que su intención fuese conducir a la persona que sufre hacia el éxito, la fortaleza y la realización de sí misma en el sentido de los esfuerzos de optimización, muy presentes en la actualidad. Todo eso podrá darse —y, realmente, la investigación empírica sobre las posibilidades del hallazgo de sentido en el sufrimiento se aproxima abrumadoramente a un efecto semejante—. Pero cuando Frankl formuló sus ideas sobre el «poder de obstinación del espíritu» y sobre el descubrimiento del sentido en el sufrimiento estos efectos no estaban para nada en el centro de la cura de almas médica que él fundó.

A Frankl le importaba más bien presentarle al paciente una alternativa vivible al sufrimiento en una vida sin sentido, un sufrimiento que, agregado al de su enfermedad primaria, amenaza tan a menudo con quebrar al paciente cuando ve que su enfermedad le arrebata los ámbitos de despliegue que le son familiares: es decir, buscar y hacer realidad todavía espacios individuales de libertad para el sentido, pero no a raíz del sufrimiento ni en contra de él, sino a pesar de él.

La sanación requiere sentido

Viktor Frankl y la logoterapia no estuvieron por mucho tiempo solos con esta superestructura existencial y con el ofrecimiento de la cura de almas médica que de allí resultaba. Para ser exacto, no solamente no estaban solos, sino que se encontraban hasta en directa oposición respecto de modelos antitéticos de motivación mucho menos existencial, que querían desterrar toda la cuestión del sentido al reino de la patología. Viktor Frankl hablaba en este contexto de «patologismo»,[7] o sea, del error acerca de las inquietudes humanas por no reconocerlas propiamente como signos de madurez humana, sino, por el contrario, malentenderlas como desviaciones psíquicas.

> El más problemático es el patologismo, en el que se confunde con lo enfermo no solo lo humano, sino lo más humano que puede darse, a saber, la preocupación por realizar lo más posible el sentido de la existencia humana, en el que lo más humano es considerado como algo demasiado humano, como una debilidad, como un complejo. La exigencia del hombre de encontrar un sentido a la existencia, esta voluntad de sentido tiene tan poco que ver con un signo de enfermedad que incluso la movilizamos como un medio curativo.[8]

7. Cf. *infra*, pp. 326-328 y 363.
8. Íd., *Teoría y terapia de las neurosis. Iniciación a la logoterapia y al análisis existencial*, Herder, Barcelona 1992, p. 208 [traducción enmendada].

Previsiblemente, para la persona individual movilizada de manera especial por la pregunta por el sentido —o sea, la persona que en el sufrimiento se encuentra confrontada con preguntas existenciales—, la consecuencia de esta generalizada sospecha patologista es doblemente fatal. Por un lado, su vida se encuentra ensombrecida por el sufrimiento. Y, encima, ahora se le certifica que su sufrimiento por la presunta o real pérdida de sentido no es una inquietud existencial, sino, en realidad, nada más que una deformación psicológica. Así lo dice, por ejemplo, Sigmund Freud:

> En el mismo momento en que se pregunta por el sentido y el valor de la vida se está enfermo, pues ni una cosa ni la otra existen de manera objetiva; solo se ha admitido que se tiene una reserva de libido insatisfecha y que alguna otra cosa tiene que haber ocurrido con ella, una suerte de fermentación, que conduce a la tristeza y a la depresión.[9]

Según Frankl, la más humana de todas las preguntas, la pregunta por el sentido, se declara de esta manera como signo de un déficit psíquico, con la consecuencia de transmitirle a uno que no solamente el mundo no está en orden, sino que también en nosotros mismos hay algo que no está en orden. Véase, por ejemplo, el intento de Kurt Eissler, descrito sobre la base de este modelo de sentido, de acompañar con su consejo a una paciente moribunda:

---

9. S. Freud, «Brief an Prinzessin Marie Bonaparte, 13.8.1937», en *Briefe 1873–1939*, Frankfurt del Meno, 1960, p. 429.

Prefacio a la nueva edición

La paciente comparaba la plenitud de sentido de su vida anterior con el sinsentido de la fase actual. Pero consideraba que incluso ahora, en que ya no podía trabajar en su profesión y tenía que permanecer acostada durante muchas horas del día, su vida tenía sentido, porque su existencia era importante para sus hijos y ella misma tenía así una tarea que cumplir. Pero decía que, si alguna vez fuese ingresada en el hospital sin expectativas de regresar nunca a casa y ya no fuese más capaz de dejar el lecho, se transformaría en un amasijo de carne inservible en proceso de descomposición, y su vida perdería todo sentido. Estaba dispuesta a soportar todos los dolores mientras ello tuviese todavía sentido de alguna manera, pero, me preguntaba para qué querría yo condenarla a soportar sus sufrimientos en un tiempo en que su vida ya no tendría sentido alguno. A ello le respondí que, según mi modo de ver, ella cometía un craso error, pues su vida toda carecía de sentido, y había carecido de sentido desde siempre, aun antes de que ella enfermara. Le dije que los filósofos habían intentado todavía en vano encontrar un sentido de la vida, y que, por eso, la única diferencia entre su vida anterior y su vida actual era que, en su fase anterior, ella podía todavía creer en un sentido de la vida, mientras que, justamente, en la fase actual ya no era capaz de hacerlo. En realidad, le insistí, ambas fases de su vida carecían totalmente de sentido. Ante esa manifestación, la paciente reaccionó con desconcierto, alegó no entenderme del todo y rompió a llorar.[10]

---

10. K. Eissler, *The Psychiatrist and the Dying Patient*, Nueva York, 1955, pp. 190s (según la version alemana de Edith Weißkopf-Joelson).

La logoterapia y el análisis existencial oponen a semejante nihilismo referencias y ayudas acerca del modo en que podemos enfrentar el mundo con esperanza y aceptar ese mismo mundo justamente en su imperfección. Pues esa imperfección nos dice que el mundo depende de nuestra esperanza, y el único que lleva esperanza al mundo es el ser humano. Si él la abandona, la esperanza desaparece sin más de la faz de la tierra, y ello con predecibles consecuencias no solamente para el mundo, sino también para la persona individual. Eso significaría, a su vez, que la esperanza y la aspiración del ser humano por el sentido no es un fallo psicológico, sino que se encuentra en su naturaleza, y que, con ello, reside ya en la naturaleza del mundo. Antes bien, el fallo psicológico se manifiesta en el abandono de la esperanza y del sentido, pues se trata del abandono de una característica central de la vivencia humana del yo y del mundo.

Junto a la extensa exposición de este enfoque en «Elementos del análisis existencial y de la logoterapia» (págs. 247-412), los textos de Frankl de seis décadas muestran las diferentes dimensiones de una psicología centrada en el sentido, comenzando por su temprana delimitación de la psicología orientada por el déficit («Autorreflexión psiquiátrica», págs. 59-66), pasando por «Psicología y psiquiatría del campo de concentración» (págs. 93-132), hasta llegar al análisis que hace Frankl de las crisis de sentido de la moderna sociedad de consumo («Observaciones sobre la patología del espíritu del tiempo», págs. 229-244).

Prefacio a la nueva edición

La dignidad del hombre quebrado

Así pues, el camino hacia la fortaleza interior frente a circunstancias de vida difíciles no pasa solamente por el yo que se ha de fortalecer, sino también por el sentido que se ha de realizar. Por eso, ante al papel que se atribuye a veces a Frankl como pionero de la resiliencia hay que afirmar que, indudablemente, se constatan importantes coincidencias entre la resiliencia y el «poder de obstinación del espíritu», pero que el camino y la meta de la superación del dolor son en uno y otro caso diferentes.

Por ejemplo, el modelo de Frankl se distingue de la actual recepción de la resiliencia en el hecho de que, para su modelo, esta última no constituye propiamente el fin, sino que se considera como subproducto de una apertura incondicional para el sentido. Se distingue, además, porque este modelo confía en las fuerzas naturales de autocuración del ser humano con tal de que este haya llegado a ver una posibilidad de sentido incluso en el dolor irremediable y, con ello, se encuentra también en mejores condiciones para valorar el perfil individual de la persona en cuestión en la unicidad de su situación.

En contraste, en la investigación sobre la resiliencia aparece a veces el esfuerzo por aislar, a partir de observaciones individuales e investigaciones grupales, aquellos factores que, usualmente, ayudan a las personas a ser resilientes. En ello se pierde a menudo de vista que, en especial frente al sufrimiento y su superación, todo pensamiento en la categoría de lo «usualmente» útil se encuentra con una persona única e irrepetible en una situación también única —y, de

23

ese modo, también con sus límites—. Tan pronto como uno se encuentre confrontado con sufrimiento concreto se hace necesario orientar la propia vivencia, decisión, actuación y ayuda no solamente hacia hechos conocidos, sino también hacia posibilidades aún por descubrir, que aguardan a ser realizadas solo cuando se presente la situación precaria.

Se lo puede formular de manera aún más general: el modelo de Frankl intenta preservar la dignidad del ser humano quebrado frente al golpe asestado por el sufrimiento y activa de alguna manera como efecto colateral muchos de los factores que la investigación contemporánea ha descubierto y fijado como variables de la resiliencia.

También desde este punto de vista, un redescubrimiento de Frankl en el marco de la investigación sobre la resiliencia es algo que merece celebrarse y que abre a la investigación nuevas posibilidades a las que, en gran parte, se ha prestado demasiado poca atención. Por una parte, para el logoterapeuta es sumamente interesante que la psicología contemporánea sea llevada por caminos a veces totalmente distintos paso a paso hacia comprensiones formuladas anteriormente en un contexto social y de historia de las ideas diferente (aquí en particular a consecuencia del Holocausto y de los acontecimientos de Hiroshima y Nagasaki). Y para el psiquiatra, psicólogo y psicoterapeuta contemporáneos puede resultar igualmente interesante que los factores de protección tratados en el marco de la investigación sobre la resiliencia estén insertos también en el contexto de un modelo más amplio de psicología existencial, que ha demostrado su valía incluso frente a las rupturas de la civilización del siglo pasado, hasta hoy inconcebibles, y que, aparte de

Prefacio a la nueva edición

la resiliencia, contiene presumiblemente otras muchas indicaciones por descubrir hacia la mejor ayuda y consejo que puedan darse al hombre sufriente de nuestros días.

Alexander Batthyány*

---

* Alexander Batthyány es profesor de Filosofía y Psicología y titular de la cátedra Viktor Frankl en Liechtenstein, así como director de la Sección Logoterapia en el Instituto Universitario de Psicoanálisis de Moscú. Es director del Viktor Frankl Institut de Viena y primer editor responsable de las *Obras Completas* de Viktor Frankl. El autor agradece a Tarek Münch (del grupo editorial Beltz) por el intercambio de ideas durante el proceso que ha llevado a esta nueva edición.

PREFACIO A LA PRIMERA EDICIÓN

La Universidad de Viena otorgó al Prof. Dr. Viktor Frankl el título de doctor honoris causa en ciencias el 14 de mayo de 1986. Fue el duodécimo título honoris causa de Frankl y para mí como *laudator* de este acontecimiento fue un motivo de echar una mirada retrospectiva a la obra y a la vida de un hombre que yo mismo tuve la suerte de conocer como joven estudiante hace más de 30 años.

Pronunciar la *laudatio* no fue una tarea complicada: no resulta difícil ensalzar a un hombre del que, desde 1946, han aparecido nada menos que 39 libros en 50 idiomas (¡entre otros, una edición en 7 volúmenes de su obra completa en japonés!). Destacar los méritos del autor de *El hombre en busca de sentido*, una obra que a nivel mundial tuvo nada menos que 149 ediciones hasta hoy, ensalzar a un científico del que, apremiado por el tiempo, como *laudator* uno solo puede reproducir de forma ejemplar los homenajes y distinciones, debería constituir una tarea sencilla, de no existir otro problema: el de escoger entre la inmensa cantidad de sus obras lo que fue decisivo para él, para sus tesis y para su evolución.

Entonces, tuve que tomar mi decisión a solas, y el mismo Viktor Frankl confirmó mi selección. Cuando, en esta ocasión, se me rogó hacer una introducción para una obra que pretende resumir «textos de cinco décadas», fue grande mi curiosidad por saber qué aspecto tendría esta selección. Recordaba muy bien que su primera publicación había aparecido ya en 1924: una fecha que desconcierta, si se piensa en el año de su nacimiento, 1905. Con solo 19 años había publicado en la revista internacional de psicoanálisis un artículo sobre el origen de la afirmación y negación mímica al que había precedido una correspondencia que el estudiante adolescente había tenido con Freud durante muchos años. Solo dos años más tarde presentó una ponencia de principios, como joven estudiante de medicina, en el Congreso Internacional de Psicología Individual.

Ya entonces encontramos la característica esencial de Viktor: la voluntad inamovible de tomar un camino propio. Y quien decide así, tiene dificultades para ser aceptado por las instituciones establecidas. Las discrepancias, insinuadas ya en la mencionada ponencia de principios, respecto a las posiciones académicas ortodoxas de la psicología individual se agravaron y finalmente llevaron a la ruptura con Adler, por cuyo deseo expreso Frankl fue excluido en 1927 de la Asociación de Psicología Individual.

El artículo *El encuentro de la psicología individual con la logoterapia* presenta una visión conciliadora de esta fase de evolución que para Frankl representó un paso necesario en su propio camino. Parece que ya entonces veía claro que el psicoanálisis se propone adaptar el hombre a la realidad mientras que la psicología individual pretende una conformación de esta realidad —una serie de niveles en la que ya al joven Frankl le parecía que faltaba la posición siguiente, última y decisiva—. Esta se describe en el artículo *Problemática intelectual de la psicoterapia*.

El paso fundamental, más allá de la adaptación y de la conformación, es la asunción de responsabilidad: ser yo quiere decir ser responsable. De esta forma, hay que postular como nivel supremo el del descubrimiento de sentido, el descubrimiento de aquellos valores que puede realizar el individuo en el destino concreto de su vida. Ya en este trabajo escrito en 1938 pone de manifiesto que no somos nosotros sino que es el mismo enfermo quien debe decidir. Decidir ante quién se siente responsable (sea ante Dios o ante su conciencia) y de qué se siente responsable, es decir, qué sentido encuentra en su vida.

Ya en estas obras tempranas de finales de los años 30, Viktor Frankl sitúa en el centro de sus reflexiones el problema de la aparente carencia de sentido de la existencia y reivindica el sorprendente paso terapéutico de la conversación dirigida en el sentido de una cosmovisión.

En ello se vislumbra y se esquiva un escollo peligroso: es decir, que no se puede ofrecer o incluso imponer un determinado punto de vista, sino que más bien la actitud sin compromisos y sin pretensión proselitista debe ser un dogma clave de la actividad del psiquiatra. Frankl pronuncia esto de forma clara y vinculante en «Autorreflexion psiquiátrica». «Es irrelevante qué visión del mundo elige una persona. Lo decisivo es que posea una visión del mundo».

Esta actitud tolerante ni siquiera se detiene ante la esfera religiosa: en la conferencia «El hombre en búsqueda del sentido último», pronunciada cuando se le concedió el premio Oskar Pfister, se establece el puente hacia la religión con todas las consecuencias para la actividad psiquiátrica. Sin embargo, la concepción que Frankl tiene del término «religión» es tan amplia que se pueden incluir en ella el agnosticismo e incluso el ateísmo.

En su autobiografía, Viktor Frankl cuenta cómo, a la edad de más o menos 4 años, se despertó sobresaltado con la idea de que también él debía morir algún día. Fue este impulso temprano el que le hizo formular de forma tan clara la cuestión central: ¿cómo se puede armonizar el sentido de la vida con su carácter efímero? Ya como estudiante adolescente Frankl se enfrentó, animado entre otros por Gustav Theodor Fechner, con ideas que debía discutir más tarde con Martin Heidegger. De modo que para él, desde un principio, el ámbito conceptual está integrado en la actividad psiquiátrica.

En «Filosofía y psicoterapia» se reivindica de forma inequívoca que el psiquiatra no debe «tratar pasando por alto» decisiones cosmovisivas y valores personales del paciente. Las neurosis surgen a causa de posturas cosmovisivas muy precisas y/o se mantienen gracias a ellas. Y en modo alguno es una casualidad que Frankl haga referencia en su artículo «Rudolf Allers como filósofo y psiquiatra» a una cita literal de su profesor de fisiología: «Todavía no he visto ningún caso de neurosis en el que no se haya revelado como último problema y como último conflicto una, si así se quiere llamar, cuestión metafísica sin resolver...».

Como si el destino quisiera medir a Frankl en sus propias tesis, este camino perseverante y con éxito sufre una ruptura repentina: es separado a la fuerza de su trabajo como mé-

Prefacio a la primera edición

dico jefe del Hospital Rothschild y llevado a varios campos de concentración (entre otros a Auschwitz). ¿Qué decir de estos años en los que perdió en los campos de concentración a su primera mujer, a su padre, a su madre y a su hermano? Frankl mismo habla de una forma totalmente desapasionada de un gran *experimentum crucis* para sus ideas sobre el descubrimiento de sentido ya formuladas claramente entonces: «La sobrevivencia solo se puede conseguir gracias a una orientación hacia el futuro, hacia un sentido cuya realización es esperada en el futuro».

¿No parece una ilustración concisa del destino el hecho de que Frankl perdiese el manuscrito de *Ärztliche Seelsorge* (Cura psiquiátrica) y que el deseo de su reelaboración se convirtiera en uno de los impulsos decisivos para su sobrevivencia? En «Psicología y psiquiatría del campo de concentración», Frankl describe de forma fría y cortante la situación límite de una existencia permanentemente provisional y de la incertidumbre continua del fin. Sin embargo, tuvo no solo la fuerza de sobrevivir, sino también la de permanecer fiel a sus principios con serena sensatez incluso después de su vuelta del campo de concentración. Con decisión se opone a la idea de una culpabilidad colectiva y escribe en 1947 en *Die Existenzanalyse und die Probleme der Zeit* (El análisis de la existencia y los problemas de la época): «Si hay una responsabilidad colectiva, esta solo puede ser una responsabilidad planetaria. Una mano no debe presumir de que no es ella sino la otra la que está afectada por un absceso; pues siempre es todo el organismo el que ha caído enfermo».

En 1947, en *Zeit und Verantwortung* (Tiempo y responsabilidad), Viktor Frankl condensa su actitud diferenciada y marcada por una posición básica positiva —dar vida a algo a través del amor— contraponiendo un *Amo ergo est* al *Cogito ergo sum* de Descartes.

El puente entre filosofía y psicoterapia —realizado por Frankl tanto en su doctrina como en su vida— no debe hacer olvidar, sin embargo, otro componente decisivo: su entusiasmo científico-experimental. En su esbozo autobiográfico relata que ya a la edad de tres años había manifestado el deseo de ser médico y que podía presentar también algunas ideas para comprobar los efectos de medicinas (que, sin embargo, no deberían corresponder en modo alguno a los estándares actuales).

De todos modos, la psicología experimental fascinó tanto a Frankl que se doctoró en la asignatura principal de psicología en 1949 en Viena. La idea central de que, junto al nivel noético y psicológico, no se debe pasar por alto el ámbito biológico, sin duda explica también que ya en 1939 presentase el estudio «Sobre la ayuda de los fármacos en la psicoterapia de las neurosis». Así que sorprenderá solo al profano el hecho de que Pöldinger en su *Kompendium der Psychopharmakotherapie* (Compendio de la psicofarmacoterapia) cite a Frankl como uno de los primeros que pudieron informar sobre resultados positivos de tratamiento en depresiones ansiógenas a través de esteres de glicerina y de que lo coloque entre los pioneros de la investigación sobre tranquilizantes.

No obstante, tampoco aquí se ve el «útil» fármaco como algo aislado. Según la convicción de Frankl, tiene más bien el valor de un *doping* «dentro de una lucha para la que el enfermo tiene que haber recibido con anterioridad el arma de manos del psicoterapeuta». Esta frase escrita en 1939 parece hoy día más importante que nunca, en una época que está marcada por el convencimiento de que hay y debe haber una píldora para y contra todo.

El carácter abierto de Viktor Frankl frente a la psicología experimental también fue el estímulo para que ya en 1972 se me presentase la oportunidad de dirigir el primer estudio empírico en forma de tesis *Logotherapie als Persönlichkeitstheorie* (Logoterapia como teoría de la personalidad) de Elisabeth Lukas. A este trabajo le siguió una larga serie de estudios en los que se analizaron varias tesis e ideas del campo de investigación relativo al análisis de la existencia y/o a la logoterapia como método de tratamiento psicoterapéutico.

Sin embargo, aquí no se debe hacer caso omiso de una idea central en toda la obra de Frankl: en el intento de ayudar al enfermo no se debe esquivar la confrontación con el concepto que se tiene del mundo. Podemos encontrar, en principios terapéuticos conductistas surgidos mucho más tarde, técnicas como ignorar los síntomas, la derreflexión o incluso la ironía y la intención paradójica. Sin embargo, considerar estas técnicas como útiles aislados necesariamente debe llevar a la misma decepción que una sobrevaloración de la ayuda de los fármacos en la terapia.

La muestra representativa de medio siglo de trabajos de investigación que aquí presentamos, ofrece el maravilloso puente que realizó Viktor Frankl entre psiquiatría, filosofía y psicología. Entenderíamos mal su objetivo si nos contentáramos con admirar este puente sin reconocer que Frankl exige con él al mismo tiempo la unidad inseparable de estos tres ámbitos. El esfuerzo psicoterapéutico, sin inclusión de la dimensión filosófica del concepto que uno tiene del mundo, seguirá siendo estéril. Estos estudios ayudarán a entender esta reivindicación desde su génesis y de esta forma tomarlos en serio.

Permítaseme tomar un préstamo de las expresiones propias de Frankl al manifestar la esperanza de que este volumen hará comprender esto: ¡que el sentido de la vida de Viktor Frankl consistió en ayudar a otros a ver un sentido en su vida!

Giselher Guttmann[*]

---

[*] Giselher Guttmann, nacido en 1934 en Viena, fue profesor de Psicología general y experimental de la Universidad de Viena.

In memoriam Otto Pötzl*

* Presidente de la clínica neurológico-psiquiátrica de la Universidad de Viena entre 1928-1945.

PRIMERA PARTE

TEXTOS DE SEIS DÉCADAS

I

PROBLEMÁTICA INTELECTUAL DE LA PSICOTERAPIA

Si uno se apresta a presentar la problemática intelectual de la psicoterapia, se le recomienda en primer lugar analizar las corrientes psicoterapéuticas actuales en su aspecto histórico-científico para saber qué tendencias evolutivas se pueden observar en la historia de las ideas. Aquí topamos con los sistemas del psicoanálisis y de la psicología individual como grandes representantes históricos. Si nos preguntamos en qué consiste el estado esencial de la situación por lo que se refiere al evento neurótico desde el punto de vista de las teorías mencionadas, podemos constatar lo siguiente: para el psicoanalista, el momento esencial en el surgimiento de síntomas neuróticos es la represión, el hacer inconscientes ciertos contenidos de conciencia; el principio terapéutico dentro del psicoanálisis consiste esencialmente, por tanto, en un hacer venir a la conciencia en el sentido de la supresión de represiones. Característica de este rasgo fundamental del método psicoanalítico de tratamiento sería la expresión de Sigmund Freud de que allí donde está el ello, se debe convertir en yo —una acción que él compara con la desecación del Zuiderzee—. Frente a esto, en el tipo de tratamiento de la psicología individual, vemos que el síntoma neurótico es interpretado, de acuerdo con el término fundamental de Adler del *arrangement,* como un intento del individuo para librarse de responsabilidad. Por consiguiente, según la concepción psicoanalítica, en el evento neurótico el yo se restringe de alguna forma en su ser consciente, mientras que, según la teoría de la psicología individual, se produce una disminución del ser responsable.

De una reflexión general sobre las bases más profundas de la existencia humana resulta la siguiente fórmula antropológica: ser yo quiere decir ser consciente y ser responsable.[1]

A la luz de esta fórmula antropológica básica se muestra entonces que el psicoanálisis y/o la psicología individual centran su atención en una parte de la existencia humana para avanzar desde esta una interpretación del acontecimiento neurótico. Pero, al mismo tiempo esto quiere decir exactamente que los dos sistemas no se crearon de forma casual sino que más bien tuvieron que surgir de acuerdo con las leyes teórico-científicas, incluso por necesidad ontológica y que, en este sentido, tanto sus aspectos propios como su carácter opuesto no hacen más que complementarse mutuamente.

---

1. Naturalmente estos dos componentes, como cualquier función mental, tienen su fundamento biológico: por un lado, el ser consciente es llevado por el sentido de la evidencia y, por otro, el ser responsable es dependiente de la seguridad del individuo respecto a los instintos. Parece que ambas funciones, en el caso del carácter neurótico obsesivo originario, son perturbadas de alguna forma en su esfera biológica y parece que en cada uno de los síntomas neuróticos obsesivos son superpuestas de forma compensatoria: puesto que pensamos que la persona neurótica obsesiva tiene que sufrir durante toda su vida precisamente de un exceso de conciencia y de sentimiento de responsabilidad.

Sin embargo, no solo se complementan realmente los puntos de partida antropológicos, que suponemos en ambas teorías, sino también el camino metódico en el que se mueven dentro de su concepción básica de la vida psíquica humana. Es decir, ambas teorías limitan la realidad psíquica dada fenoménicamente: el psicoanálisis, desde un punto de vista material, por lo que se refiere al contenido de las aspiraciones psíquicas, al admitir solamente lo libidinal como contenido posible en última instancia. Por su parte la concepción de la psicología individual limita la realidad psíquica desde un punto de vista formal en la medida en que reconoce aspiraciones de contenido diferente, pero en cuanto están sobre el tapete formas neuróticas las presenta de alguna forma como no auténticas, como medio para un fin, en el sentido del concepto mencionado del *arrangement*.[2] De hecho, es evidente que en el acontecimiento psíquico general como también en el acontecimiento neurótico, por un lado, no solo son importantes las aspiraciones libidinales sino también otro tipo de aspiraciones mientras que, por otro lado —en contraposición a la concepción de la psicología individual—, los síntomas neuróticos no son solo un medio para un fin sino también (al menos en primer lugar) expresión inmediata. En cualquier caso, hemos visto cómo, también a este respecto, el psicoanálisis y la psicología individual, en sus posiciones psicológicas básicas propias, que llevan a exageraciones, en última instancia no representan más que dos complementos necesarios.

2. En el Congreso de Psicología Individual de Düsseldorf (1926), el autor trató de describir la neurosis en primer lugar como expresión y solo en segundo lugar como medio.

Por lo que se refiere a la meta cosmovisiva, más allá del punto de partida antropológico y del camino metódico, a la que ambas teorías hacen referencia en su praxis de forma consciente o inconsciente y que en cualquier caso está contenida implícitamente en ellas, podemos constatar lo que sigue: la máxima suprema de la acción psicoanalítica consiste en el establecimiento de un compromiso entre las pretensiones del inconsciente, por un lado, y las exigencias de la realidad o el rechazo de la misma, por otro, por lo tanto, la adaptación de la instintividad a la realidad. En cambio, la psicología individual tiene como lema terapéutico conseguir por parte del yo una conformación valiente de la realidad, más allá de cualquier adaptación del individuo. (¡Por tanto, aquí nos encontramos por vez primera, al comparar ambos sistemas, con una progresión sucesiva en lugar de una oposición que se complementa!) En el caso en que nos preguntemos si no hay ninguna otra dimensión en la que el hombre debe penetrar, si le queremos curar, excepto la adaptación y la conformación o en el caso en que nos preguntemos cuál es la categoría última que debemos incluir en nuestra idea del hombre, si se quiere hacer justicia a su realidad psíquico-mental, entonces llegamos a la conclusión de que esta categoría debe ser la de la realización, la del hallazgo de sentido. Habría que observar que la realización del hombre va mucho más allá de la mera conformación de su vida, es decir, que la conformación representa una medida extensiva, mientras que la realización y/o el hallazgo de sentido representan en cierto modo una magnitud vectorial: el hallazgo de sentido está orientado, es decir, dirigido a aquella posibilidad de valor reservada, o mejor dicho, encomendada a cada persona individual, que en fin de cuentas hay que realizar; está dirigido a aquellos valores que cada individuo debe realizar en la unicidad de su existencia y de su destino. Por consiguiente, mientras que el psicoanálisis se orienta al pasado y a la causalidad y la psicología individual al futuro y a la finalidad, una psicoterapia en este último sentido recurre esencialmente a lo atemporal, lo que está por encima del tiempo, es decir, a un absoluto en el sentido de valor objetivo. O: si la psicología individual opone al deber *(Müssen)* puro de la concepción psicoanalítica el querer *(Wollen;* «conformación valiente», dijimos anteriormente), entonces tenemos que preguntar: ¿dónde se encuentra la tercera categoría del deber moral *(Sollen)*? Pues, en efecto, en ambas teorías, se ha descuidado el conjunto de todas aquellas aspiraciones que se podrían denominar, variando el eslogan conocido de la psicología individual, como «afirmación moral del yo» en el sentido de una aspiración auténtica y original hacia la afirmación moral.

Como se sabe, Fritz Künkel se acerca a tales pretensiones de la psicoterapia cuando opone a la ciencia médica tradicional de la psique *(Seelen-Heilkunde)* el postulado de una ciencia de la salvación de la psique *(Seelenheil-Kunde).* Esto nos recuerda aquella definición de Max Scheler según la cual la salvación del hombre consiste en la realización de sus valores más elevados. J.H. Schultz habla de «estratos de valores existenciales más elevados» y dice de ellos: «Quien tiene en ellos su patria, puede sufrir sin ponerse enfermo, sin ponerse neurótico». ¿Dónde está aquella psicología interesada en la perspectiva terapéutica que incluya en su planteamiento estos estratos «elevados» de la existencia humana y que merezca, en este sentido y en oposición al nombre de «psicología profunda», el nombre de «psicología elevada»? En otras palabras, ¿dónde está aquella teoría del acontecimiento pura y simplemente psíquico y, en especial, del acontecimiento neurótico, que, más allá del ámbito de lo psíquico, tenga en cuenta la existencia humana total, en toda su profundidad y altura y que, de acuerdo con esto, se podría denominar análisis de la existencia?

Ideas de este tipo no son en absoluto nuevas; sin embargo, importará seguirlas con nitidez metódica para conservar en sus consecuencias prácticas aquella honradez ideológica, sin la cual no es posible una actitud analítica existencial respecto al enfermo. Evidentemente, esto les resulta fácil a aquellos psicoterapeutas que por su unión personal en la praxis psicoterapéutica pueden ser al mismo tiempo médicos y dirigentes ideológicos, poniendo conscientemente su acción psicoterapéutica al servicio de su convicción religiosa o de su visión política. Pero, precisamente aquí se pone de manifiesto el peligro específico que trae consigo cualquier psicoterapia conscientemente evaluadora, el peligro de que la acción médica supere sus límites así como el de que el médico, en el marco de su tratamiento, imponga sobre el enfermo su visión personal del mundo. De hecho, desde hace algún tiempo han surgido voces que ponían sobre aviso. Una de las figuras destacadas de la psicoterapia alemana, Hans Prinzhorn, fallecido prematuramente, planteaba la cuestión: «En nombre de qué instancia...». Esto quiere decir, en nombre de qué instancia el psicoterapeuta puede proceder en su praxis con una actitud evaluadora. Von Weizsäcker recuerda que nosotros los psicoterapeutas debemos «no formar hombres sino posibilitarlos». Y es el propio Kretschmer que advierte del peligro de que el médico se convierta en sacerdote.

Sin embargo, por otra parte, se presentan cada vez con más urgencia las reivindicaciones de incluir conscientemente la visión del mundo y las valoraciones en la acción psicoterapéutica. Gauger dice directamente que «la cuestión sobre la dotación de sentido de la existencia humana es *la* cuestión de la psicoterapia» y denomina «la salud psíquica» como «nada más que la respuesta correcta a la cuestión sobre el sentido de la vida». Para J.H. Schultz, «la neurosis es precisamente un caso de vida sin sentido». C.G. Jung caracteriza la neurosis como «el sufrimiento del alma que no ha encontrado su sentido».

Por tanto, vemos claramente y con insistencia cuán necesario es, en la psicoterapia, una toma de posición ideológica conscientemente evaluadora y, por otro lado, tenemos que preguntarnos si esta es acaso posible, es decir, permitida desde el punto de vista de aquella honradez ideológica y nitidez metódica que anteriormente habíamos planteado como presupuesto. Frente al dilema necesidad de una valoración e imposibilidad de la imposición, llegamos de esta forma a una situación problemática que, apoyándose en la fórmula histórica ejemplar de Kant, se puede expresar de la manera siguiente: ¿es posible la psicoterapia como psicoterapia evaluadora? Y: ¿cómo es posible la psicoterapia en cuanto psicoterapia evaluadora? Por tanto, lo que se precisa esencialmente en la situación crítica actual de la psicoterapia son, para continuar con Kant, por así decirlo, «prolegómenos a una psicoterapia que se pueda presentar como psicoterapia evaluadora».

Para salir del dilema descrito nos ayuda, sin embargo, aquella reflexión sencilla y a la vez amplia sobre el contenido más profundo de la existencia humana, sobre el estado fenoménico originario de la existencia humana, a cuyo enfoque ya hemos aludido en la fundamentación de un análisis de la existencia esbozada con anterioridad. Partíamos, pues, del hecho de que la existencia humana consiste en el ser responsable junto al ser consciente (evidente). La responsabilidad de la persona humana considerada como concepto antropológico central significa también, sin embargo, un concepto ético límite, es decir, un concepto que todavía es neutro desde el punto de vista ético. A saber, si hacemos comprender profundamente a un hombre su existencia como ser responsable, si, por tanto, le hacemos consciente de su responsabilidad como sostén básico de su existencia, esto ya contiene para él un carácter obligatorio absoluto para tomar posiciones evaluadoras. Dicho con otras palabras, el hombre consciente de su responsabilidad de alguna manera se encuentra forzado a evaluar pura y simplemente desde esta misma responsabilidad; sin embargo, cómo evalúa y qué orden de valores establece, ya no depende de la influencia médica. Es más, incluso tendremos que reivindicar que se abra paso por sí mismo, de una manera independiente, hacia los valores y escalas de valores («elegidos por afinidad» [Wladimir Eliasberg]) en consonancia con su individualidad a partir de su responsabilidad consciente, mientras que, por otro lado, tenemos que renunciar a ejercer presión sobre estas tomas de posición concretas y/o sobre cada uno de los contenidos de valor.[3]

3. Estas concepciones se pueden documentar desde muchos ámbitos con concepciones parecidas. Karl Jaspers, por ejemplo, habla del «ser como ser decisorio»; Pfeiffer, en su opúsculo sobre Martin Heidegger y Karl Jaspers,

Problemática intelectual de la psicoterapia

Por consiguiente, una vez que el enfermo se hace consciente de su responsabilidad en el marco de este mismo análisis de la existencia planteado gracias al psicoterapeuta, este, el médico, tendrá que dejar la solución de las dos cuestiones centrales siguientes en manos del mismo enfermo: 1) ante quién se siente este responsable —por ejemplo, si ante su propia conciencia o ante Dios— y 2) de qué se siente responsable, es decir, a qué valores concretos se orienta y sirve, en qué dirección encuentra el sentido de su vida y qué tareas cumplen con este sentido.

En cualquier caso, la solución a estas preguntas queda reservada al mismo enfermo. Y cuando él, como muchas personalidades más diferenciadas, con la pregunta sobre el sentido de la vida nos revela su lucha por el sentido de su existencia, le tendremos que hacer consciente sobre todo de que en última instancia no es él el que pregunta sino en realidad el preguntado y de que estaría más en consonancia con el estado originario de la responsabilidad en la existencia si él, en lugar de preguntar siempre sobre el sentido de la vida, viviera como preguntado, como hombre al que la vida

---

califica expresamente la «responsabilidad como instancia última». Especialmente, por lo que se refiere a la psicoterapia, Rudolf Allers definió en una ocasión (en una conferencia) la psicoterapia como «educación al reconocimiento de la responsabilidad» y Arthur Kronfeld, que es muy consciente del dilema anteriormente descrito, reivindica que la persona neurótica se haga «más responsable frente a sí mismo». Con relación a la limitación descrita a grandes rasgos de la psicoterapia evaluadora, J.H. Schultz pide que «el enfermo se convierta en una persona con una esencia propia, con un mundo propio y con una responsabilidad propia gracias al trabajo del médico». Y también Meinertz desea: «no proponer valores determinados, no convertir; sino ayudar a desarrollar las posibilidades adecuadas a sus valores y a su personalidad». Oswald Schwarz formula muy claramente el tema (en una carta privada): «Presentamos posturas y nunca contenidos».

misma plantea continuamente preguntas, como un ser puesto en medio de una multitud de cometidos. La psicología enseña que tomar sentido está a un nivel de evolución más alto que dar sentido. Los psicoterapeutas tenemos que llevar al enfermo a la capacidad personal de extraer sentido de la propia vida en su singularidad y peculiaridad, a la capacidad de hallar por sí mismo un sentido.

Todo lo que se ha tratado hasta ahora constituye, por así decir, la parte general de un análisis de la existencia, que ahora precisa el complemento a través de su parte específica, bajo cuya denominación nos imaginamos aquella técnica que es capaz de afrontar las objeciones más variadas del enfermo, así como aquella dialéctica que anula la rebelión del hombre contra el fardo imaginario de ser responsable y la fuga de su libertad. Sobre todo será necesario eventualmente poner al alcance de la persona sencilla la idea de la responsabilidad como un rasgo fundamental de la existencia humana, con un lenguaje corriente tan concreto como sea posible, un lenguaje que en algunos casos no debe recatarse de utilizar símiles adecuados. Lo que vamos a presentar a continuación es el resultado, que habla por sí mismo, de mi experiencia personal en discusiones con enfermos en el plano de la cosmovisión, todo lo cual, por tanto, está marcado no solo por el signo de lo práctico sino también, evidentemente, por el carácter de lo fragmentario y subjetivo como cualquier experiencia personal.

Para hacer consciente, como hemos dicho, al hombre sencillo y corriente de su plena responsabilidad podemos indicarle, por ejemplo, lo solo que se encuentra con su sufrimiento personal y también con sus múltiples posibilidades para superarlo; el Señor X o la Señora Y existen, por así decirlo, una única vez en el acontecimiento cósmico; y cómo él o ella se las arreglan con su vida, qué hacen u omiten estas personas, es irrepetible y definitivo. Estas personas se encuentran solas cada una con su destino, nadie es capaz de sustraérselo; la tarea de llevarlo a cabo es única y exclusiva. De esta conciencia de la tarea específica de cada individuo se deriva automáticamente la conciencia de la responsabilidad frente a esta y a veces, incluso, el sentimiento de cierta misión. Pero, en la lucha contra las dificultades o en el aguante de lo inevitable, nada hace más fuerte a un hombre que el sentimiento de tener una tarea única y de ser insustituible para su realización.

Así, a veces pedimos al enfermo en cuestión que se imagine que su vida es una novela y que él mismo es uno de los personajes principales; entonces dependería completamente de él dirigir el curso de los acontecimientos, determinar, por así decir, lo que debe suceder en los capítulos siguientes. Incluso en este caso, en lugar del peso ficticio de la responsabilidad de la que tiene miedo y de la que huye, vivirá su responsabilidad real en la existencia como libertad de decisión frente a un sinnúmero de posibilidades de acción. De manera más intensa aún, podemos apelar finalmente al uso de su actividad si le invitamos a imaginarse que ha llegado a un punto final de su vida y que está redactando su propia biografía, que ahora mismo se detiene en aquel capítulo que trata del momento presente y que, como por arte de magia, está en sus manos efectuar correcciones y que incluso podría determinar con total libertad lo que va a acontecer inmediatamente después... También el vehículo de este símil le obligará a vivir y a actuar partiendo del pleno sentimiento de su responsabilidad.

Incluso en el acontecimiento de la enfermedad neurótica se puede probar cómo la responsabilidad impregna al hombre, si bien inconscientemente, en las bases de su persona. Pues el miedo a la muerte, exagerado de manera enfermiza, de más de un neurótico, en última instancia no representa más que un miedo a la conciencia y en un caso individual he podido hacer consciente a un carcinofóbico que su interés vivo y casi exclusivo por su futuro tipo de muerte solo era una superestructura de su desinterés por la forma global en que vivía y por su forma de vida no consciente de la responsabilidad. (Algunas neurosis hipocondríacas deben representar en cierto modo una disociación del miedo general a la muerte = miedo a la conciencia referido a un único órgano.)

Pero incluso cuando hemos llevado al enfermo que se nos ha confiado a que reconozca totalmente su responsabilidad real en la existencia, existen todavía una multitud de contraargumentos ficticios y subterfugios ante la libertad.

Continuamente escuchamos la afirmación de que a pesar de todo la vida carece de sentido por el hecho de su caducidad, es decir, a la vista de la muerte.

Sin embargo, a esta objeción podemos enfrentarnos sin problemas presentando al enfermo en cuestión la siguiente reflexión sencilla: si nuestra existencia fuera temporalmente ilimitada, con razón podríamos aplazar a discreción cualquier acción, nunca importaría realizarla precisamente ahora, pues podría llevarse a cabo igualmente mañana, pasado mañana o dentro de cien años. Pues es justamente el hecho de que exista un límite último de la vida, es decir, de la posibilidad de actuar, el que nos obliga a aprovechar el tiempo y a no dejar pasar una ocasión de acción sin utilizarla. Por consiguiente, es precisamente la muerte la que de este modo otorga sentido a la vida y a nuestra existencia como algo único.

Pero no solo se presenta como contraargumento ficticio la limitación temporal de nuestra existencia, sino también la limitación de la persona humana respecto a sus facultades y capacidades, dicho con otras palabras, el hecho de la individuación: de que no estamos a la vez en todo, sino que somos imperfectos, presos de lo que Georg Simmel llama el «carácter fragmentario de la vida». Incluso esta objeción contra el sentido de nuestra vida se puede refutar, si somos capaces de representar la individuación como el principio dador de sentido. Esto se puede hacer de nuevo con un sencillo símil tomado de la biología: cuanto más bajo es el nivel de evolución biológica de un ser pluricelular, cuanto menos diferenciadas son sus células, tanto más fácil será sustituir cada una de estas células. Solamente la célula altamente diferenciada en el conjunto de las células jerárquicamente organizadas nos parece relativamente irremplazable, por lo menos no sustituible al azar por otro tipo de célula. Dicho con otras palabras, esta célula altamente diferenciada paga con el precio de su omnipotencia la importancia y la significación dentro del conjunto, dentro del organismo que se basa en el principio de la división del trabajo. De un modo análogo, nuestra imperfección, incluso nuestra parcialidad, es lo que constituye la singularidad de nuestra persona, toda nuestra individualidad. Como en un mosaico cada partícula es irremplazable solo porque y en la medida en que ninguna otra tiene su forma o su color, del mismo modo el individuo dentro de la comunidad es un miembro absolutamente valioso de este conjunto superior precisamente en virtud de su dotación imperfecta y parcial. (De este modo la comunidad, más allá de su carácter de algo que se siente como dado, se puede justificar como algo encargado, como una tarea real en la existencia humana).

Evidentemente, habría todavía una larga serie de objeciones cuya remoción a veces incumbe al médico una vez que se ha atrevido a entrar en el plano de discusiones ideológicas semejantes con su enfermo. No forma parte del marco de estas explicaciones sobre la problemática general de la psicoterapia y sobre la fundamentación de un análisis general de la existencia el aportar todavía más detalles a su parte específica. Volvemos, por tanto, a cuestiones más generales y pretendemos establecer que el intento analítico-existencial de llevar la psicoterapia hasta sus consecuencias ideológicas solo raras veces y en casos excepcionales sustituye a la técnica psicoterapéutica tradicional y en general representa únicamente un complemento, aunque importante en algunas circunstancias. Este complemento en sí no es nada nuevo. Cualquier buen psicoterapeuta ya ha tenido en cuenta en su praxis, más o menos conscientemente, puntos de vista ideológicos de este tipo: ¡*de facto*! Pero nuestra cuestión era si y en qué medida lo había tenido en cuenta *de iure*. Nuestro esfuerzo apuntaba a la limitación metódica de una psicoterapia «a partir de lo mental» para desterrar el peligro de traspasar arbitrariamente los límites.

Durante mucho tiempo la visión del mundo no era más que objeto de la actuación psiquiátrica, se caía en el error

Problemática intelectual de la psicoterapia

del psicologismo y hasta se creía poder hablar de una «psicopatología de la visión del mundo». No se tenía en cuenta que, por ejemplo, deducir una concepción del mundo pesimista o derrotista a partir de un sentimiento de inferioridad representaba una crítica inadecuada, así como si a una persona que duda y se angustia del sentido de la vida se le aconsejase mejorar su estado corporal a través de una cura de arsénico. Lo que hace falta es una crítica inmanente de la concepción que el enfermo tiene de la vida; esto tiene como presupuesto que estemos dispuestos a plantear la discusión desde una base puramente cosmovisiva. Por tanto, no existe una psicoterapia de la visión del mundo y nunca podrá existir a priori una psicoterapia de este tipo; la visión del mundo como psicoterapia, sin embargo, es posible y, como ya hemos mostrado, incluso necesaria en ocasiones. Como el psicologismo en la filosofía se superó a través de la lógica, del mismo modo se tratarán de superar en la psicoterapia las desviaciones psicologistas tradicionales a través de una especie de logoterapia, es decir, a través de la inclusión de las confrontaciones cosmovisivas en el conjunto del tratamiento psicoterapéutico —si bien en la forma condicionada, limitada y neutra anteriormente descrita, es decir, al fin y al cabo en forma de un análisis de la existencia que parte del estado originario innegable de la responsabilidad humana como carácter de la existencia humana y que apunta ni más ni menos que al reconocimiento total de este estado de cosas por parte del enfermo, para contribuir desde esta posición a su anclaje mental y darle una base.

Es posible que en numerosos casos, una psicoterapia semejante, orientada de forma analítico-existencial, merezca la calificación de terapia «no específica», es decir, que en ocasiones ayude al enfermo en cuestión sin empezar por la causa concreta de su sufrimiento. No obstante, sabemos que en gran parte toda psicoterapia procede de forma no específica. Actualmente es admitido por muchos que la psicogénesis de un síntoma, por un lado, y la indicación para su psicoterapia, por otro, no por fuerza tienen que coincidir. Así se sabe, por ejemplo, que ciertos tipos de formación de verrugas son susceptibles de ser tratados sin problemas mediante la sugestión, sin embargo nadie creerá en serio que en los casos en cuestión se haya tratado de una causa psíquica; por otra parte, se puede curar *in statu nascendi* a través del suministro de fármacos más de un caso de insomnio que se basa en un círculo vicioso, a saber, en la simple angustia de expectativa, si bien se puede demostrar que está condicionado psíquicamente. Más de un psicoterapeuta experimentado hoy día sabe que, por ejemplo, los «complejos» descritos como patógenos por el psicoanálisis representan manifestaciones más o menos corrientes, pero ello no obsta a que una y otra vez se consiga la curación de las neurosis mediante la comprensión psicoanalítica del síntoma. Además, estoy convencido de que algunas terapias de la psicología individual deben su efecto menos al descubrimiento de conexiones reales que a un llamamiento radical a la moral del enfermo que, por así decir, no quiere seguir «soportando» que el médico lo califique, por ejemplo, de tirano o de cobarde frente a la vida y prefiere superar el síntoma así interpretado con el último residuo de energía.

Por consiguiente, en todas partes existe una incongruencia entre la psicogénesis y la indicación para la psicoterapia y de ahí comprenderemos y admitiremos que un tratamiento psicoterapéutico basado en el procedimiento del análisis existencial en ocasiones signifique un tratamiento no específico. Pues, a veces, se mostrará que el planteamiento analítico-existencial a partir de la cosmovisión, el esfuerzo terapéutico a partir de lo mental, es, por así decirlo, el camino más económico. Me acuerdo, por ejemplo, de una señora que padecía de manifestaciones neuróticas obsesivas (llamada obsesión blasfema) y que vino a la consulta poco antes de su traslado permanente al extranjero. Frente a la brevedad del tiempo disponible no se podía hablar naturalmente de un verdadero tratamiento y resultó que la conversación con la enferma pronto transcurrió por los cauces de un intercambio de opiniones genéricas, que tenían en cuenta sobre todo la concepción del mundo. Me quedé tanto más sorprendido cuando la enferma en cuestión, inmediatamente antes de su viaje, apareció otra vez en la consulta diciendo que estaba «curada», queriendo decir, al parecer, que por lo menos ya no padecía el síntoma. A la pregunta de cómo había conseguido esto, dijo literalmente, de manera muy sencilla: «Mire, me es indiferente, ahora me imagino la vida como un deber». Evidentemente, se trata de un caso aislado, pero por lo menos es un experimento no intencionado que arroja luz sobre la importancia del cambio de actitud cosmovisiva para más de una forma de neurosis.

Si, resumiendo, nos preguntamos ahora en qué casos parece muy indicada una psicoterapia en el sentido del análisis existencial reivindicado y esbozado, entonces podemos decir:

1) Sobre todo, en todos aquellos casos en los que el enfermo nos impone su indigencia ideológica, su inconsistencia mental y su lucha por el hallazgo del sentido de su vida. Como es comprensible, se tratará sobre todo de tipos intelectuales que, por así decir, han trasladado toda su indigencia psíquica a la esfera mental en la cual podemos y debemos acompañarlos, como hemos visto, hasta un cierto límite neutro evitando cualquier imposición ideológica.

2) La indicación para un procedimiento «logoterapéutico» sobre la base del análisis existencial se dará en aquellos casos en los que podemos esperar que el empezar, por así decir, en el centro mental de la persona capacitará repentinamente al enfermo para echar el lastre de los síntomas neuróticos ligeros; se trata, pues, de aquellos enfermos que no nos atosigan con discusiones ideológicas, a las que, sin embargo, pueden hacer frente. (Cuando en una ocasión en un caso semejante, como por azar, llegué a hablar de la cuestión de la visión del mundo y/ o de la concepción de la vida del interesado, este me interrumpió de repente muy emocionado con estas palabras: «¡Este es el *nervus rerum*, Doctor!»)

3) Exigen afrontar planteamientos cosmovisivos todos aquellos casos en los que se padece esencialmente por un acontecimiento insuperable, un destino inevitable: minusválidos, enfermos y personas a las que una difícil situación puramente económica, esto es, que no se puede cambiar a corto plazo, les originó depresiones. Pues bien, a personas semejantes se les debe llamar la atención ante todo sobre el hecho de que en una vida consciente de la

responsabilidad no siempre importa solamente la realización creativa de valores o una autorrealización en la experiencia vivida (disfrute del arte y de la naturaleza), sino que existe una última categoría de posibilidades de valor que pretendemos llamar de manera muy general valores actitudinales; es decir, la cuestión de cómo una persona se comporta frente a un destino de momento o para siempre ineludible, siempre ofrece una oportunidad para realizar valores: la manera en que uno soporta el destino —en cuanto realmente lo es—, si, por ejemplo, uno se deja abatir o si se domina, incluso esto contiene una última posibilidad de realizar valores personales (valentía, audacia y dignidad). Es suficiente preguntar seriamente a una persona, que, por ejemplo, debido a una amputación, ha perdido una de sus piernas, si cree que el sentido de la vida consiste en caminar tan bien como sea posible; si acaso cree que la vida humana es tan pobre en posibilidades de valor que llega a perder el sentido por la pérdida de una extremidad, y en modo alguno podrá desesperar tanto como creía que tenía que desesperar. Se atribuye una especial importancia a una reflexión filosófica semejante sobre la responsabilidad y sobre las posibilidades de valor en aquellos casos en los que la necesidad económica ha situado al hombre en aquella apatía y falta de realización típicas que con razón se podría denominar como «neurosis del paro», pues sabemos por experiencias psicológicas correspondientes (sobre todo en parados jóvenes) cuán importante es ocupar el tiempo libre que desgraciadamente tienen en exceso mediante contenidos y fijación de metas espirituales elegidos libre y convenientemente.

Logoterapia y análisis existencial

La hora del nacimiento de la psicoterapia había sonado cuando uno se aprestaba a ver las causas psíquicas detrás de los síntomas corporales, es decir, a descubrir su psicogénesis; pero ahora se trata de dar un último paso más y de mirar al hombre en su indigencia mental detrás de lo psicógeno, más allá de cualquier dinámica emocional de las neurosis, para ayudar desde aquí en aquel sentido cuyas posibilidades metódicas hemos intentado presentar al principio.[4]

4. En una ocasión tuve la oportunidad de ver por casualidad estos tres pasos de un posible planteamiento terapéutico realizados en un único y mismo «caso» y me parece particularmente instructivo. Una paciente estaba ingresada en una clínica psiquiátrica a causa de una típica depresión, en la que recaía periódicamente, de carácter endógeno. Tuvo una medicación a base de opio, o sea, un tratamiento a base de fármacos ante los síntomas de origen orgánico. Cuando en una ocasión se la encontró llorando en un estado de excitación, se puso de manifiesto casualmente que estaba en juego también un componente psicógeno, a saber, que existía una superestructura psíquica en la medida en que la paciente, como se pudo probar, lloraba también porque tenía que llorar, dicho de forma genérica: que estaba deprimida de forma psicógena, además de la depresión endógena que aparecía fatalmente. Una sencilla explicación de este estado de cosas fue capaz de que dejase de llorar y de que se redujese la depresión. Así, pues, se había realizado el paso de la terapia del tratamiento con fármacos que incide en lo corporal a una psicoterapia exquisita complementaria. Una vez que la paciente se acercó por su dificultad psíquica a la comprensión del médico, esta comenzó a hablar más a menudo con el médico sobre sus inquietudes vitales más generales y se reveló toda su dificultad espiritual: ¡toda la pobreza imaginaria respecto a los contenidos y toda la aparente carencia de sentido de la existencia de una persona que se siente inhibida precisamente por el destino de depresiones endógenas recidivas! Pronto tuvieron lugar espontáneamente conversaciones sobre temas respecto a la visión del mundo que con el tiempo llevaron a la persona enferma a una comprensión muy profunda de su existencia como ser responsable; en vez de desesperar por sus depresiones, a pesar de sus momentos de desatino, aprendió no solo a construirse una vida llena de tareas muy personales, sino también a ver, precisamente en estos momentos fatales de desatino, una tarea más: la tarea de arreglárselas con ellos con una merma de fuerzas y con una pérdida de valor lo más mínima posible.

II

AUTORREFLEXIÓN PSIQUIÁTRICA

Frecuentemente el profano sigue confundiendo en la actualidad la psicoterapia y el psicoanálisis, identificándolas erróneamente. De hecho, durante mucho tiempo el psicoanálisis fue el sistema psicoterapéutico representativo y, visto desde una perspectiva histórica, es el primer gran sistema coherente de una psicoterapia. Nadie le quita este valor historicocultural, por más que mucho y a menudo se hayan «superado» sus méritos.

Sin embargo, por lo que concierne a esta «superación», se trata menos o, en última instancia, solo de otras respuestas, que quizá se dan actualmente; en primer lugar se trató más bien de plantear en general otras cuestiones, dondequiera que se abordara el problema del sufrimiento psíquico. Oswald Schwarz (*Sexualpathologie*, 1935) caracteriza esta situación de la manera más acertada: «la psicología médica [...] debido a ambiciones científicas mal entendidas, ha reducido la vida humana, en parte, a una mera satisfacción de los instintos y, en parte, a la lucha por la estima social [con esto se alude a la psicología individual]. Ciertamente fue una acción heroica e histórica por parte de Freud haber agudizado nuestra vista respecto al carácter impropio de la existencia neurótica y el haber provocado desconfianza frente a algunas motivaciones y convicciones incluso de la vida cotidiana. No obstante, ahora que estos conocimientos se han convertido en un bien común, no solo de la psicología científica, es el momento de volver a ver al "hombre" en el enfermo y de confiar en esta realidad humana». Ya Max Scheler había enseñado que esta realidad humana está situada en un nivel esencialmente distinto o que representa, por lo menos, algo más completo y más amplio frente a lo meramente instintivo; pues en una ocasión habla de una «alquimia espiritual, por cuyo arte la libido se convierte en "pensamiento" y "bondad"». La contradicción interna del psicoanálisis se pone de manifiesto cuando se enfrenta a lo ético en el hombre debiendo construir, a partir de la libido, un «yo» y un «superyó». Sobre esto Erwin Straus opina *(Geschehnis und Erlebnis)*: «Las fuerzas que regulan la vida instintiva deben formar parte del equipamiento originario del hombre; no se pueden derivar de los mismos instintos».

Como un complemento positivo de esta crítica negativa del psicoanálisis (en parte también de la psicología individual) se añade ahora el llamamiento a una extensión de cualquier psicoterapia hacia lo referido a la cosmovisión o a su orientación hacia lo espiritual. En esto la problemática teoricocognitiva casi ilimitada de la investigación psicoterapéutica desempeña un papel menor que el problema de la evaluación dentro de la acción psiquiátrica (cf. mi artículo *Psychotherapie und Weltanschauung. Zur grundsätzlichen Kritik ihrer Beziehungen*: «Internationale Zeitschrift für

Individualpsychologie», 1925). Ya C.G. Jung calificó la neurosis como «el sufrimiento del alma que no ha encontrado su sentido». A esto corresponde también lo que Leonhard Seif ha afirmado sobre la terapia de las neurosis: «La cuestión sobre el sentido de la vida constituye el punto de partida y el objetivo de la comunidad de trabajo entre médico y paciente para la curación de una neurosis».

Pero aquí surge ya la problemática real del valor. Pues ahora se pregunta: ¿quién tiene la capacidad e incluso, ante todo y en primer lugar, el derecho de determinar el sentido de la vida —pues ahora no se trata ni más ni menos que de esto—, y de indicar el camino? ¿Estamos autorizados y llamados a ayudar cuando a los psiquiatras, en nuestra praxis cotidiana, se nos impone toda la indigencia mental y la falta de orientación cosmovisiva de nuestros enfermos? ¿No confundimos, entonces, el límite entre psiquiatra y sacerdote? Quien conoce la urgencia y la dificultad de estas cuestiones, a saber, en la forma concreta de la cotidianidad de nuestras consultas, no ignora la importancia de una directriz que por ser generalmente válida podría posibilitar una acción clara e imparcial al psicoterapeuta, que se esfuerza y preocupa por el enfermó que sufre psíquicamente y que lucha mentalmente. Clara e imparcial en la medida en que existe el grave e inmediato peligro de que la inclusión de las discusiones cosmovisivas en el trabajo psicoterapéutico puedan llevar a una imposición de la cosmovisión personal, quisiera decir, casual de cada psicoterapeuta.

Echemos un vistazo al azar a la literatura especializada: precisamente entre los autores contemporáneos que reivindican, como ya dijimos, una extensión referida a la cosmovisión dentro del trabajo psicoterapéutico, hay algunos que ya representan una orientación determinada y la defienden en el marco del tratamiento. Me limito a unos pocos ejemplos y citas. Karl Häberlin, por ejemplo (*Die Bedeutung von Ludwig Klages und Hans Prinzhorn für die Psychotherapie*) escribe: «De esta forma la psicoterapia se pone al servicio de las fuerzas de la vida [...] para que la vida y los valores sigan desempeñando el liderazgo, para que el espíritu se mantenga dependiente respecto a la vida». También Gauger, un eminente psicoterapeuta alemán, tiene una opinión semejante: «El sentido de la vida no es nada más que la misma vida» (*Politische Medizin*). Otro psicoterapeuta, el profesor M.H. Göring dice abiertamente que «la Asociación médica alemana para la psicoterapia tiene el cometido [...] de reunir [...] sobre todo [...] a aquellos médicos que están dispuestos a construir y ejercer una ciencia psiquiátrica en el sentido de la visión del mundo nacionalsocialista» («Zentralblatt für Psychotherapie», 1933).

Frente a esto, psicoterapeutas autocríticos —incluso los que consideraron inevitable una evaluación dentro del tratamiento psiquiátrico como principio— desde hace mucho tiempo han levantado sus voces poniendo sobre aviso. Wladimir Eliasberg (*Das Ziel in der Psychotherapie*: «Zeitschrift für die gesamte Neurologie und Psychiatrie», 1925) escribió: «La tarea de la psicagógica no puede consistir en imponer al paciente un valor que le es extraño».

Por consiguiente, nos encontramos ante un dilema en la psicoterapia en la medida en que tiene que y debe evaluar: por un lado, la necesidad inexorable de introducir en ella la concepción del mundo y por tanto la problemática del valor, y, por otro, la exigencia ineluctable de evitar cualquier imposición. Yo mismo he intentado resolver este dilema (cfr. *Zur geistigen Problematik der Psychotherapie:* «Zentralblatt für Psychotherapie», 1938). Solo es necesario recurrir a un valor que, como valor ético puramente formal, no implica orientación alguna hacia valores concretos: el valor de la responsabilidad.

Pues no se puede pensar ningún sistema de valores, ninguna ordenación de rango de valores ni ninguna concepción particular del mundo que no deba reconocer la responsabilidad como valor fundamental, como valor formal frente a definiciones diferentes en cuanto al contenido; a los psicoterapeutas no nos debe importar en absoluto qué tipo de credos ideológicos tienen nuestros pacientes y qué valores eligen; sin embargo, lo importante es llevar a los enfermos a que tengan una visión del mundo y a que en general se sientan responsables frente a valores. En este marco, no obstante, no se puede y no se debe abordar la cuestión de hasta qué punto semejante acercamiento a la propia responsabilidad por parte del que sufre psíquicamente puede llegar a convertirse, desde un punto de vista terapéutico, en un punto de apoyo.

Más importante nos parece la indicación de cómo se lleva a cabo la conversión de la psicoterapia en una concepción del mundo tomando como centro la responsabilidad, como único valor posible del trabajo psicoterapéutico. Pues lo que para los psicoterapeutas es el objetivo último, para la filosofía contemporánea (en la expresión de la antropología filosófica y de la filosofía existencial) es un punto de partida. Cuando Rudolf Allers definió en una ponencia la psicoterapia como «educación al reconocimiento de la responsabilidad» (de forma parecida a Arthur Kronfeld), reencontramos en la filosofía contemporánea la responsabilidad, por ejemplo, bajo la representación de la conciencia como estado de cosas más originario. Cito deliberadamente una publicación que ha aparecido en una revista médica: «La conciencia es lo más cierto. [...] Aquí está el punto de apoyo de Arquímedes. [...] Desde este punto de apoyo hay que considerar el mundo si se quiere conseguir una concepción del mundo» (profesor F.K. Feigel, en «Deutsche medizinische Wochenschrift», 19 de septiembre de 1936). Meinertz dijo en una ocasión que «el destino de la psicoterapia está supeditado al hecho de si se consigue atraer el ámbito de la "existencia" a la concepción científica de lo psíquico» («Zentralblatt für Psychotherapie», 1937); ya Gustav Bally había intentado una realización concreta de esta reivindicación programática general en su ponencia sobre la existencia humana en la psicoterapia (1936), cuando dijo: «Por eso, en última instancia, la tarea de la psicoterapia consiste en llevar al que busca ayuda a responsabilizarse por sí mismo».

Por consiguiente, la responsabilidad no es solo el único valor que posibilita la transición a una psicoterapia evaluadora sino que además, como realidad, es lo más seguro que precisamos como punto de partida para un análisis de la existencia. En contraposición, mejor dicho, como complemento de los métodos psicoterapéuticos anteriores, semejante análisis de la existencia —cuya fundamentación intenté en mi segundo trabajo citado— debería abarcar la totalidad del ser humano, es decir, debería trascender conscientemente el ámbito de lo psíquico; este análisis debería ver la neurosis, como cualquier sufrimiento psíquico, arraigada no solo en lo psíquico sino también en lo fisiológico e incluso, a veces, por lo menos en la misma medida, en lo mental; no debería limitarse a ver el planteamiento terapéutico únicamente en el descubrimiento de complejos o sentimientos de inferioridad sino que debería seguir analizando el conflicto, en uno u otro caso, hasta el ámbito mental de las decisiones ideológicas para posibilitar una solución también desde lo mental. La psicoterapia, orientada hacia lo mental y convertida en análisis existencial, agotará todas las posibilidades terapéuticas solo si ve al luchador mental detrás del que sufre psíquicamente, como un ser situado en un mundo de necesidades y de posibilidades, en la tensión de ser y deber, evocando las palabras de Goethe, que podrían ser el mejor lema imaginable para nuestro trabajo: «Si consideramos a los hombres como son, entonces hacemos que sean peores; pero si los consideramos como deben ser, entonces hacemos que sean como pueden ser».

III

FILOSOFÍA Y PSICOTERAPIA

Fundamentación de un análisis existencial

Al abordar la frontera entre filosofía y psicoterapia —tomadas ambas por el momento de manera muy general por encima de cualquier orientación y de cualquier doctrina académica— tenemos que ocuparnos de las posibles relaciones entre ambas disciplinas. De acuerdo con esto, en primer lugar queremos, por así decir, confrontarlas en dos sentidos: por un lado, la psicoterapia y la filosofía pueden oponerse entre sí como instancia teórica —sea una sea otra como sujeto de la reflexión—; por otro, deben examinarse mutuamente en una relación pragmática, es decir, en qué medida puede servir una u otra como medio para un fin. De aquí resultan a priori los siguientes cuatro aspectos posibles:

1. La filosofía como sujeto y la psicoterapia como objeto de la reflexión (a saber, teórica); de forma concreta, este problema sería: crítica del conocimiento de la psicopatología.
2. Al revés: la psicoterapia como sujeto y la filosofía como objeto de reflexión —teórica—, dicho de forma

concreta: el intento —como tendremos que probar—, en principio imposible y condenado al fracaso, de una «psicopatología de la concepción del mundo», tal como se le ha llamado.

3. La filosofía como sujeto pragmático y la psicoterapia como medio dudoso en poder del filósofo; dicho concretamente: la psicoterapia como (instrumento de la) ética.

4. La psicoterapia como aquella instancia que examina en qué medida, en cambio la filosofía se integra en su bagaje intelectual; dicho concretamente: la filosofía como (instrumento de la) psicoterapia.

Abordemos la primera cuestión principal, el tema de una crítica del conocimiento de la psicopatología (la «psicoterapia» no tendría aquí sentido porque en este contexto tenemos que hablar de teoría y no de una praxis). Para clarificar brevemente la situación del problema, consideremos los dos grandes sistemas representativos de la psicoterapia en la actualidad: el psicoanálisis y la psicología individual. Y preguntémonos desde el punto de vista del juez de la crítica del conocimiento si, en general, son capaces, partiendo de sus presupuestos y posiciones fundamentales, de ofrecer una imagen amplia y en consonancia con la realidad psicopatógena. En una visión panorámica esquematizadora, a grandes rasgos nos damos cuenta de que de hecho ambos sistemas son culpables de una limitación de la realidad fenoménica, a saber, cada una en dirección opuesta: el psicoanálisis reduce todo a la sexualidad (la última energía del instinto: la libido), las manifestaciones en lo psíquico son sus símbolos; la psicología individual muestra que todos los síntomas de la neurosis son un medio para un fin (*arrangements*), sin embargo, reconoce además de las aspiraciones sexuales también aspiraciones psíquicas muy distintas. Vemos, por consiguiente, que la limitación del psicoanálisis es una limitación material, que concierne a los contenidos de las tendencias, en cambio, la de la psicología individual es una limitación formal, en la medida en que duda, por así decir, de la seriedad, de la autenticidad y de la inmediatez de las tendencias dadas. De hecho, sucede que no solo hay tendencias sexuales sino también otros contenidos —esto frente al psicoanálisis—; y que, por otro lado, frente al punto de vista de la psicología individual, también existen síntomas que se exteriorizan directamente y que no se puede interpretar todo como mero medio para un fin.

Pero también a otro respecto la opinión que el psicoanálisis y la psicología individual tienen de la realidad psicopatológica es limitadora y de nuevo en un sentido contrapuesto. Pues si, para empezar, partimos de una manera puramente heurística de la tesis según la cual ser yo quiere decir ser consciente y ser responsable, vemos que tanto una como otra concepción destaca de manera aislada, respectivamente, uno de los dos aspectos fundamentales que se han hecho posibles: para el psicoanálisis, el síntoma de una neurosis es esencialmente el resultado de un proceso de represión, es decir, algo —desde este punto de vista— que se hace de manera inconsciente; desde la perspectiva de la psicología individual, el síntoma neurótico representa un intento de la persona enferma de hacerse no responsable de algo. Por consiguiente en una reflexión de este tipo, el psicoanálisis y la psicología individual no aparecen como sistemas casuales sino incluso como teorías que se oponen mutuamente por necesidad ontológica y que en esta su oposición llegan incluso a complementarse de alguna forma.

La imagen del hombre que estas esbozan en un nivel de proyección psicológica es, por tanto, parcial. Con estos acercamientos teóricos no se capta la totalidad del ser hombre. El psicoanálisis no lo capta por la razón y en la medida en que del trío *eros-logos-ethos* resalta solo el primero, destruyendo esta tríada de la antropología filosófica. En cambio, la psicoterapia debería integrar precisamente la totalidad del ser hombre, la imagen del hombre dada previamente como unidad cuerpo-alma-mente, en su concepción de la persona psíquicamente enferma, para así —y solo así— poder satisfacer en cierta manera a las exigencias de la crítica del conocimiento.

Abordemos ahora el segundo tema sobre la cuestión de la posibilidad de una «psicopatología de la concepción del mundo». No se puede privar a nadie del derecho de someter a los filósofos a un examen psicopatológico; en cambio, las filosofías, como creaciones objetivas-mentales, en cualquier caso rehuirán semejante acercamiento heterólogo. Este significaría intentar superar el límite y la competencia en el sentido del psicologismo que pretende poder deducir la validez del contenido a partir del origen de una acción. Cualquier concepción filosófica precisa una crítica inmanente y el enfermo psíquico, en el marco de una psicoterapia, tiene derecho a ella. Quien rechaza *eo ipso* la concepción del mundo de un neurótico, no habla el mismo idioma que él, por mucho que se esfuerce en «reducirla» a complejos o sentimientos de inferioridad. ¡$2\times2 = 4$ aunque lo afirme un esquizofrénico! Sin embargo, un error de cálculo no se prueba como psiquiatra sino solo comprobando el cálculo nuevamente. De manera que también el médico deberá esforzarse por rendir cuentas al paciente filósofo y deberá renunciar a huir ante argumentos a través de una cómoda *metabasis eis allo genos* en lugar de refutarlos, objetivamente, permaneciendo al nivel de la confrontación cosmovisiva. Entonces evitará el error del psicologismo dentro de la psicoterapia y tendrá el valor de completar su psicoterapia con algo que, sin embargo, la supera esencialmente —quisiera decir: ¡con una logoterapia!—. Pues, en general, solo en el sentido del *logos* podemos enfrentarnos críticamente a una concepción del mundo, incluso a la de una persona neurótica; por tanto, si queremos evitar el psicologismo también en el marco de la psicoterapia, tenemos que estar decididos a superarlo a través del logicismo —y esto, al fin y al cabo, querría decir completar la psicoterapia con una logoterapia en la medida en que esta se ve en la situación de afrontar problemas filosóficos del paciente que surgen de él mismo.

No obstante, en la acción psiquiátrica verdaderamente integrada, naturalmente no se puede llevar a cabo esta diferenciación metódica; solo nos incumbía aquí poner de manifiesto el componente logoterapéutico con una intención heurística para mostrar cuáles son los problemas esenciales y también los peligros que surgen en este punto. Por consiguiente, si en el párrafo anterior hemos intentado mostrar la necesidad de ver al paciente desde una perspectiva amplia, humanista, al final de esta parte de nuestras reflexiones ha resultado que es imposible juzgar su filosofía eventualmente expresada, simplemente desde una perspectiva psicopatológica y que, en general, es absurdo considerar una filosofía a la luz del espejo psiquiátrico deformador.

A pesar de todo intentemos convertir el psicologismo, contenido en semejante procedimiento, en un arma contra sí mismo. Desde hace décadas conocemos esta actitud que siempre pretende desenmascarar, que siempre cree poner en evidencia, que siempre aspira o está preparada para presentar todo lo mental y creativo como «en última instancia nada más que mera» sexualidad o ambición de poder o cualquier otra cosa; esa orientación de investigación que ya no ve nada auténtico sino solo algo que está «detrás»: libido, sentimientos de inferioridad, necesidad de estima, etcétera; como si por el hecho de que en algún lugar y en algún momento (en épocas críticas respecto a la cultura o en casos neuróticos) algún rendimiento o conformación psíquica haya sido máscara o medio para un fin, no podría ser nunca auténtico, originario, inmediato. Esta actitud recuerda aquel chiste en el que el Serenísimo al preguntar un día a su oficial: «¿Qué pájaro es este?», tuvo como respuesta: «Es una cigüeña», y a continuación dijo riéndose: «¡Pero si las cigüeñas no existen!». Por el hecho de que la figura de la cigüeña de vez en cuando salga en los cuentos de hadas, ¿por este hecho no puede haber nunca cigüeñas reales? Por el hecho de que la angustia pueda tener en alguna ocasión razones inconscientemente sexuales o «tendencias afianzadoras», ¿por este hecho no puede existir la angustia a secas, la angustia ante la vida o ante la muerte o la angustia de la conciencia? Por el hecho de que el arte signifique para el artista una huida ante la realidad y la sexualidad, ¿por este hecho todo arte no significa esencial y originariamente nada más que esto? A semejantes orientaciones de investigación no les importa juzgar —en nuestra opinión, de forma incompetente— sino condenar, se presentan, ahora convertidas ellas mismas en objeto de interpretación psicológica, como medios de una tendencia devaluadora que hace un siglo actuaba en el materialismo, más tarde en el relativismo y en el psicologismo intentando quitar el valor a las cosas —del mismo modo que los diversos colectivismos modernos intentan quitar al hombre la dignidad (junto con su libertad).

Sin embargo, la psicoterapia debería, por el contrario, garantizar el respeto a la autonomía de todo lo mental y evitar así los abusos psicologísticos por parte de los psicoterapeutas. En la situación psicoterapéutica concreta no se trata solamente de cosas mentales, por ejemplo, de la concepción del mundo sino de cosas personales, de una concepción individual del mundo, la del enfermo en cuestión. Y frente a lo personal, único, mental-concreto el médico deberá ofrecer precisamente una actitud humanista de respeto, discreta, tolerante e imparcial; ya nos encontramos en el tercer apartado de nuestras reflexiones en medio de las cuestiones sobre la posibilidad de una psicoterapia como el instrumento técnico del ejercicio de influencia de personas, es decir, de un medio para un fin ético.

Es evidente que la psicoterapia necesariamente tiene que evaluar, si adopta, es decir, presupone, valores tomados de la ética. Sin embargo, el problema consiste en saber si le está permitido evaluar. El psiquiatra encuentra en su consulta a cada paso decisiones orientadas en una cosmovisión determinada y evaluaciones personales del paciente de las que es imposible hacer caso omiso y ante las que se ve forzado a tomar posición personalmente cuando, por ejemplo, como tan frecuentemente ocurre, el enfermo impone toda su indigencia al médico exigiendo de él soluciones. ¿Está permitido o es incluso acertado que el médico en conciencia las evite? ¿O al contrario le está permitido evaluarlas? ¿Es quizá incluso necesario proceder o intervenir según ciertas normas de valor? El valor de la salud —también desde el punto de vista psíquico— se da como implícito en toda actuación médica e incluso psiquiátrica. Además, se ha vuelto a probar continuamente que la misma neurosis tiene su raíz, en última instancia, en lo mental, es decir, que surgió o se mantiene a causa de ciertas posiciones cosmovisivas. Por tanto, es importante intervenir en este ámbito de concepciones personales y valores del paciente, es decir, es importante que el médico evalúe; dicho con otras palabras: la psicoterapia debe evaluar, la psicoterapia debe, por consiguiente, establecer valores éticos como tales y servir a la ética. Si en este sentido es necesaria una psicoterapia evaluadora, entonces surge la pregunta: ¿es posible la psicoterapia en cuanto psicoterapia evaluadora? Y: ¿cómo es posible la psicoterapia evaluadora? Se plantea la cuestión porque antes reivindicábamos que en la actitud mental del médico psicoterapeuta se expresase el respeto a los valores personales y a lo mental-concreto, lo que quiere decir que el médico como tal en ningún caso debe superar su competencia, que no tiene el derecho, como el sacerdote legitimado para ello, de transmitir al enfermo simplemente un orden de valores previamente dado, de introducirlo en el tratamiento psiquiátrico, es decir, imponer una cosmovisión.

Por consiguiente, nos encontramos ante el dilema: o la necesidad, incluso la presuposición de valores, o la imposibilidad ética de una imposición. Pues bien, yo creo que es posible una solución de esta cuestión, pero solo una, una solución determinada. Pues existe un valor ético formal que es él mismo condición de todas las demás evaluaciones sin determinar en sí su orden de rango: la responsabilidad. Esta representa aquel valor límite, por así decir, de neutralidad ética hasta el que la psicoterapia, como acción que evalúa implícita y explícitamente, puede —y debe— penetrar. El enfermo que, en el tratamiento psicoterapéutico y gracias a este, ha conseguido llegar a la conciencia profunda de su responsabilidad como característica esencial de su existencia, por sí mismo conseguirá llegar automáticamente a las evaluaciones que están en consonancia con él mismo, con su personalidad única y con su destino irrepetible. La responsabilidad constituye en cierto modo el lado subjetivo, en el lado objetivo se encuentran los valores; entonces, su elección, su selección y su reconocimiento se lleva a cabo sin imposición por parte del médico. La pregunta ante quién —ante qué instancia (Dios, la propia conciencia, etcétera) se siente responsable el enfermo en cuestión— se sustrae a la intervención médica al igual que la cuestión por qué —por qué valores o por qué orden de valores él se decide—. Únicamente es esencial el hecho de que se decida por valores y de que sienta la responsabilidad; de todas formas, es posible, es lo que queríamos mostrar aquí, haber conducido en el marco del tratamiento psiquiátrico al enfermo psíquico a este nivel, incluso sin abandonar la actitud médica en el sentido del rechazo de una imposición.

Pero si ahora nos planteamos la cuestión de si y en qué medida es incluso necesario llevar al enfermo a adquirir plena conciencia de la responsabilidad, nos encontramos ante el problema que hemos señalado al comienzo con el cuarto y último de los planteamientos posibles: ante la cuestión de si y cómo es posible la ética como psicoterapia, es decir: confrontaciones cosmovisivas al servicio del tratamiento psiquiátrico. Con otras palabras, ¿tiene importancia terapéutica si inducimos al enfermo a que se dé cuenta de su ser responsable, a que se percate plenamente de su responsabilidad? Ya anteriormente hemos recurrido a la fórmula básica de la antropología filosófica según la cual ser yo quiere decir ser consciente y ser responsable. Hemos exigido de la psicoterapia que esta englobe en su imagen del hombre (psíquicamente enfermo) la totalidad del ser hombre, superando en este sentido parcialidades académicas; además, hemos reivindicado que esta aprecie lisa y llanamente las leyes propias de lo mental en lugar de caer en el error psicologístico; finalmente, en el tercer apartado, hemos reivindicado que el psicoterapeuta no viole la legitimidad propia de lo mental-concreto, de la personalidad mental del enfermo por lo que se refiere a la elección de valores, o sea, que evite la imposición de su (del médico) visión personal del mundo. Ahora hay que hacer una última, cuarta, reivindicación a la psicoterapia, precisamente en el sentido del cuarto y último planteamiento: el enfermo no solo debería ser conducido a la conciencia de la responsabilidad —frente a tareas en general—, sino que debería experimentar su responsabilidad específica frente a tareas específicas; pues solo en el caso en que ha experimentado su disposición interior y su situación exterior, es decir, su posición global en el mundo como única e irrepetible, su conciencia de la responsabilidad le llevará al despliegue lo más amplio posible de las fuerzas —y contrafuerzas— contra la neurosis: la conciencia vaga de responsabilidad se convierte en la conciencia específica de misión, en la experiencia vivida de su colocación dentro del mundo con una tarea personal muy concreta. Nada hace superar al hombre tanto, nada es capaz de activarlo más, nada le hace superar las molestias o dificultades tanto, como la conciencia de la responsabilidad personal, la experiencia vivida de su misión especial. Y aquí reside la utilidad psicoterapéutica incomparable y exquisita de un análisis de la existencia como ser responsable, de un análisis del ser hombre respecto a su característica esencial, respecto al ser responsable. No es este el momento de entrar en cuestiones detalladas sobre la técnica de semejante análisis existencial, como hemos llamado esta psicoterapia; en cambio, queremos hacer constar que una inclusión de la ética en la psicoterapia, que el mostrar la responsabilidad específica y las tareas específicas del enfermo, incluso desde el punto de vista de la psicoterapia, representa una necesidad —*quod erat demonstrandum*—. Y además de reivindicar que se avance a lo mental más allá del ámbito psíquico, es decir, que se incluya la totalidad de la existencia humana en la psicoterapia, exigimos ahora una última cosa: la de colocar en el centro de la psicoterapia la esencia de la existencia humana —ser responsable, tener una misión—. Vista así, la psicoterapia se convierte en análisis existencial desde dos perspectivas: esta deviene el análisis de la existencia global (*eros* y *logos, ethos*) y se convierte en análisis respecto a la existencia (ser hombre, existencia como ser responsable). Esta ampliación a lo cosmovisivo y este planteamiento haciendo referencia a lo mental nos parece que es la exigencia que la época plantea a la psicoterapia; las explicaciones anteriores van en la dirección de la posibilidad y de la necesidad de cumplir con esta reivindicación.

IV

SOBRE LA AYUDA DE LOS FÁRMACOS
EN LA PSICOTERAPIA DE LAS NEUROSIS

El sulfato ß-fenilisopropilamínico, comercializado bajo el nombre de benzedrina, una sustancia parecida a la efedrina con un efecto preponderantemente sobre el sistema nervioso central (Prinzmetal y Bloomberg) y con casi ningún efecto sobre el sistema nervioso vegetativo (Guttmann) fue aplicado por primera vez con buenos resultados en casos de narcolepsia y parkinsonismo postencefálico. Más tarde se intentó aprovechar (Wilbur, MacLean y Allen) para estados depresivos el efecto eufórico constatado en personas normales por Nathanson y también por Davidoff y Reifenstein; resultó que los casos con una inhibición psicomotriz sin excitación angustiosa reaccionaron en alrededor del 70 % de manera favorable, pero frecuentemente solo en un principio (Clínica Mayo). Al igual que Guttmann y Sargant, Myerson llega al siguiente resultado: «En ciertos casos de neurosis asociados con depresión, fatiga, anhedonia y en ciertos casos de psicosis del mismo tipo general el "sulfato de benzedrina" tiene un efecto favorable».

Nuestras propias experiencias en psicosis clínicas nos ponen de manifiesto que la benzedrina es un complemento valioso de la gama de fármacos hasta ahora disponible en el tratamiento de la melancolía. En la terapia clásica con opio disponíamos solo de un medio para combatir la angustia, mientras que apenas se podía ejercer influencia sobre el otro síntoma fundamental, la inhibición. Sin embargo, precisamente estos componentes del conjunto de síntomas melancólicos nos pareció responder de manera selectiva al tratamiento con benzedrina. Puesto que la inhibición sigue las oscilaciones típicas del día con remisiones por la tarde allí donde esta marca el cuadro clínico, a veces pudimos observar, bajo el efecto de la benzedrina, incluso un tipo de anticipación de la oscilación del día, es decir, que los suministros del fármaco por la mañana provocaban ya antes de mediodía el proceso de solución del estupor melancólico que por el contrario se esperaba para la tarde. En cambio, en nuestra opinión, es dudoso el efecto de la benzedrina sobre el estado de ánimo del melancólico, es decir, sobre la depresión como tal; en ocasiones tuvimos más bien la impresión de que el efecto se produce indirectamente, en cuanto que en los casos tratados con la inhibición se suprime un componente reactivo, es decir, la reacción afectiva a la misma.

Muy recientemente, Schilder ha intentado «conseguir una comprensión más profunda del modo de funcionamiento de la benzedrina», investigando en una serie de casos seleccionados y en el sentido de un farmacopsicoanálisis por él postulado los «cambios de la estructura del yo» provocados por la benzedrina. Resume el resultado de su investigación como sigue: «Seguramente no curará neurosis, pero tiene una utilidad desde el punto de vista sintomático». Nosotros

Sobre la ayuda de los fármacos en la psicoterapia de las neurosis

mismos pretendemos ofrecer a continuación una aportación para probar la justificación de la opinión citada sirviéndonos de unos casos tratados en primer lugar de forma psicoterapéutica.

Caso 1. Señora R.S. Paciente de 43 años. Los padres eran primos hermanos. La madre era pedante y tenía mucho genio; el hermano mayor es perfeccionista y excesivamente escrupuloso, parece ser que sufre la obsesión de repetir las cosas y tiene el sentimiento frecuente de haber perdido algo; el hermano menor es «nervioso» de forma banal. La misma paciente ya tuvo en su infancia algunos síntomas obsesivos y actualmente tiene en primer término una grave neurosis compulsiva de repetir las cosas y de lavarse. Tratamientos reiterados, incluida psicoterapia; a pesar de ello, empeoramiento creciente, de tal forma que la paciente tuvo intentos de suicidio. Es torturada por el sentimiento de no haber realizado algo de forma completa; muestra, además, una insuficiencia del sentimiento de evidencia: «Tengo que volver a hacer algo a pesar de que sé muy bien que está bien hecho» —experimenta emocionalmente que tiene algo pendiente—. De momento se le indica a la paciente que diferencie entre los impulsos neuróticos obsesivos y las intenciones sanas, para distanciarse de esta forma de ellos. Luego aprende a llevar *ad absurdum* las ideas neuróticas obsesivas a partir de este distanciamiento, quitando, por así decir, la leña del fuego, por ejemplo, bajo la forma: «¿Temo que las manos no estén todavía bastante limpias? ¡Supongo incluso que están todavía muy sucias, y quiero que estén todavía mucho más sucias!» En lugar de combatir los impulsos neuróticos obsesivos —presión produce contrapresión— se le ordena a la paciente que los exagere con fórmulas humorísticas (el humor crea distancia) y que los supere de esta forma. Entonces toda la concepción del mundo de la enferma se somete a una revisión: ella muestra la aspiración tan típica del enfermo obsesivo a hacer las cosas al cien por cien, a la seguridad absoluta en conocer y decidir, surgida de su insuficiencia del sentimiento de evidencia o de una inseguridad instintiva profunda. Sin embargo, puesto que no es realizable en la existencia hacer las cosas al cien por cien, se limita a ámbitos específicos —por ejemplo, la higiene de las manos, la limpieza de la casa y cosas parecidas—. Se exige un reconocimiento del «carácter fragmentario de la vida» y el riesgo de la acción frente a lo cual la neurosis se presenta como concha siendo a la vez carga y protección.

El significado último se discute con la enferma en un primer momento de manera puramente teórica; en la consulta siguiente manifiesta espontáneamente (!) la «sospecha» de que a veces la neurosis le sirve de pretexto.[1] Mejora evidente después de dos semanas de tratamiento: la paciente

---

1. Este «motivo secundario de la enfermedad» no es la causa de los síntomas obsesivos, sino solo la causa de su fijación persistente; la enfermedad obsesiva como tal, la disposición a mecanismos obsesivos como algo puramente formal es, como se sabe, ineludible hasta un cierto grado o cuando más hereditario. Las diferentes determinaciones de contenido son, naturalmente, psicógenas. Sin embargo, con esto no se quiere decir, ni mucho menos, que el descubrimiento de la psicogenia de contenidos concretos tenga incluso terapéuticamente una importancia esencial, ni hablar de que sea una necesidad absoluta; más bien esperamos un efecto terapéutico gracias al intento de llevar al enfermo tan lejos que este consiga, partiendo de una transformación fundamental de su visión global del mundo, es decir, casi a partir de lo espiritual, un cambio en su actitud respecto a la vida y que, a partir de este, se distancie de la neurosis, llegando quizá incluso a eliminarla

Sobre la ayuda de los fármacos en la psicoterapia de las neurosis

domina en medida creciente la técnica de reaccionar bien ante los impulsos neuróticos obsesivos, al igual que la de saberse plenamente responsable, no de estos sino de su comportamiento frente a ellos. En poco tiempo aprendió a dar más importancia al placer de los «triunfos» —en un primer tiempo todavía no muy frecuentes— sobre los impulsos neuróticos obsesivos que al disgusto provocado por su intransigencia frente a ellos. En esta fase del tratamiento —tres semanas después de su inicio— se le receta a la paciente benzedrina. De acuerdo con su informe sobre el efecto general tuvo el sentimiento de que todo le resultaba más fácil, cada vez que lo tomaba, su estado de ánimo mejoró —«veía todo a través de unas gafas color de rosa»—; por la tarde, jugando al *bridge* estaba más fresca de lo que nunca había estado a esa hora. Después dice: «Tenía el sentimiento como si viera más claro, como si mis ojos hubiesen mejorado, como si mi vista estuviera aliviada». Un revés que acaeció en este período fue asumido por la enferma de manera sorprendentemente tranquila y serena: «No podía ver (bajo el efecto de la benzedrina) la realidad tan negra...». Después dice: «Las tareas (domésticas) se hacen más llevaderas —gracias al mejor estado de ánimo—». Por lo que se refiere al efecto especial sobre la obsesión de volver a hacer las cosas, mejor dicho, sobre su comportamiento frente a esta, la paciente indica que ahora ella podía «defenderse» con más éxito, que le resultaba más fácil enfrentarse a ella tanto humorística como implacablemente.

---

de forma completa, por lo menos pudiendo llevar una vida llena de sentido con ella, a pesar de ella y pasando de ella.

Lo que había aprendido en las sesiones psicoterapéuticas, lo podía aplicar de manera más eficaz y más fácil. En estos momentos, la paciente es optimista y tiene el sentimiento de que «conseguiré superar la situación, de tal forma que considero que esta ya no está encima de mí sino debajo de mí; mientras que hasta ahora la neurosis obsesiva era, por así decir, una persona de respeto, ahora ya la insulto...». La paciente dice que se siente como si «ya no fuera la misma»; «uno podía arrancar una pata al mundo» (expresión vienesa para expresar un estado de ánimo eufórico y un sentimiento de fuerza). Se le indica a la paciente que aproveche el impulso que le ha proporcionado el fármaco; la psicoterapia, por así decir, le permitió dominar el arma contra la neurosis, le enseñó a manejar la espada; en cambio, el fármaco sería un *doping* en la lucha y le proporcionaría un aumento de fuerzas. Ella debería aprovechar el relanzamiento que le proporcionaría la benzedrina para un mayor entrenamiento; una vez en marcha, debería aspirar ahora a permanecer en marcha. De hecho durante las dos semanas siguientes de tratamiento, tomando diariamente una o dos pastillas de benzedrina, consigue cada vez más a menudo «resistir a la tentación (de ceder, por ejemplo, a la obsesión de lavarse)», incluso dice tener el sentimiento de que las ideas obsesivas —por ejemplo, de que las manos están sucias— se han «vuelto más vagas». Finalmente se mantiene el resultado relativo cuando ya deja de tomar benzedrina; la enferma consigue, sin más, distanciarse plenamente de los impulsos neuróticos obsesivos: «Aquí estoy yo, allí está la idea obsesiva: esta formula propuestas, pero yo no debo aceptarlas; la idea obsesiva misma no puede

Sobre la ayuda de los fármacos en la psicoterapia de las neurosis

lavar las manos, yo tendría que hacerlo, pero yo lo dejo...». En este momento, el tratamiento se interrumpe por razones externas.

Caso 2. Señor S.S. Paciente de 41 años. Llega al tratamiento propiamente solo para asesoramiento, puesto que debe abandonar la ciudad pocos días después para volver a su país (extranjero), inmediatamente después de un psicoanálisis sin éxito. Debido al fracaso del análisis, en el que había puesto grandes esperanzas, está tan desesperado que piensa seriamente en el suicidio llevando ya en su bolsillo una carta de despedida a este respecto. El paciente sufre desde hace 15 años fuertes síntomas neuróticos obsesivos. En los últimos tiempos, estos se exacerban. Ofrece la imagen de una persona muy crispada; incluso su lucha contra las ideas obsesivas es convulsiva. De acuerdo con esto se le enseña al enfermo que esta lucha y esta arremetida contra las ideas neuróticas obsesivas lo único que hace es incrementar la «fuerza» de estas y el tormento y que, al revés, debería más bien dejar las riendas sueltas en cierto modo. Dado el poco tiempo disponible —el paciente aplaza su viaje de un día para otro— se renuncia de antemano a cualquier análisis de los síntomas y solo se revisa la actitud que tiene el enfermo frente a sus mecanismos obsesivos. De hecho, en un par de días se consiguió que el paciente llegara incluso a una reconciliación con la realidad de sus ideas neuróticas obsesivas con lo cual no solamente se obtuvo por primera vez un importante alivio psíquico de carácter general sino que también las cavilaciones señaladas disminuyeron realmente y empezaron a desvanecerse. Este tratamiento psíquico se apoyó con otro a base de fármacos de benzedrina; el paciente informó que después se había sentido más animado, con más esperanza y aliviado, que había escrito una carta optimista a su mujer y que además había vuelto a pensar en su trabajo profesional. El tercer día indicó, radiante de alegría, que el día anterior había experimentado una hora de libertad de las ideas obsesivas como nunca se había sentido desde hacía por lo menos diez años. A continuación consigue, evidentemente no en último lugar, por la influencia del efecto de la benzedrina, distanciarse en medida creciente de las ideas neuróticas obsesivas y prescindir de ellas, vivir sin que le molesten; se enfrenta a ellas con una actitud humorística y con una actitud espiritual relajada en lugar de embestir contra ellas y fijarse continuamente en ellas e intenta ignorarlas. De acuerdo con el símil según el cual un perro que ladra a uno, ladra mucho más si uno va hacia él y, sin embargo, pronto deja de ladrar si se le ignora; ladra a menos que uno antes se haya hecho el sordo al ladrido no poniendo atención en él, como acontece con el tic tac del reloj de pared... Como ayuda al tratamiento psíquico, la benzedrina incluso en este caso ha dado buen resultado. Es como si se le suministrase al yo una *vis a tergo* en la lucha contra las ideas obsesivas con la condición de que antes —en el marco del tratamiento psicoterapéutico— hayamos puesto en la mano del enfermo el arma adecuada. Observamos, por lo que se refiere a la epicrisis, que el paciente, bastante tiempo después de su viaje a su patria, comunicó desde allí en una carta que se encontraba bastante bien, que estaba contento incluso a pesar de circunstancias externas desfavorables y que ahora, como antes, asumía la

Sobre la ayuda de los fármacos en la psicoterapia de las neurosis

actitud positiva aprendida y solicitada durante la psicoterapia frente a las ideas neuróticas obsesivas lo que en su opinión le era facilitado por el hecho de seguir utilizando la benzedrina.

Caso 3. F.B. Paciente de 24 años. Tartamudea desde la infancia. También son tartamudos dos parientes. Al paciente se le enseña que hablar, en el fondo, no es nada más, por así decirlo, que pensar en voz alta. Él mismo necesitaba solo estar preparado para pensar —el hecho de hablar lo realiza entonces la boca en cierto modo automáticamente—; no debía fijarse absolutamente en el cómo sino que debía fijarse únicamente en el qué. De lo contrario, la orientación de la atención a la forma de hablar —en lugar que al contenido del pensamiento— provocaría, por un lado, timidez al hablar y, por otro, falta de concentración en el momento de pensar. Él podía y debía compensar la tendencia a la disfasia mediante un entrenamiento adecuado en el cual se le está instruyendo: la relajación en el sentido de los ejercicios señalados por J.H. Schultz que comprende los actos de respirar, expirar perceptiblemente, «comerse el aliento» (Fröschels), hablar; el enfermo practica también en casa según este orden. Pronto informa de resultados positivos: había logrado la actitud acertada frente al acto de hablar: «Sin que yo haya querido, *ello* ha hablado...». Lo único que hacía era pensar en voz alta y dejar que la boca hablase. Contra una timidez general persistente se le recomienda que, a pesar del miedo a hablar y del miedo a la sociabilidad, busque compañía y que hable («¿Dónde está prohibido hablar con miedo?»). Solo si se arriesga a fracasos, puede tener éxitos más tarde y el miedo puede llegar a desaparecer; en la ruleta también hay que «arriesgar» el dinero que se apuesta si uno quiere multiplicarlo... En la siguiente fase del tratamiento, el enfermo se lamenta de sentimientos de miedo después de apariciones en sociedad, por otra parte, con resultados positivos; aparentemente ahora teme las consecuencias de su contacto con la vida, la pérdida de su *splendid isolation*. Comprende que ahora es importante que a esta angustia existencial irracional le haga seguir su superación consciente. En este momento se le receta al enfermo benzedrina. Unos días más tarde informa a través de notas tipo diario que ya después de la primera pastilla, con ocasión de una conversación telefónica —hasta este momento era esto lo que más dificultades le había planteado—, había hablado claramente mejor y que aún muchas horas después en una fiesta nocturna de sociedad había estado sorprendentemente tranquilo y seguro de sí mismo cuando hablaba. Sin embargo, señala como efectos secundarios: algunas palpitaciones, ahogo y perturbación en el sueño nocturno. Posteriormente tomaba solo media pastilla al día, lo que le hizo estar «en forma» durante horas cuando tenía que hablar o cuando estaba en sociedad. En resumen, el paciente informa de un efecto evidente que se nota en él, en primer lugar, al hablar de tal forma que el sentimiento de la «vergüenza» se reduce y que las «inhibiciones» disminuyen, pero sin experimentar un impulso pronunciado de conversar. Además, el efecto afectaría incluso a la autoestima general influyendo en ella positivamente. La mejora se mantiene.

Caso 4. F.W. Paciente de 37 años. Desde el punto de vista clínico, el caso ofrece la imagen de un estado depresivo con inhibición psicomotriz, con un comportamiento exterior totalmente normal y pensamientos lógicos, subjetivamente ostenta un claro sentimiento de enfermedad, sentimientos de miedo, culpabilidad e insuficiencia al igual que una tendencia a reprocharse a sí mismo; no se pueden probar experiencias de alucinación, las ideas paranoicas son solo de tipo catatímico. El diagnóstico supuesto es el siguiente: fases de depresión recidivas con una psicopatía esquizoide. El síntoma dominante consiste en experiencias de despersonalización; el paciente se queja: «Soy una sombra de lo que era..., un espejismo». En la medida en que, en general, el enfermo sigue viviendo la existencia, la vive como ser insuficiente: «Estoy deprimido, es decir, comprimido —literalmente— de una existencia de tres dimensiones a una de dos dimensiones». El sentimiento de insuficiencia se refiere, en primer lugar, a la experiencia vivida del impulso: «Es como si la fuente de energía de la que se alimenta la vida interior estuviera atascada». Incluso los actos cognitivos se ven afectados por la insuficiencia: «Parece que me faltan los pensamientos más intuitivos, aquel ámbito en el que todo es medio caótico, en el que surgen los pensamientos». Además, describe muy bien la perturbación intencional: «Como un ciego mental, tengo que tantearme intelectualmente al pasar de un pensamiento a otro..., desatino intelectualmente». A continuación también se describe la perturbación de la actividad en el sentido más estricto de la palabra: «Todo lo que hago es inmaterial, irreal como una imitación, como si fuera un animal que solo imita lo que le queda de recuerdo de antes de lo que es verdaderamente humano». El paciente vive también la «deficiente síntesis mental», esto es, tiene el *sentiment de désagrégation totale de l'être* (de Cambriels): «No tengo conciencia alguna de un transcurso del tiempo continuado [...] como si consistiera mentalmente de muchos mosaicos que no tienen ninguna relación entre sí porque se cae la argamasa [...] como si en una cadena de perlas el hilo estuviese roto». Algunas manifestaciones del enfermo indican la existencia de una «hipotonía de la conciencia» (Berze): «Tengo el sentimiento de falta de tensión y de elasticidad deficiente [...] como si me hubiesen dado demasiada cuerda, semejante a un reloj de bolsillo cuya cuerda ha saltado». Finalmente es experimentada la alienación del mundo de la percepción (pérdida del sentido de realidad), especialmente es experimentado el cambio de la percepción del propio cuerpo: con ocasión de una neuralgia intercurrente del trigémino, el paciente se quejó, especialmente y mucho más que de los dolores como tales, de que la sentía cambiada en cierta forma. «Mi mano, mi voz, a veces, me parecen extrañas. Parece ser que ya no tengo una relación correcta con la cosa, con el objeto, las cosas, por así decir, ya no son objetos... Todo es lo mismo y, sin embargo, es como una imagen reflejada en un espejo: de forma más débil e invertida de alguna forma». Él mismo sería como «un violín al que le falta la caja de resonancia». El paciente se queja de un sentimiento «como si le faltara el substrato»; antes el mundo «habría tenido muchos colores y ahora sería solamente en blanco y negro». Al paciente se le receta una vez benzedrina, más bien con una intención experimental. Pronto pasa a tomar solo media pastilla al

Sobre la ayuda de los fármacos en la psicoterapia de las neurosis

día, a causa de los efectos secundarios desagradables que le ocasionaban (RR 130/90 mm Hg; sin embargo ya tenía desde hacía mucho tiempo molestias cardíacas funcionales): vértigo, sensaciones de tensión y de presión y cosas parecidas lo que finalmente acabó por convencerle de que sería mejor renunciar a los efectos favorables. Siendo positivos desde el punto de vista terapéutico, son tanto más notables con una perspectiva experimental, si se tiene en cuenta la estructura psicológica extraña de este caso concreto; el enfermo (un maestro de la autoobservación como también de la expresión introspectiva) describió que —prescindiendo de la notable frescura intelectual y corporal que se observa habitualmente— la experiencia de la alienación del mundo de la percepción «se atenuaba de forma decisiva» en un grado en el que no lo había vivido desde hacía años. Los pensamientos eran «mucho más acertados y precisos», él mismo estaba «mentalmente mucho más a la altura, de alguna forma con más presencia de ánimo...». El «estímulo de la función mental» persistió hasta tres horas después de la toma de media pastilla. Él califica el estado como «una especie de borrachera, como si hubiera adquirido un nuevo empuje; yo fui activado, tenía la necesidad de activarme y de hablar».

Resumen

La opinión de Schilder según la cual la benzedrina se debe tener en cuenta para la terapia solo sintomática de algunas neurosis es confirmada por experiencias propias; basándome en dos casos de neurosis obsesivas así como de un caso de tartamudez y otro de despersonalización se muestra cómo la psicoterapia se puede complementar con una terapia farmacológica de apoyo con benzedrina en la que, sin embargo, a esta le corresponde solo la función, por así decir, de un *doping* temporal en una lucha para la que el enfermo debe haber recibido con anterioridad el arma de manos del psicoterapeuta.

Bibliografía

E. Guttmann, *The Effect of Benzedrine on Depressive States:* «Jour. Mental Science» 82 (1936) 618.

E. Guttmann y W. Sargant, *Observations on Benzedrine:* «Brit. Med. Jour.» 1 (1937) 1013.

A. Myerson, *Effect of Benzedrine Sulfate on Mood and Fatigue in Normal and in Neurotic Persons:* «Arch. Neur. and Psych.» 36 (1936) 816.

M. Prinzmetal y W. Bloomberg, *The Use of Benzedrine for the Treatment of Narcolepsy:* «Jour. of the American Med. Association» 105 (1935) 2051.

D.L. Wilbur, A.R. MacLean y E.V. Allen, *Clinical Observations on the Effect of Benzedrine Sulphate:* «Proa Staff Meet. Mayo-Clinic» 12 (1937) 97.

V

PSICOLOGÍA Y PSIQUIATRÍA DEL CAMPO DE CONCENTRACIÓN

I. PSICOLOGÍA DEL CAMPO DE CONCENTRACIÓN

Después de que la primera guerra mundial hubiera enriquecido a la psicología de la prisión en el sentido de que las observaciones y experiencias psicopatológicas en los campos de prisioneros de guerra dieron lugar al establecimiento del cuadro clínico de la llamada enfermedad del alambre de púas (Vischer), de la *barbed wire disease,* la segunda guerra mundial nos dio a conocer las consecuencias de la «guerra de nervios». Sin embargo, ha quedado reservado al pasado más reciente el haber estimulado la investigación de una psicopatología de las masas sobre todo porque la vida de las masas en los campos de concentración ha contribuido a ello.

Cohen había recabado en Auschwitz las experiencias a este respecto que luego recopiló en una tesis en la Universidad de Utrecht y después las evaluó basándose exclusivamente en la teoría de Freud. Desde un punto de vista metodológico se oponen, sin embargo, ciertas reservas a un ensayo psicológico de este tipo. La psicología exige una distancia científica. Pero, ¿la persona que ha experimentado la vida en el campo de concentración, incluso durante la experiencia, o sea durante el tiempo en que tuvo que hacer sus observaciones pertinentes, tiene la distancia necesaria?

En los campos de concentración, la existencia humana sufrió una deformación. Esta deformación tomó tal dimensión que tuvo que parecer dudoso que su observador, cuando él mismo se encontraba en el campo de concentración, pudiera mantener en general una suficiente objetividad en su juicio. Desde el punto de vista psicológico, su capacidad para enjuiciar o evaluarse a sí mismo o a otros también tuvo que estar afectada. La persona ajena tenía la distancia, sin embargo Cohen afirma: «Quien de alguna forma no tenga experiencias personales con el campo de concentración, no puede tener la mínima idea de la vida en ellos». De forma análoga se expresa Gilbert cuando dice: «La vida en este mundo no puede ser comprendida por quienes nunca han vivido en él».

Mientras que la persona ajena tenía demasiada distancia y apenas era capaz de imaginárselo, quien estaba «en medio» y ya se había hecho a él tenía, en cambio, demasiado poca distancia. En otras palabras, el problema fundamental consistía en que se tenía que suponer que el mismo patrón por el que se debía medir la realidad deformada de la vida, estaba distorsionado.

A pesar de estas reservas, por así decir, cognitivo-críticas por parte de expertos en psicopatología y en psicoterapia, el material pertinente de la observación propia y de otros, la suma de sus experiencias y vivencias, tomó cuerpo en teorías de las que no hay que eliminar muchas cosas como subjetivas visto que en lo esencial coinciden bastante.

Psicología y psiquiatría en el campo de concentración

Los comentarios que siguen se apoyan no solo en la literatura especializada sino también en experiencias y vivencias propias en los campos de concentración de Auschwitz, Dachau y Theresienstadt. Cohen afirma expresamente: «Auschwitz tenía todas las características generales de un campo de concentración y se distinguía de otros campos solo por el hecho de que en él tuvo lugar la gasificación en gran escala de seres humanos».

Por lo que se refiere a las reacciones de los detenidos en el campo se pueden distinguir tres fases: 1) el *shock* del ingreso, 2) los cambios típicos del carácter en el caso de una estancia prolongada en el campo, 3) después de la liberación. Volvemos a encontrar una división parecida en Cohen, según el cual «el detenido tuvo que atravesar, durante su estancia en un campo de concentración, por distintas fases, que se pueden clasificar de la forma siguiente: 1) la fase de la reacción inicial, 2) la fase de adaptación y 3) la fase de resignación».

El shock del ingreso

Cohen describe su reacción, en la medida en que pudo observarse a sí mismo, como aparente división de la personalidad: «Tenía el sentimiento como de que no formaba parte de él, como si todo eso no tuviera que ver conmigo. Mi reacción fue una división sujeto-objeto». Y continúa diciendo que este estado se puede considerar como una despersonalización aguda, como esta se podía observar frecuentemente y que debe considerarse como una medida de protección, un mecanismo de defensa del *ego*. De esta forma, según él, era posible que los nuevos llegados fuesen capaces de reírse (todavía) de la «ropa» puesta a su disposición. Finalmente, continúa Cohen, se producía, sin embargo, un trauma psíquico muy violento tan pronto como los nuevos llegados se enteraban de que existían cámaras de gas. A saber, la idea de gasificaciones había originado una reacción de susto y esta reacción había sido muy violenta, según su experiencia, en aquellos que tuvieron que oír que sus mujeres y niños habían sido asesinados. También de Wind habla en el mismo contexto del «trauma más fuerte de los que hemos conocido en el ámbito de las neurosis de angustia». La respuesta a esto, dice Cohen, no podía consistir en nada más que en una reacción aguda de susto y a él mismo no se le ahorró una vez que llegó a Auschwitz.

Si se pretendiese clasificar desde el punto de vista psiquiátrico la fase de *shock* del ingreso, habría que situarla, sin duda, entre las reacciones de experiencias anormales. Solo que no hay que olvidar que en una situación tan anormal como es la vida en el campo de concentración tal reacción de experiencia «anormal» es algo normal. «Hay cosas por las que uno pierde la razón, o bien no tiene ninguna razón que perder» (Hebbel).

Imaginémonos: el transporte de 1 500 personas ya está en marcha desde hace días y noches, un tren en cuyos vagones están tirados encima de su equipaje (el último resto de sus haberes) 80 personas en cada vagón, de tal forma que solo la parte superior de las ventanillas está libre de las mochilas, bolsas, etcétera, amontonadas y permite ver el amanecer. Parece que el tren se detiene en ruta; uno todavía no sabe si en ese momento se encuentra en Silesia o en Polonia. Lúgubre

Psicología y psiquiatría en el campo de concentración

suena el silbato agudo de la locomotora, penetrante como un presagiador grito de socorro de la masa de hombres personificada por la máquina y por ella llevada a una gran desgracia, mientras el tren, que ahora se encuentra en una estación más grande, empieza a hacer maniobras. De repente, un grito entre la multitud de gente que está esperando ansiosamente en el vagón: «¡Aquí hay un rótulo, Auschwitz!». Sin duda alguna todos deben sentir en ese momento cómo se les detiene el corazón. El tren prosigue lentamente como titubeando, como si quisiera poner la infeliz carga de hombres que lleva, solo poco a poco y, por así decir, con cuidado, ante la realidad: «¡Auschwitz!». Ahora ya se ve más: en la avanzada madrugada, a derecha e izquierda a unos kilómetros de la vía, ya se percibe el perfil de un campo de enormes dimensiones. Múltiples, ilimitadas vallas de alambre, torres de vigilancia, focos y largas filas de formas humanas andrajosas, cubiertas de harapos, grises en el gris del amanecer y caminando lentamente y cansadas a través de calles desiertas, totalmente rectas: nadie sabe hacia dónde. Aquí y allá se oyen pitidos aislados ordenando: nadie sabe para qué. Finalmente hemos entrado en la estación. Todavía no se mueve nada. En ese momento, voces de mando en aquella forma extraña de gritos estridentes y chillones que desde ese momento teníamos que volver a oír continuamente y en todos los campos de concentración y esto suena como el último grito de un asesinado y, sin embargo, diferente: entrecortado, ronco, como si saliese de la garganta de un hombre que siempre tiene que volver a gritar así, que siempre vuelve a ser asesinado...

Entonces se abren de repente las puertas de los vagones e irrumpe en ellos una pequeña turba de detenidos vestidos con el uniforme rayado típico de los detenidos, pelados, pero, sin embargo, parece que están muy bien alimentados; hablan en todos los idiomas europeos, todos en general con una jovialidad que en este instante y en esta situación parece de alguna forma grotesca. No tiene mal aspecto esta gente, visiblemente están de buen humor y hasta se ríen; la psiquiatría conoce el cuadro clínico del llamado delirio de indulto: el condenado a muerte precisamente en el último instante, inmediatamente antes de su ejecución, empieza a creer que en el último momento lo indultarán. De la misma forma también nosotros nos agarrábamos a la esperanza y creíamos hasta el último momento que no sería, que sencillamente no podría ser tan grave. ¡Observa las caras con mejillas coloradas y con mofletes de estos detenidos! Todavía no sabíamos nada de que estos formaban una «élite», aquel grupo de detenidos que eran elegidos para la recepción de los transportes de miles de personas que diariamente entraban en la estación de Auschwitz, es decir, para hacerse cargo de su equipaje con todos los valores que él contenía o escondía: los objetos útiles que se habían vuelto escasos y las joyas camufladas. Todos los de nuestro transporte, quien más quien menos, nos encontrábamos en un delirio de indulto, que te hace pensar que todavía podría salir todo bien. No podíamos comprender todavía el sentido de lo que sucedía ahora; solo al atardecer se pondría de manifiesto el sentido. Se nos ordenó dejar todo el equipaje en el vagón, apearnos y formar una fila de hombres y otra de mujeres para finalmente desfilar ante un oficial superior de las SS. Entonces veo que mi fila va hacia el oficial de las SS de uno en uno. Ahora está delante de mí: alto, delgado, apuesto, con un uniforme impecable y resplandeciente: un hombre elegante, aseado, muy distante de nosotros, figuras miserables, que sin duda parecemos trasnochados y bastante descuidados. Tiene una postura desenvuelta, sosteniendo el codo derecho con la mano izquierda, con la mano derecha levantada y haciendo una pequeña e imperceptible señal con el índice de esta —unas veces a la izquierda y otras a la derecha—, muchas más hacia la izquierda... Ninguno de nosotros podría imaginarse en lo más mínimo el significado que tenía esta señal imperceptible de un dedo índice humano, unas veces a la izquierda y otras a la derecha, muchas más hacia la izquierda. Ahora me toca a mí. El hombre de las ss me echa una mirada escrutadora, parece vacilar o dudar, me pone las dos manos en los hombros, yo hago esfuerzos para parecer «resuelto», me mantengo firme y erguido, entonces gira lentamente mis hombros de forma tal que me vuelve hacia la derecha, y yo me largo hacia la derecha. Por la tarde supimos el significado de este juego con el índice: ¡Fue la primera selección![1] La primera decisión sobre ser y no ser; para la inmensa mayoría de nuestro transporte, alrededor del 90 por ciento, fue la condena a muerte (Frankl).

Efectivamente, «el número de detenidos que ingresaron de los transportes judíos en el campo de concentración (y que no fueron gaseados inmediatamente después de su llegada al campo) ascendía por término medio aproximadamente al diez por ciento de toda la gente que fue llevada a Auschwitz» (*Central Commission for Investigation of*

---

1. Selección era la expresión corriente utilizada en el campo de concentración para la elección de los que debían ir con el siguiente envío a la cámara de gas.

German Crimes in, Poland, Varsovia 1946. Citado según Cohen).

Nosotros, la minoría de aquel transporte, nos enteramos la noche del mismo día. Pregunto a compañeros que llevan ya más tiempo en el campo a dónde pudo ser llevado mi compañero y amigo P. «¿Le enviaron al otro lado?». «Sí», digo yo. «Entonces lo ves allí», me dicen. «¿Dónde?» Una mano señala una chimenea distante unos cientos de metros, de la que sale siniestra una llama de muchos metros de altura al gran cielo gris de Polonia, para disolverse en una lúgubre nube de humo. «¿Qué hay allí?». «Allí vuela tu amigo al cielo», se me contesta de forma brutal. Todo esto ha sido contado de forma anticipada. Todavía no puede creer nadie de verdad que realmente te sea quitado literalmente todo. Entonces intento confiarme a uno de los viejos detenidos. Me acerco furtivamente a él, le señalo un rollo de papel en el bolsillo interior de mi abrigo diciendo: «¡Mira! Aquí llevo el manuscrito de un libro científico —sé lo que vas a decir— sé bien que salir de aquí con vida, que salvar simplemente la vida lo es todo, es lo máximo que se puede pedir al destino. Pero no tengo remedio, quiero más. Quiero conservar este manuscrito, conservarlo de alguna forma, contiene la obra de mi vida, ¿entiendes?». Entonces empieza a entender, es más, toda su cara se transforma en una sonrisa, primero más compasiva, luego más divertida, desdeñosa y derisoria hasta que haciendo una mueca me grita y contesta a mi pregunta con una única palabra que le sale con un grito, con aquella palabra que desde entonces continuamente se volvía a oír como la palabra más frecuente del vocabulario del detenido. Grita: «¡¡Mierda!!». Entonces me doy cuenta

Psicología y psiquiatría en el campo de concentración

cómo están las cosas. Hago lo que representa el punto más elevado de toda esta primera fase de reacciones psicológicas: ¡trazo una raya de separación a toda mi vida anterior! (Frankl).

La situación sin salida, el peligro mortal que acecha cada día, cada hora, cada minuto, la proximidad de la muerte de otros —de la mayoría— hicieron natural que a casi todos se les ocurriera la idea del suicidio, aunque solo fuese durante muy poco tiempo. Es, pues, muy comprensible que un hombre en esta situación tome en consideración «correr hacia la alambrada»; con esta expresión habitual en el campo de concentración se denomina el método usual de suicidio en el campo: tocar la alambrada que está cargada de alta tensión. Sin embargo, la decisión negativa de no ir a la alambrada no resultaba difícil en Auschwitz: el intento de suicidio, al fin y al cabo, era bastante absurdo; el preso medio del campo no podía, desde el simple punto de vista de la esperanza, en el sentido de un cálculo de probabilidades o de una «esperanza de vida» numérica, contar con poder pertenecer al porcentaje muy reducido de los que sobrevivirían incluso a todas las demás selecciones y diversos tipos de selección que aún faltaban. El detenido en Auschwitz que todavía se encuentra en el estadio del *shock* no teme la muerte en absoluto; durante los primeros días de su estancia, la cámara de gas ya no representa ningún terror, representa a sus ojos únicamente algo que hace superfluo el suicidio. Sin embargo, pronto se pasa del estado de pánico a una indiferencia y a partir de aquí ya estamos con los cambios de carácter, es decir, en la segunda fase.

La fase de adaptación

Entonces se nos debió poner de manifiesto lo correcta que es la frase de Dostoievski en la que define al hombre como el ser que se acostumbra a todo. Cohen dice al respecto: «Tanto la capacidad de adaptación física del hombre como la espiritual es muy grande, por lo menos mucho más grande de lo que yo consideraba posible. ¿Quién habría podido imaginarse que alguien, al saber que todos sus seres queridos han sido gaseados o que ve la crueldad de un campo de concentración o que lo experimenta en sí mismo, "solo" reaccionase de la forma descrita? ¿No habría esperado cualquiera que la persona en cuestión o bien se volviese profundamente psicótica o fuese inducida a suicidarse?». Y Bettelheim «se sorprendía todo el tiempo de que uno pudiese aguantar tanto sin suicidarse o volverse loco». En comparación con el gran número de detenidos, sin embargo, el número de suicidios era muy pequeño (Cohen). Lederer reproduce respecto al campo de concentración de Theresienstadt una lista estadística en la que se puede ver que en el período entre el 24-11-1941 y el 31-8-1944 había que registrar, entre 32 647 fallecimientos, 259 suicidios. «Si se tienen en cuenta las condiciones inhumanas de vida, el suicidio era inexplicablemente raro» (E. Hess-Thaysen, J. Hess-Thaysen, Kieler y Thygesen).

Esta apatía es, por así decir, un mecanismo de protección del alma. Lo que antes emocionaba o amargaba al detenido respectivamente, lo que le llevaba a la indignación o a la desesperanza, lo que tenía que ver a su alrededor o lo que tenía que sufrir él mismo, a partir de ahora perma-

Psicología y psiquiatría en el campo de concentración

nece inmutable debido a un tipo de armadura en la que se ha envuelto. Aquí se trata de un fenómeno de adaptación psíquica al medio ambiente extraño; lo que en este sucede llega a la conciencia solo de forma amortiguada. La vida afectiva se reduce a un nivel bajo. Los intereses se limitan a las necesidades inmediatas, más urgentes. Toda aspiración parece concentrada en un punto: sobrevivir ese día. Cuando los detenidos del campo de concentración cansados y agotados, con frío y hambre, caminando a trompicones sobre los campos llenos de nieve, eran obligados a volver de los trabajos forzados, se les oía a menudo suspirar: «¡Bueno, hemos sobrevivido un día más!».

En general se puede decir, por lo que se refiere a los detenidos en los campos de concentración, que se huye hacia una especie de sueño invernal cultural. Tanto más implacablemente se lleva a cabo todo lo que sirve para la propia sobrevivencia. «Solo tenía un pensamiento: cómo puedo sobrevivir», dice Cohen. Los psicoanalistas entre los presos solían hablar a este respecto de una regresión, de un retirarse a modos de comportamiento más primitivos. «El interés no iba más allá de la pregunta: ¿cómo voy a conseguir más comida y entrar en un grupo de trabajo más o menos soportable? Este estilo de vida y esta actitud respecto a la existencia no se pueden comprender de otra forma que no sea la regresión», opina el autor citado en último lugar; «en el campo de concentración el hombre fue retraído a su fundamento más animal. Aquí se trata de una regresión a la fase más primitiva del instinto de la propia sobrevivencia».

El carácter primitivo de la vida interna en el campo de concentración encuentra su expresión característica en los sueños típicos de los detenidos. La mayoría de las veces sueñan con pan, con tartas, con cigarrillos y con un buen baño caliente en una bañera. Continuamente se habla también de la comida: cuando los detenidos se encuentran juntos durante los trabajos forzados y el vigilante no se encuentra cerca, entonces intercambian recetas de cocina y se describen mutuamente los manjares favoritos que se ofrecerán recíprocamente cuando un día, después de su liberación, se inviten entre sí. Los mejores entre ellos anhelan el día en el que ya no tendrán que padecer hambre, no en aras de la buena comida, sino para que con ello finalmente termine el estado indigno para un ser humano de no poder pensar en nada más que en comer. Si la vida en el campo de concentración (salvo excepciones) conduce al carácter primitivo y la subalimentación conduce a que precisamente el instinto de alimentarse se convierta en el contenido principal alrededor del cual se mueven los pensamientos y los deseos, probablemente también depende sobre todo de la subalimentación, si existe un desinterés evidente por todos los temas sexuales. Kautsky llama la atención sobre el hecho de que ya antes de la guerra, cuando la alimentación era suficiente, se hacía notar el fenómeno del adormecimiento de los instintos sexuales. Según Thygesen y Kieler, la sexualidad no representaba ningún problema para el internado medio. «Las conversaciones sobre temas sexuales eran una excepción entre los presos ordinarios, en contraste con lo que suele ser normal, por ejemplo, entre los soldados».

Frente a la indiferencia descrita en la segunda fase se añade ahora una pronunciada irritación, de manera que la

Psicología y psiquiatría en el campo de concentración

psique del detenido se puede caracterizar finalmente por los rasgos de apatía y agresión.[2] La mayoría de los detenidos se siente comprensiblemente torturado por una especie de sentimiento de inferioridad. Cualquiera de nosotros fue un día «alguien», o por lo menos creía haber sido alguien. Ahora, en cambio, es tratado literalmente como si no fuera nadie. (Está claro que una conciencia de la propia estima anclada en ámbitos más esenciales y más elevados, en lo espiritual no es afectada por la situación en el campo de concentración; pero, ¿cuántos hombres y cuántos detenidos tienen tal conciencia de la propia estima consolidada?). Sin pensarlo mucho, sin que llegue a hacerlo consciente, el detenido medio del campo de concentración naturalmente se siente del todo rebajado. Esta vivencia solo llega a ser actual a través del efecto de contraste que resulta de la extraña estructura sociológica de la vida del campo de concentración. A saber, me refiero a aquella minoría de detenidos que, por así decir, pasaban por eminentes, en los caporales y cocineros, en los administradores de almacenes y en los «policías»: todos ellos compensaban el sentimiento primitivo de inferioridad; en general no se sentían en ningún modo rebajados como la «mayoría» de los detenidos corrientes sino que incluso creían haber hecho carrera. Es más, desarrollaban a veces hasta una especie de ilusión de ser césares en miniatura. La reacción psíquica de la mayoría rencorosa y envidiosa al comportamiento de la minoría se manifestaba de distintas

---

2. Kautsky opina que lo que más contribuyó a la irritabilidad era el hecho de no estar nunca solo.

formas, a veces también con chistes maliciosos. Un chiste semejante es, por ejemplo: dos detenidos están conversando entre sí y uno observa respecto a un tercero —que precisamente pertenece a los «que han hecho carrera»—: «A ese le conocí cuando no era más que presidente del banco más grande de...; ahora aquí se las echa de cabo».

La interpretación de las reacciones psíquicas a la vida en el campo como regresión a la estructura más primitiva de la instintividad no es la única. Utitz ha interpretado los típicos cambios de carácter que creía observar en los presos como una transformación desde el tipo de carácter ciclotímico al tipo de carácter esquizofrénico. Le había llamado la atención que en la mayoría de los presos no solo se hacía notar apatía sino también irritación. Ambos estados afectivos correspondían adecuadamente a la proporción psicoestética del temperamento esquizofrénico en el sentido de E. Kretschmer. Sin tener en cuenta lo dudoso que es psicológicamente tal cambio de carácter y tal cambio de dominancia, este proceso —aparente— de devenir esquizoide se puede explicar en nuestra opinión de manera más sencilla: la gran masa de los detenidos sufría, por un lado, de la falta de alimentación y, por otro, de la falta de sueño —una consecuencia de la plaga de sabandijas provocada por la excesiva concentración de personas—. Mientras que la subalimentación hacía a la gente apática, el déficit crónico de sueño hacía que estuviesen irritados. Sin embargo, a estos dos elementos causales se añadían otros dos más: la supresión de aquellos dos venenos de la civilización que, en la vida normal, precisamente tienen que mitigar la apatía y la irritación: la cafeína y la nicotina.

Psicología y psiquiatría en el campo de concentración

En todo esto hay que tener en cuenta que según cálculos realizados por Gsell, la cantidad de calorías diarias ascendía durante el invierno de 1944-1945 en el campo de concentración de Ravensbrück a 800-900, en el campo de concentración de Bergen-Belsen a 600-700 y en el campo de concentración de Mauthausen a 500 (Cohen). Por lo que se refiere a las calorías se trata de una alimentación insuficiente, sobre todo teniendo en cuenta el trabajo corporal pesado, la exposición al frío y con ropa muy deficiente.

Utitz también trató de interpretar desde otro punto de vista la situación interna del preso, a saber, diciendo que se trataba de una existencia provisional. Esta caracterización precisa en nuestra opinión un complemento esencial: en esta forma de existencia humana no se trataba solo de un simple estado provisional, sino de un estado provisional «sin fecha». Antes de que los futuros presos entrasen en el campo de concentración frecuentemente tenían un estado de ánimo que solo se podía comparar con aquel con el que el hombre se encuentra frente al más allá del que todavía nadie ha vuelto: tampoco había vuelto nadie de algunos campos de concentración o no había llegado todavía ningún tipo de información al público. Sin embargo, una vez entrado en el campo junto al fin de la incertidumbre (sobre las condiciones del lugar) vino al mismo tiempo también la incertidumbre del fin. Pues ninguno de los detenidos podía saber cuánto tiempo debería pasar ahí. ¡Qué envidiable nos debía aparecer un gran criminal que sabía exactamente que tenía que estar en la prisión durante diez años, que en cada momento podía calcular cuántos días tenían que pasar todavía hasta la fecha de su excarcelación... qué hombre más feliz! Pues todos nosotros en el campo no teníamos o no conocíamos ninguna «fecha» y nadie de nosotros sabía cuándo llegaría el fin. Según reconocían unánimemente todos los presos, esto quizá era uno de los hechos psíquicamente más deprimentes de la vida en el campo de concentración. Y los muchos rumores, que día tras día, hora tras hora, corrían entre la masa de hombres acorralados y que contaban del «fin» cercano inminente, solo llevaban a la decepción cada vez más completa o incluso definitiva. El carácter indefinido de la fecha de excarcelación provoca en el preso el sentimiento de una duración del arresto prácticamente ilimitada porque no se puede precisar. De esta forma, con el tiempo, llega a tener frente al mundo fuera de la alambrada un sentimiento de alienación; a través de la alambrada ve a los hombres y las cosas de ahí fuera como si no fueran de este mundo o más bien como si él ya no fuera de este mundo, como si le «hubiesen perdido». El mundo de los no detenidos se le presenta a la vista, por así decir, como solo lo puede ver un muerto desde el más allá: irreal, inasequible, inalcanzable, fantasmagórico.

El hecho de que no exista fecha límite de la forma de existir en el campo de concentración conduce a la experiencia de un futuro inexistente. Uno de los detenidos que marchaba en una larga fila hacia su futuro campo de concentración, contó un día que entonces había tenido el sentimiento de que iba detrás de su propio cadáver. El sentimiento de que su vida no tenía futuro, de que ya no era más que pasado, de que era tan pasado —como la de un muerto—, era muy fuerte. La vida de semejantes «cadáveres vivos» se convierte en una existencia predominantemente retrospectiva. Sus pensamientos dan continuamente vueltas alrededor de los mismos detalles de la experiencia pasada; las pequeñeces cotidianas se sumergen de este modo en la luz de una transfiguración maravillosa.

Dada la estructura esencialmente temporal, propia de cualquier existencia humana, es muy comprensible que la vida en el campo de concentración trajera consigo una pérdida existencial de estructura. Sin un punto fijo en el futuro, el hombre no es capaz de existir realmente. Desde este se conforma normalmente todo su presente y hacia él está orientado, como las limaduras de hierro hacia un polo magnético. Por el contrario, el tiempo interno, el tiempo de experiencia, pierde toda su estructura siempre que el hombre pierde «su futuro». Se llega a un vivir al día momentáneo —más o menos como Thomas Mann lo describe en la *Montaña mágica* donde se trata de tuberculosos incurables que tampoco conocen ninguna fecha de curación—. O se llega a aquel sentimiento de vida o sentimiento de carencia de contenido y de sentido de la existencia que domina a más de un parado; en estos también se llega a un derrumbamiento de la estructura de la experiencia del tiempo, como resultó de una serie de estudios psicológicos entre mineros parados (Lazarsfeld y Zeisel).

La palabra latina *finis* significa tanto fin como meta. En el momento en que el hombre no es capaz de ver el fin de algo provisional dentro de su vida, ya no se puede proponer ninguna meta, ninguna tarea; la vida debe perder, en su opinión, todo contenido y todo sentido. Por el contrario, la orientación al «fin» y a una meta puesta en el futuro representa aquel apoyo espiritual que tanto precisa el detenido en el campo de concentración, porque solo este apoyo espiritual es capaz de preservar al hombre para que no caiga en manos de los poderes del entorno social que imprimen carácter y que conforman tipos, o sea, para que no se deje caer.

Quien no puede agarrarse a ningún punto final, a ninguna fecha en el futuro ni a ningún punto de apoyo, se deja caer internamente. El decaimiento psíquico producido por la falta de apoyo espiritual, dejarse caer completamente en la apatía total, era un fenómeno tan conocido como temido entre los detenidos en el campo de concentración, un fenómeno que se producía rápidamente, que conducía en pocos días a la catástrofe. Tales detenidos simplemente quedaban acostados en el barracón, se negaban a ir a pasar revista o a que les mandasen a un trabajo forzado, no se preocupaban de comer, no iban a lavarse y ningún reproche ni amenaza alguna eran capaces de arrancarles de la apatía; ya no les asustaba nada, ni siquiera el castigo; los aguantaban con indiferencia y apatía, todo les importaba un «bledo». Este quedarse inmóvil —a veces en los propios excrementos y orina— significaba una amenaza a la vida no solo desde un punto de vista disciplinario, sino también desde un punto de vista inmediato y vital. Esto se puso claramente de manifiesto en aquellos casos en los que la experiencia de «no ver el fin» le sobrevenía repentinamente al detenido. Podemos aportar un ejemplo de esto:

A principios de marzo de 1945 me contó un compañero del campo de concentración que el dos de febrero del mismo año había tenido un sueño extraño: una voz que se hacía pasar por profética le dijo que le preguntase algo, que le podía contestar todo. Y él le preguntó cuándo aca-

Psicología y psiquiatría en el campo de concentración

baría la guerra para él. La respuesta era: el 30 de marzo de 1945. Se acercaba este 30 de marzo, pero no parecía de ningún modo que la «voz» mantuviese su palabra. El 29 de marzo mi compañero se volvió febril y delirante. El 30 de marzo perdió la conciencia. El 31 de marzo murió: el tifus se lo había llevado. Efectivamente el 30 de marzo, aquel día en que había perdido la conciencia, la guerra había terminado «para él». Con razón y con toda la seriedad clínica podemos suponer que a través de la decepción, que el curso real de las cosas le había causado, el biotono, la situación de inmunización y la fuerza de resistencia del organismo habían bajado de manera que la enfermedad contagiosa que incubaba en él le venció fácilmente.

En concordancia con nuestra interpretación de este caso está una observación a mayor escala sobre la que informó el médico de un campo de concentración: los detenidos de su campo en general habían concebido la esperanza de que en las navidades de 1944 estarían de nuevo en casa. Llegaron las navidades, pero las noticias de los periódicos no eran nada alentadoras para los detenidos. ¿Cuáles fueron las consecuencias? En la semana entre navidades y año nuevo se produjeron en el campo de concentración muertes en masa, como no se había visto hasta entonces y que no se podía aclarar por las circunstancias, como cambios en la climatología o condiciones de trabajo más duras o la aparición de enfermedades contagiosas.

¡Pero en última instancia el decaimiento psíquico-corporal dependía de la actitud espiritual y esta actitud espiritual era una actitud libre! Aunque se haya quitado todo al detenido en el momento de ingresar en el campo de concentración, hasta las gafas y el cinto, le quedaba esta libertad y le quedaba literalmente hasta el último momento, hasta el último respiro. Era la libertad de tomar una actitud u otra y existía un «modo u otro». Y siempre había algunos que eran capaces de reprimir su irritación y superar su apatía. Eran aquellos hombres que habían pasado por los barracones y por los lugares de revista y que aquí decían una buena palabra y allí daban su último trozo de pan. Eran testigos de que de ninguna forma está ya decidido aquello en lo que el campo de concentración te convierte: si uno se convertía en un detenido típico o si incluso en esta situación forzada, en esta situación límite, uno seguía siendo hombre. De esta decisión se trataba en cada caso. Por consiguiente, no se puede hablar de que el hombre debía necesaria y obligatoriamente caer ante las fuerzas del entorno del campo de concentración que marcaban su carácter: en virtud de lo que, en otros contextos, he denominado el «poder de obstinación del espíritu», por principio tenía la posibilidad de mantenerse al margen de la influencia de este entorno. Si todavía hubiera necesitado una prueba de que el poder de obstinación del espíritu es una realidad, el campo de concentración era el *experimentum crucis*.

Y cuando Freud afirma: «Que se haga la prueba de exponer bajo las mismas condiciones al hambre a un número de los hombres más distintos. Con el incremento de la necesidad acuciante de alimentación todas las diferencias individuales desaparecerán y en su lugar aparecerán las manifestaciones uniformes de un instinto insatisfecho». Sencillamente no fue así. Incluso un autor orientado tan psicoanalíticamente como Cohen está de acuerdo: «De hecho había también detenidos

Psicología y psiquiatría en el campo de concentración

que no estaban completamente dominados por el egoísmo, sino que les quedaba espacio para sentimientos y sensaciones altruistas y que tenían compasión de sus prójimos. Parece que las condiciones en el campo de concentración no podían provocar en ellos el mismo efecto que en los otros detenidos». De manera semejante, Adler resalta, en el marco de una amplia monografía científica sobre el campo de concentración de Theresienstadt, que «el cambio de carácter no se puede concebir como un cambio de mentalidad o como un decaimiento de una ética ya fijada. Normalmente solo la moral externa se desmontaba a veces en una noche, como si nunca hubiera existido... Quien sin mayores daños resistió en este desierto psíquico, ha logrado algo extraordinario».

Ciertamente, eran raros aquellos hombres que se habían decidido en favor de la posibilidad en principio de conservar su carácter humano; *sed omnia praeclara tam difficilia quam rara sunt*. Pero todo lo grande es tan difícil de realizar como de encontrar —así dice la última frase de la *Ética* de Baruch Spinoza—. Así, pues, eran pocos los que eran capaces de conservar su carácter humano; pero daban un ejemplo a los demás y este ejemplo provocaba aquella reacción en cadena que es propia del modelo. Nunca habían considerado la vida en el campo de concentración como un simple episodio —para ellos era más bien, y se convirtió, en el punto álgido de su existencia—. En todo caso, de estos hombres no se puede afirmar que han sufrido una regresión; al contrario, moralmente ellos vivían una progresión, ellos experimentaban una evolución: desde el punto de vista moral y religioso. En más de un detenido se abrió camino durante la detención y gracias a ella una relación inconsciente o reprimida con Dios. Con esto, en el estudio de la psicología del detenido, hemos llegado a la discusión de la tercera fase, la de la excarcelación.

La fase de la excarcelación

Por lo que se refiere a su reacción a la excarcelación, se puede decir brevemente lo siguiente: al principio todo le parece como un bonito sueño, todavía no se atreve a creerlo, visto que más de un sueño bonito lo ha engañado. Cuántas veces soñaba con su liberación —soñaba cómo llega a casa, abraza a su mujer, saluda a sus amigos, se sienta en la mesa y empieza a contar, a contar sus experiencias vividas, a contar hasta qué punto había anhelado este momento del reencuentro y cuántas veces había soñado con este momento, hasta que por fin se hizo realidad—. Entonces suenan en sus oídos los tres silbidos que por la mañana temprano ordenan levantarse y le arrancan del sueño que solo le había simulado la libertad, que solo le había burlado. Pero un día lo anhelado y lo soñado se transforma en realidad real. Una especie de sentimiento de despersonalización domina todavía al liberado. Todavía no puede disfrutar de la vida plenamente, primero tiene que volver a aprender a disfrutar, él lo ha olvidado. Si el primer día de libertad el presente le pareció un bonito sueño, también llega un día en el que el pasado también le parecerá una pesadilla.

El detenido liberado necesita también una atención psíquica. Precisamente la liberación, la excarcelación repentina, la descarga de la presión psíquica, representa por su lado —desde el punto de vista psicológico— un peligro. Lo que aquí amenaza desde el punto de vista caracteriológico no representa nada más que la contrapartida psíquica de la enfermedad-Caisson.

PSIQUIATRÍA DEL CAMPO DE CONCENTRACIÓN

Según Cohen, en los campos de concentración no se observaban neurosis en el sentido restringido de la palabra; los neuróticos allí se curaban. Kral describe las reacciones y los comportamientos de los internados del campo de concentración de Theresienstadt, que se distinguía del típico campo de concentración desde varios puntos de vista. Kral destaca como notable la mejora de las neurosis obsesivas agudas en la situación del campo de concentración: según él, en muchos pacientes de los que los psiquiatras sabían que antes de la guerra sufrían de psiconeurosis (fobias y neurosis obsesivas) agudas y duraderas, o bien habían desaparecido por completo estas neurosis en Theresienstadt o bien habían mejorado hasta tal grado que los pacientes podían trabajar y no necesitaban ninguna atención psíquica médica. Helweg-Larsen y sus colaboradores dedican un capítulo específico a los cambios psíquicos en su libro, que se basa en el estudio de 1282 daneses que habían sobrevivido al internamiento en campos de concentración alemanes y que tiene en cuenta cerca de 500 estudios de la literatura internacional especializada. Dicho capítulo se basa principalmente en observaciones y en experiencias propias de los autores en cuestión. Solo se observaban raramente reacciones depresivas, neurosis de angustia, psicosis, síntomas de histeria e intentos de suicidio. La imagen real de los campos de concentración no tenía ningún parecido con lo descrito en las publicaciones anglosajonas que se refieran a campos de prisioneros en el Oriente Medio y en el Lejano Oriente.[3] Los síntomas psíquicos que acompañaban a la subalimentación crónica consistían en «apatía, reflejos retardados y disminución de la capacidad de concentración y de la memoria» (Cohen). En oposición a Wulfften-Palthe quien pudo observar en campos japoneses de prisioneros que en la última fase de la subalimentación en grado elevado aumentaba la gravedad y la frecuencia de los trastornos psíquicos, con lo cual se llegó a estados agudos de confusión, está la constatación de Glastra van Loon según la cual en los Países Bajos la subalimentación tuvo un curso silencioso sin síntomas, incluso la muerte era tranquila, lo que coincide con las observaciones de Cohen.

Thygesen y Kieler describen los cambios psíquicos más llamativos: menoscabo de la memoria, falta de libido, apatía. Frente a esto raras veces se daban reacciones depresivas, neurosis de angustia y síntomas de histeria. Solo había intentos de suicidio en casos excepcionales. Solo en casos aislados, según los autores, pareció fundado el supuesto etiológico de avitaminosis. Según los autores, habría que pensar más bien en que los síndromes psíquicos aquí descritos, los trastornos mentales característicos del hambre son

---

3. En el campo de concentración de Theresienstadt había una sección psiquiátrica que estaba alojada en los barracones del cuartel más deprimente. Allí dominaban condiciones espeluznantes, como resalta Adler, que incluso entre los detenidos más embrutecidos provocaban profundo horror. Cerca de 200 pacientes estaban sentados «continuamente en las míseras cuevas detrás de ventanas enrejadas en oscuridad o en penumbra, donde la desesperación de todo "ghetto" crecía desmesuradamente».

manifestación de cambios funcionales o incluso morfológicos en el cerebro. Lamy, entre otros, pudo constatar en pocos casos, al hacer la autopsia, un edema cerebral que *intra vitam* se había manifestado bajo la forma de delirios, de desorientación completa y rigidez de nuca. Según Hoffmeyer y Hertel-Wulff los retornados de los campos de concentración mostraban en muchos casos: inquietud, cansancio, falta de concentración, agitabilidad, inconstancia, flaqueza de memoria, debilidad de concentración, irritabilidad, síntomas vegetativos. Un 78 por ciento mostraba síntomas neuróticos; un 47 por ciento se quejaba de que tenían pesadillas del campo de concentración. En un gran número de casos pasaban seis o más meses antes de que se desarrollaran los diversos síntomas para tener después un transcurso prolongado, en algunos casos sin tendencia a una curación, de manera que muchas personas sufrían las consecuencias del campo de concentración cuatro años después del retorno o incluso de forma crónica (44 por ciento). El porcentaje con síntomas nerviosos agudos era proporcional respecto a la gravedad de las condiciones de vida en los distintos campos de concentración; así un 52 por ciento de los que habían sido «Muselmänner»[4] y un 75 de los que habían sufrido el tifus mostraron neurosis agudas propias de repatriados. Hoffmeyer y Hertel-Wulff atribuyen estas neurosis a traumas tanto físicos como psíquicos; según ellos es muy probable que el simple estrés somático predomine entre los factores etiológicos de la «neurosis» del

---

4. Una figura que da pena, un venido a menos, que tiene aspecto enfermizo, que ha adelgazado excesivamente y que ya no puede realizar trabajos corporales pesados.

repatriado, a saber, respecto a la correlación pronunciada que existe entre la pérdida de peso y el nivel de gravedad. ¡La falta de síntomas de deficiencias neurológicas no excluye en modo alguno una curación somática de la «neurosis» del repatriado del campo de concentración! Tampoco la excluye un período de latencia intercalada.

Según Gsell los casos de gravedad mediana necesitaron de cuatro a ocho semanas para recuperarse más o menos de la enfermedad del hambre, mientras que los edemas maleolares ligeros persistían durante muchos meses. Rosencher habla de una «hiperactividad simpática» de una duración de por lo menos seis meses y Bok afirma que solo después de un período muy largo se puede hablar de una recuperación completa y hasta ese momento los pacientes se cansan muy fácilmente incluso mentalmente, aprenden más lentamente y tienden a recaídas de los edemas maleolares en cuanto están de pie o andan durante mucho tiempo o bien tienden a tener diarreas; a menudo en las pacientes mujeres la menstruación aparece solo meses después.

En Dinamarca, en el marco de los análisis ulteriores psiquiátricos que el Estado realizó con los combatientes de la resistencia detenidos, Hermann denominó este síndrome como síndrome del campo de concentración, mientras que en Francia se habla del síndrome asténico de los deportados. La inestabilidad vegetativa fue también el tema central del Congreso de medicina social, organizado en Copenhague en junio de 1954, sobre la patología de los antiguos deportados e internados. En este Congreso Hermann, basándose en reflexiones detalladas, rechazó que la base neurótica de esta sintomática fuese simplemente la pensión. Quizá es

Psicología y psiquiatría en el campo de concentración

importante, dice Bansi, que Michel, como representante alemán de los antiguos detenidos de los campos de concentración, pretenda considerar desde varios puntos de vista la separación de los dos grandes grupos de deportados, a saber, el de los prisioneros de guerra y el de los detenidos políticos en los campos de concentración alemanes, puesto que por lo que se refiere a estos últimos, a las condiciones de vida inhumanas y al hambre, se añadieron el sentimiento persistente de humillación y la carga enorme de los malos tratos corporales y finalmente la amenaza de la ejecución.

Sin duda habría que admitir que este estrés psíquico adicional no tenía validez para la mayoría de los presos y que por esto el trauma psíquico de los deportados en el campo de concentración había sido más grande que el de los prisioneros de guerra hambrientos. Por lo que se refiere a los presos judíos, según Cohen, tenían que soportar el conocimiento del asesinato de sus esposos o esposas, de sus hijos, de sus padres, etcétera.

Kolle supervisó personalmente casi 216 informes médicos que la Clínica de Múnich realizó en esta área y él mismo examinó numerosos casos. Según él, en 79 de los casos analizados se pudo probar un trastorno mental, en 29 casos había un estado residual después de una contusión cerebral (por malos tratos o accidentes de trabajo durante la detención). Era sorprendente el número relativamente alto de trastornos mentales que se podían probar objetivamente después de tener tifus (10 personas). El diagnóstico de un trastorno mental después de tener encefalitis causada por el tifus se había apoyado siempre en síntomas característicos como el síndrome de Parkinson, los ataques narcolépticos, diabetes insípida, etcétera; a menudo se hacían diagnósticos a través de electroencefalogramas que señalaban un trastorno cerebral basal. La posibilidad de que este trascurso negativo aparezca sobre todo en personas distróficas, subalimentadas, debe ser tenido en consideración.

Kolle pudo probar en 6 casos clínica y neumoencefalográficamente una atrofia cerebral aguda. Él, sin embargo, supone que no se podía tener en cuenta un número más grande de procesos de atrofia cerebral porque muchos perseguidos rechazan a menudo intervenciones como la punción lumbar o incluso la neumoencefalografía.

Las cargas corporales y psíquicas excepcionales, debido a medidas de persecución, pusieron en peligro sobre todo a las personas mayores y a los ancianos.

De 18 jóvenes judíos que Kolle analizó, se detuvieron, muchos psíquicamente e incluso algunos corporalmente, al nivel de desarrollo en el que se encontraban en el momento de la detención. Baja estatura, rasgos sexuales secundarios no desarrollados o desarrollados insuficientemente y trastornos de otras funciones dirigidas por el sistema endocrino se combinaron con un estado psíquico-mental atrasado. Estas personas disminuidas, condicionadas por el entorno, no estuvieron a la altura de la libertad por ellos recobrada. En 12 casos (de un total de 18) habían perdido a ambos padres.

Del informe de Kolle resulta que aproximadamente un tercio de todos los analizados se caracteriza solo por el síndrome del «malhumor crónico». A estos judíos les habían ocurrido cosas tan terribles que Kolle no ve aquí ninguna desproporción entre la causa y la dimensión de la reacción. En el grupo de las personas perseguidas por razones políticas, Kolle descubrió solo en un caso un estado de depresión crónico-reactivo semejante. Según él, no hay que identificar sin más los destinos de los perseguidos por su mentalidad política, ideológica y religiosa con los de los judíos.

En 23 casos Kolle dice haber observado trastornos nerviosos en una medida que perjudica enormemente la capacidad de trabajo. Se trata de judíos, de los que la mayoría eran los únicos supervivientes de una familia originariamente grande. «Muchos no han olvidado hasta hoy las experiencias relacionadas con la detención y la muerte de sus allegados más cercanos; estas les persiguen día y noche, hasta en el sueño».

Las explicaciones de Kolle se confirman completamente a base de experiencias absolutamente análogas de la sección neurológica de la Policlínica de Viena que desde hace más de un año trabaja con informes médicos de este tipo.

Kolle concluye sus explicaciones con las palabras siguientes: «La lengua de la psiquiatría es demasiado pobre para expresar con conceptos lo que el experto llega a saber en el análisis. Parece particularmente peligroso ofrecer un diagnóstico pseudocientífico con el término poco claro de "neurosis" a las autoridades de desnazificación». Lo que le impidió clasificar las depresiones que se habían vuelto crónicas y otros trastornos psicorreactivos de los perseguidos bajo el término genérico de neurosis fue el hecho evidente de la ruptura total del horizonte vital. No solo habían tenido un efecto traumático la detención y los trastornos psíquicos y corporales sufridos en ella. También muchos prisioneros de guerra tuvieron que soportar destinos crueles semejantes. «En las personas que habían sido víctimas meramente pasivas de la locura racista» y que «a menudo habían perdido toda su familia, ni siquiera el hecho de la liberación influyó mucho en la depresión» (Huk).

LA PSICOTERAPIA EN EL CAMPO DE CONCENTRACIÓN

Naturalmente las posibilidades de realizar psicoterapia en el campo de concentración eran muy limitadas. A este respecto hubo algo mucho más eficaz de lo que podría serlo cualquier discurso: el ejemplo. Nadie espera de nosotros que hablemos de aquella psicoterapia «pequeña» y mínima que se practicaba bajo la forma de improvisaciones, al pasar revista, al desfilar, en la zanja o en el barracón. *Last but not least* teníamos que preocuparnos por la prevención de suicidios. Organizamos un servicio de información e inmediatamente llegábamos a conocer cualquier idea o intención de suicidio. ¿Qué había que hacer? Cualquier intento por volver a orientar internamente a los hombres en el campo de concentración presuponía que lográramos orientarlos hacia una meta futura. En cambio, se perdía en el campo quien ya no era capaz de creer en un futuro, en su futuro. Con el futuro perdía el apoyo espiritual, se dejaba caer internamente y decaía tanto corporal como psíquicamente. La mayoría de las veces esto acontecía de forma bastante repentina, en una especie de crisis cuyas formas de aparición eran bien conocidas al detenido más o menos experimentado del campo de concentración. Ahora bien, el lema que presidía todos los esfuerzos psicoterapéuticos cara a los detenidos era: teníamos que apelar a la voluntad de vivir, de seguir viviendo, de sobrevivir al campo de concentración. Pero el coraje de vivir o el cansancio de vivir se mostraban como dependientes única y exclusivamente de si uno poseía la fe en un sentido de la vida, de su vida. Una frase de Nietzsche se podía poner como lema sobre todo el trabajo psicoterapéutico en el campo de concentración: «Quien tiene un porqué para vivir soporta casi cualquier cómo». Un «porqué», este es el contenido de la vida; y el cómo, este eran aquellas condiciones que hacían tan difícil la vida en el campo de concentración que solo era soportable en general con miras a un porqué. Por consiguiente, siempre que se ofrecía la oportunidad, había que hacer que los detenidos tomasen conciencia del «porqué» de su vida, de su meta en la vida, para conseguir que estuviesen internamente a la altura y que pudiesen aguantar el terrible «cómo» de la existencia del momento, los horrores de la vida en el campo. Por encima de cualquier psicoterapia, era importante en el campo apelar a lo que he llamado la «voluntad de sentido»; pero en esta situación límite en la que el hombre se encontraba en el campo de concentración, el sentido a cuya pretensión de realización la persona se debía entregar debía ser un sentido tan incondicional que incluía en sí no solo la vida, no: incluso el sufrimiento y la muerte. Pues una vida cuyo sentido depende de que la salves o no, una vida cuyo sentido depende de la gracia de tal azar, una vida semejante en el fondo no valdría la pena ser vivida en general. Se trataba, por consiguiente, de un sentido incondicional de la vida. Sin embargo, aquí habría que distinguir entre incondicionalidad, por un lado, y validez universal, por otro, de forma análoga a lo que Jaspers ha manifestado sobre la verdad: el sentido incondicional que teníamos que mostrar a los hombres que en el campo de concentración dudaban y desesperaban de él, no era en absoluto vago y general, sino exactamente lo contrario, el sentido concreto, más concreto de su existencia personal. Clarifiquemos esto con un ejemplo: un día estaba en el campo con dos personas que estaban decididas a suicidarse; ambos utilizaban la expresión que se oía en el campo de concentración de forma estereotipada: ya no tengo nada que esperar de la vida. Ahora lo que importaba era que estos dos realizaran una especie de giro copernicano, es decir, que ya no preguntasen si y qué tenían que esperar de la vida sino que se les señalase que al revés era la vida la que les esperaba, que a cada uno de ellos, incluso a todos, les esperaba alguien o alguna cosa —a saber: una obra o una persona—. En efecto, pronto se puso de manifiesto que —más allá de lo que los dos detenidos tenían que esperar de la vida— les esperaba su vida con tareas muy concretas. Pues había sucedido que uno estaba publicando una serie de libros sobre geografía que no había concluido aún; y el otro tenía un hija en el extranjero que le quería hasta idolatrarle. Por tanto, a uno le esperaba una obra y al otro, una persona. Entonces ambos fueron ratificados igualmente en su unicidad e insustituibilidad, las cuales pueden dar a la vida un sentido incondicional a pesar del sufrimiento. Uno era tan imprescindible para su trabajo científico como el otro era insustituible dentro del amor de su hija.

El psiquiatra militar norteamericano Nardini informó sobre sus experiencias con soldados estadounidenses que eran prisioneros de guerra de los japoneses y tuvo oportunidad de observar hasta qué punto la posibilidad de sobrevivir a la cautividad dependía de la concepción de la vida de la persona, es decir, de su actitud espiritual frente a la situación concreta. Visto que no existía esencialmente otra

Psicología y psiquiatría en el campo de concentración

psicoterapia que la de hacer que los hombres resistiesen en el campo de concentración, esta psicoterapia ya estaba determinada en un sentido especial, a saber, tenía que esforzarse por probar, en primer lugar al hombre al que se le pedía que se abriese a la voluntad de sobrevivir, que sobrevivir es un deber, que tiene un sentido. Además, la tarea del psiquiatra, que en el campo era verdaderamente una tarea de «cura de almas» médica, resultaba más difícil por el hecho de que tenía que tratar a gente que por regla general, por término medio, ni siquiera podía contar con sobrevivir. ¿Qué se les habría podido decir? Después resultaba que —en la conciencia de cada uno— existía alguien, de forma invisible, tal vez alguien que ni siquiera vivía desde hacía tiempo y que sin embargo estaba presente, que en cierta forma «existía», como el tú del diálogo más íntimo. Para muchos era el tú primero, último y eterno: Dios. Pero quienquiera que asumiese esta última instancia tenía que preguntarse: qué espera él de mí, es decir, qué actitud. Así pues, se trataba en última instancia de la actitud con la que uno supiese sufrir, supiese morir: *savoir mourir - comprendre mourir*, es, como se sabe, la quintaesencia de toda filosofía.

Lo que para nosotros era importante era morir nuestra muerte en el sentido de aquella expresión de Rilke según la cual sería importante morir «su» muerte, «nuestra» muerte, la muerte significativa, aunque significativa en sentido diferente, puesto que se puede decir del sentido de la muerte —igual que del sentido de la vida— que es algo personal, que es lo más personal. Como tal «nuestra» muerte se nos ha encomendado y frente a esta tarea tenemos tanta responsabilidad como frente a la tarea de la vida. Responsabilidad ¿frente a quién?, ¿ante qué instancia? Pues bien, ¿quién sería capaz de contestar a esta pregunta en lugar de otro? ¿No es que cada uno tiene que decidir ante esta última pregunta por sí solo, en última instancia? Qué importaba en ese momento, si, por ejemplo, uno en el barracón se sentía responsable en este sentido frente a su conciencia y otro se sentía responsable frente a su Dios y un tercero, frente a una persona que en ese momento estaba lejos. Cada uno de ellos sabía muy bien que de alguna forma, en algún lugar, existía alguien que, invisible, le miraba, que le pedía que fuera «digno de su suplicio» —como dijo en una ocasión Dostoievski—, y que esperaba de él que «muriese su muerte». En el campo de concentración la frase «primum vivere, deinde philosophare» —es decir: primero mantener la vida, después ya veremos, después podremos seguir hablando— estaba abolida. Lo que más bien estaba en vigor en el campo de concentración era precisamente lo contrario: «Primum philosophare, deinde mori»; era: rendir cuentas sobre la cuestión del último sentido —y después poder morir con la cabeza alta, morir la muerte exigida a los mártires.

«Normalmente se debería vivir en el imperio de la vida; sin embargo, en el campo de concentración se vivía en el imperio de la muerte. En el imperio de la vida se puede escapar de la vida, suicidándose; en el campo de concentración solo se podía escapar a la vida espiritual. Huir del imperio de la muerte solo era posible a quienes eran capaces de llevar una vida espiritual», dice Cohen. «Si alguien dejaba de considerar la vida como valiosa, no había forma de escapar y el resultado era su aniquilación. Un fuerte im-

Psicología y psiquiatría en el campo de concentración

pulso a vivir sin vida espiritual solo habría llevado al suicidio». Cohen sigue afirmando: «Muchos autores coinciden en que tenía la mayor importancia si un detenido llevaba de alguna forma una vida espiritual» y Cohen menciona a Kautsky, de Wind, Kaas, Vrijhoff y Bluhm. «Cuando a un detenido le parecía que ya no era capaz de seguir soportando la realidad de la vida en el campo de concentración, encontraba una posibilidad en su vida espiritual, una posibilidad de escapar, que no se debe subestimar, una posibilidad de escapar hacia regiones espirituales que la ss no podía destruir... La vida espiritual hacía que el detenido fuese capaz de adaptarse mejor y así contribuir en medida considerable a sus posibilidades de sobrevivir».

Personas sensibles que en su casa estaban acostumbradas a tener una existencia espiritualmente intensa, vivían posiblemente, a pesar de su disposición relativamente delicada, la situación externa tan difícil de la vida del campo de concentración ciertamente con dolor, sin embargo, en cierta forma menos destructiva en relación a su vida espiritual. Pues precisamente a ellos les era posible retirarse del entorno horrible y entrar en un imperio de libertad espiritual y de riqueza interior. Así y solo así se puede entender la paradoja de que a veces las personas con una constitución delicada pudieron sobrevivir la vida en el campo de concentración mejor que las de naturaleza robusta. Yo mismo intenté reiteradamente refugiarme en medios con cuya ayuda era capaz de distanciarme de todo el sufrimiento que nos rodeaba, a saber, intentando objetivarlo. Así me acuerdo de que cuando una mañana salía desfilando del campo de concentración apenas podía aguantar el hambre, el frío y los dolores de los pies congelados y purulentos, hinchados por el edema de hambre y con los zapatos abiertos por esta razón. Mi situación me parecía desconsoladora y desesperada. Entonces me imaginé que estaba sobre una tarima, en un salón de conferencias, grande, bonito, caliente y claro, dando una conferencia con el título «Psicoterapia en el campo de concentración» a un público interesado y que en ese momento estaba hablando de todo lo que acababa de experimentar. Y con este truco conseguí situarme de alguna forma por encima de la situación, por encima del presente y de su sufrimiento y verlos como si ya representase un pasado y como si yo mismo, con todos mis sufrimientos, fuese el objeto de un análisis científico psicológico que yo mismo realizaría. Tal como dice Spinoza en su *Ética:* «Affectus, qui passio est, desinit esse passio simul atque eius claram et distinctam formamus ideam».

Si se quiere decir así, el campo de concentración no era nada más que un reflejo microcósmico de lo que es el mundo de los hombres en grande. La vida en el campo de concentración hizo que se abriese un abismo hacia las profundidades extremas del hombre. ¿Cómo puede sorprendernos entonces que en estas profundidades volviese a ser visible solamente lo humano? Lo humano, como lo que es: ¡una amalgama de bien y de mal! La grieta que atraviesa a todo hombre y distingue entre el bien y el mal, llega incluso a las profundidades más profundas y se pone de manifiesto precisamente también en el fondo de este abismo que el campo de concentración representa.

De esta forma la vida en el campo de concentración se convierte en un microcosmos, en un «modelo», para em-

Psicología y psiquiatría en el campo de concentración

plear la expresión de Adler, que describe la psicología del campo de concentración de Theresienstadt «más allá de la tajante contradicción entre la inocencia blanca de las víctimas y la culpa negra de los perseguidores; porque casi nunca hubo un lugar en el que la historia temporal se realizase en un período de tiempo tan corto. De forma paradigmática y como en una rara concentración, el devenir, el acontecer y el desaparecer del campo de concentración contiene la suma de los sufrimientos y de los males que normalmente pueden actuar y de hecho actúan en todas las otras comunidades de forma más dividida y menos visible. Lo propio del campo de concentración consiste en que todo lo torcido, lo peligroso, lo extravagante y lo brutal que crece en los hombres y en las situaciones humanas, aquí se atreve a salir a la luz siniestra y despiadadamente desnudo. Aquí tenemos ante nosotros la caricatura demoníaca de una administración, posible en general y quizá real, una existencia indigna del ser humano en la masificación pseudocolectiva, en servidumbre o esclavitud».

Sin duda, los años pasados nos han vuelto más sobrios; pero también nos mostraron que lo humano es válido, nos han enseñado que todo depende del hombre. Pues lo que quedó también en la experiencia del campo de concentración fue el hombre. Solo quiero mencionar aquí a aquel dirigente del campo de concentración en el que estuve al final y del que fui liberado. Era miembro de la ss. Sin embargo, después de la liberación del campo de concentración se supo lo que hasta entonces solo sabía el médico del campo (él mismo un detenido): ¡el dirigente del campo había dado clandestinamente sumas de dinero no pequeñas de su propio bolsillo para que se comprasen medicamentos para los detenidos del campo en la farmacia del pueblo cercano! Otro dirigente de este mismo campo de concentración, sin embargo, también un detenido, era más duro que todos los vigilantes de la ss juntos; pegaba a los detenidos cuando, donde y como pudiese, mientras que, por ejemplo, el primero, que yo sepa, no levantó ni una sola vez la mano contra ninguno de «sus» detenidos.

¡Es que dependía del hombre! Lo que quedaba era el hombre. Impregnado de dolor, el hombre se redujo a lo esencial en él.

Si nos preguntamos sobre la experiencia fundamental que tuvimos en los campos de concentración —en esta existencia en el abismo—, entonces se puede resaltar como quintaesencia de todo lo que fue vivido por nosotros: hemos aprendido a conocer al hombre como quizá hasta ahora ninguna generación. ¿Qué es, pues, el hombre? Es el ser que siempre decide lo que es. Es el ser que inventó las cámaras de gas, pero al mismo tiempo es también el ser que ha ido a las cámaras de gas con la cabeza orgullosamente erguida y con el Padrenuestro o el Sh'ma Yisrael en los labios.

Bibliografía

H.G. Adler, *Theresienstadt 1941-1945,* Tubinga 1955.
—, *Die verheimlichte Wahrheit,* Tubinga, 1958.
H.W. Bansi, *Spätschäden nach Dystrophie (in der Sicht des intermedizinischen Gutachters)*: «Materia Medica Nordmark» 8 (1956) 319.

B. Bettelheim, *Individual and Mass Behavior in Extreme Situations*: «Abnorm. Psychol. Albany» 38 (1943) 432.
J. Bok, *De cliniek der hongerzietke* (tesis doctoral), Leiden, 1949.
E.A. Cohen, *Human Behavior in the Concentration Camp*, Londres 1954.
V.E. Frankl, *Ein Psychologe erlebt das Konzentrationslager*, Viena 1946, 1947; trad. cast.: *El hombre en busca de sentido*, Herder, Barcelona, 2015.
—, «Psychohygienische Erfahrungen im Konzentrationslager», en: V.E. Frankl, V.E. von Gebsattel y J.H. Schultz (dirs.), *Handbuch der Neurosenlehre und Psychotherapie*, vol. IV, Múnich-Berlín, 1959, p. 735.
—, «Psychotherapie im Notstand. Psychotherapeutische Erfahrungen im Konzentrationslager», en: *The Affective Contact. Internationaler Kongress für Psychoterapie 1951*, Amsterdam, 1952.
—, *Group Therapeutic Experiences in a Concentration Camp*: «Group Psychotherapie» 7 (1954) 81.
S. Freud, *Gesammelte Werke*, vol. v, Londres, 1942.
G.M. Gilbert, *The Psychology of Dictatorship*, Nueva York, 1950.
P. Helweg-Larsen, H. Hoffmeyer, J. Kieler, E. Hess-Thaysen, J. Hess-Thaysen, P. Thygesen y M. Hertel-Wulff, *Famine Disease in German Concentration Camps etcétera*, Copenhague, 1952.
K. Hermann, *Atrophia cerebri*: «Acta psychiat. neurol. scand. Suppl.» 74 (1951).
A. Hottinger, O. Gsell, E. Uehlinger, C. Salzmann y A. Labhart, *Hungerkrankheit, Hungerödem, Hungertuberkulose*, Basilea, 1948.

K. Jaspers, *Der philosophische Glaube,* Zúrich, 1948; trad. cast., *La fe filosófica ante la revelación,* Gredos, Madrid 1968.

B. Kautsky, *Teufel und Verdammte,* Zúrich, 1946.

K. Kolle, *Die Opfer der nationalsozialistischen Verfolgung in psychiatrischer Sicht:* «Nervenarzt» 29 (1958) 148.

V.A. Kral, *Psychiatric Observations under Severe Chronic Stress:* «Amer. J. Psychiat.» 108 (1951) 185.

M. Lamy, M. Lamotte y S. Lamotte-Barillon, *Études et réflexions sur les troubles constatés dans les états de dénutrition:* «Presse méd.» 54 (1946) 510.

M. Lazarsfeld y H. Zeisel, *Die Arbeitslosen von Marienthal,* Leipzig, 1933.

Z. Lederer, *Ghetto Theresienstadt,* Londres, 1953.

M. Michel, *Gesundheitsschäden durch Verfolgung und Gefangenschaft und ihre Spätfolgen,* Frankfurt del Meno, 1955.

J.E. Nardini, *Survival Factors in American Prisoners of War of the Japanese:* «Amer. J. Psychiat.» 109 (1952) 242. H. Rosencher, *Medicine in Dachau:* «Brit. med. J.» 2 (1946) 953.

A.L. Vischer, *Die Stacheldrahtkrankheit,* Zúrich, 1918.

P.M. van Wulfften-Palthe, *Neuro-psychiatric Experiences in Japanese Internment Camps in Java:* «Docum. Neerl. Indones. Morb. Trop» 2 (1950) 135-140.

E. de Wind, *Confrontatie met de dood:* «Folia psychiat. Neerl.» 6 (1949) 1-7.

VI

RUDOLF ALLERS COMO FILÓSOFO Y PSIQUIATRA[*]

> La misión de grandes espíritus no se agota en
> el efecto inmediato que ejerce sobre alumnos y
> discípulos, ni tampoco en las huellas que dejan
> en la historia, es atemporal como la verdad de
> la que dan testimonio.
>
> Rudolf Allers (T 109)[1]

Rudolf Allers, miembro honorario de la Asociación de Médicos Austríacos para la Psicoterapia, falleció el 14 de diciembre de 1963. El esbozo que sigue es necesariamente fragmentario. No es que esto dependiese única y exclusivamente de la pobreza de nuestros esfuerzos para entender a interpretar a Allers: depende también de la riqueza que distingue su vida y su doctrina. Por eso, en lo que sigue, solo pretendemos perfilar su personalidad a grandes rasgos.

Allers nació en Viena en 1883. Fue doctor en Medicina y en Filosofía. Como psiquiatra era todavía uno de los últimos alumnos de Kräpelin. Fue profesor privado primero en

---

[*] Discurso conmemorativo pronunciado el 24 de marzo de 1964 en la 14ª Reunión ordinaria de la Sociedad Austríaca de Médicos para la Psicoterapia.

Múnich, a continuación en Viena y después de su cambio de residencia a EE.UU. (todavía antes de la época de Hitler) tenía una cátedra en la Catholic University of América y finalmente, en la Georgetown University de Washington, DC.

En primer lugar, Allers realizó investigaciones sobre el metabolismo en casos psicóticos. En 1920 se pasó de la psiquiatría en el sentido general de la palabra a la psicoterapia tal como se puede ver en su célebre conferencia *Über Psychoanalyse* (aparecida en 1922). En 1927 tuvo lugar su enfrentamiento con la psicología individual y su ruptura con Alfred Adler: al mismo tiempo que Oswald Schwarz abandona la Asociación para la Psicología Individual. Posteriormente, se ocupa cada vez más de la filosofía en el sentido más restringido de la palabra.

El resultado de todo esto son unos 700 artículos, 15 libros —el decimosexto es editado actualmente por el hijo de Rudolf Allers, Ulrich Allers, Profesor de Derecho Político en la Georgetown University— y las correspondientes traducciones a 8 idiomas. Mencionemos solo los títulos siguientes: *Psychologie des Sexuallebens* (Artículo aparecido en *Handbuch der Psychologie*), *Das Werden der sittlichen Person, Heilerziehung, Self-Improvement* y *The Successfull Error,* esta última perífrasis se refiere al psicoanálisis.

Un abanico semejante de temas nos hace comprender que Rudolf Allers tendía puentes como pocos. Pensemos solo en sus trabajos sobre fisiología de los sentidos: yo mismo que he tenido la suerte de trabajar experimentalmente durante un año bajo su dirección fui testigo del estilo de investigación de Rudolf Allers, para quien la fisiología desde siempre fue más que simple fisiología, a saber, fue

Rudolf Allers como filósofo y psiquiatra

psicología, es más, noología e incluso la fisiología de los sentidos desde siempre fue más que mera fisiología de los sentidos: siempre llegó hasta el meollo de la antropología del sentido y de los valores. Respecto a esto, nos parece muy elocuente, por ejemplo, que Allers recuerde «el hecho de que el juicio tanto de "las sensaciones" como no menos de los valores se realiza en cada caso por un máximo que no está dado, que a veces ni siquiera se puede experimentar por principio» (W 188). Esto significa exactamente que nosotros siempre que evaluamos ya hemos basado tal evaluación en el conocimiento, aunque no explícito, aunque no plenamente consciente, de un *Summum bonum*, a pesar de que no exista como algo dado empíricamente.

Ni siquiera el sujeto de algo así como los valores, es decir, la persona, existe como algo dado empíricamente: «El sujeto nunca puede convertirse en objeto para sí mismo», declara Allers, y afirma a continuación «que la autoobservación es una actitud posterior, la observación de otros es una actitud originaria, primaria; pues el yo está siempre allí desde donde ve y nunca está allí hacia donde mira» (W 183).

Hasta aquí lo que se refiere a la esencia de la persona. ¿Cuál es la situación ahora respecto a su devenir, especialmente «el devenir de la persona ética», para emplear el título de una de las obras principales de Allers? ¿Cuál es la situación, más allá de la «clarificación de la existencia» (Karl Jaspers), de la educación a una existencia digna del hombre? ¿Cuál es en general la meta de la educación? Allers estipula como tal: «El establecimiento de un ajuste entre la actitud subjetiva ante los valores y la validez objetiva de los valores» (H 353) y «la realización completa de todas las posibilidades positivas que se encuentran dentro de la propia persona», no sin remarcar que «de antemano no se puede manifestar cuáles son estas posibilidades, cuántas son», pues «solo el intento de realizar estas o aquellas puede enseñar cuál es la situación al respecto» (W 166).

Es más, Allers va más allá: «El paso de las potencias a los actos, para hablar con los términos de la escolástica, es la esencia y el sentido de la vida humana. Estoy convencido de que la tensión entre los valores ya realizados y los valores que hay que realizar todavía y que están esperando en el germen de la persona, como posibilidades, de que este "desnivel de valores", como lo denominé, representa el motor, la fuerza motriz propiamente dicha mediante la cual el movimiento de la vida se mantiene en funcionamiento. Si una persona hubiera realizado completamente las posibilidades de valor que tiene esbozadas en sus profundidades, la vida debería detenerse, esta debería morir. Pienso que por eso muchos santos se mueren jóvenes; consideremos la vida de san Luis de Gonzaga, de san Juan Berchmans, de santa Teresa del Niño Jesús o la vida muy santa de sus Hermanas de la Orden, que no fueron canonizadas, como María de la Santísima Trinidad o Angélica de Jesús o la de muchos otros más; ¿no tenemos la evidente impresión de que a estas personas ya no les quedaba nada más que hacer aquí en la tierra, como si hubieran realizado todo lo que les era posible realizar? ¿Y de que tantos de estos santos jóvenes habrían muerto con sufrimientos muy grandes porque este aguante del dolor y de la enfermedad era lo último que les faltaba por realizar? De nuevo podemos asombrarnos de los matices y de la profundidad del idioma: de estas personas el idioma dice que fueron "perfectos tempranamente". Estas han realizado todo lo que existía en ellos para ser realizado, son perfectos porque todas las posibilidades de valor que ellos tenían se han convertido en realidades de valor. Sin embargo, no se puede invertir la frase, diciendo que la vida del hombre acaba cuando ha realizado todas las posibilidades de valor. La vida de la mayoría de los hombres acaba sin que las hayan realizado. No obstante, mientras viva una persona, existen en él valores para ser realizados. Por esto mismo, mientras viva una persona, no puede decir de sí ni nadie lo puede decir de ella que no pueden brotar de ella otras cosas, nuevas cosas inauditas. Y no solamente conmociones tan extraordinarias como entusiasmo, peligro y amor verdadero y profundo, incluso acontecimientos mucho más triviales pueden despertar cosas inesperadas en una persona. A veces lo puede hacer la enfermedad o incluso una palabra dicha de paso, que alguien dice, un acontecimiento nada extraño en sí, que causa una fuerte impresión, sin saber por qué» (W 169).

El fin de la educación es equidistante tanto del extremo individualista como del colectivista: «El hombre debería lograr mantenerse consciente de su propio valor que no se puede perder y de la singularidad absoluta de su persona, sabiendo precisamente que posee este valor propio solo si se sabe y vive como miembro de totalidades superiores»; pues «en el fondo hay solo un ideal, a saber, el ideal de la objetividad, de la entrega y del servicio» (W 192). Sin embargo, hay que tener en cuenta que «un hombre que se entregase por completo a la comunidad, se perdería a sí mismo, perdería su valor propio y su especificidad; finalmente ya no podría entregarse por completo a la comunidad porque, por así decirlo, ya no existiría» (W 100). De una u otra forma, «con el hallazgo completo y con la constitución del yo despierta en el hombre también la conciencia de su soledad esencialmente extrema, la del ser que en definitiva depende de sí mismo y por tanto la de la autorresponsabilidad absoluta». Por lo que se refiere a «la soledad esencial», esta «se basa en un nivel por así decir mucho más profundo, en un punto mucho más escondido que cualquier estar solo del que mucha gente se queja; esta es el corolario necesario de la singularidad absoluta de la persona humana y como tal está unida a su esencia metafísica y solo allí se puede resolver, en la medida en que esta se eleva a sí misma en la vida sobrenatural» (W 243).

Hasta aquí, sobre el fin de la educación. Ahora trataremos del camino que conduce a esta meta. Recordemos aquí, para clarificar con la ayuda de un ejemplo, la mentalidad que está detrás de una educación en el sentido de Allers, su postura respecto al castigo —del que piensa que se debería «reconocer como una prueba de confianza»—: «Este pensamiento no expresa nada más que la condición de que la persona en cuestión es mejor en su interioridad y en su esencia verdadera de lo que aparece en su acción.» Allers se «da cuenta de que está en oposición a las opiniones generalmente aceptadas cuando a partir de lo que acabamos de mencionar saca la conclusión de que cualquier castigo humillante es vituperable» (W 92). Sin embargo, «detestar el mal y odiar a los hombres son dos cosas distintas. El santo detesta el mal, sin embargo ama al pecador» (W 114).

Como psiquiatra, Allers destacó sobre todo por su crítica al psicoanálisis. Así pues Louis Jugnet, en el título de su monografía sobre Allers, pudo llamarle «anti-Freud». El mismo Allers dirige su crítica contra «la déshumanisation impliquée par la psychanalyse» (J 10s). Al comienzo ya hemos hecho alusión a su conferencia *Über Psychoanalyse*. Totalmente en oposición a las afirmaciones de Karl Stern y Albert Görres aparecidas décadas más tarde, para Allers no se puede distinguir entre el método y la imagen del hombre del psicoanálisis. Por lo que se refiere a esta imagen del hombre, Jugnet critica su extremo subjetivismo, idealismo y solipsismo: «Los objetos no son deseables porque tengan algún valor por su naturaleza propia independientemente del espíritu humano, sino que tienen un valor porque son deseados» (J 26), con otras palabras, los objetos, en la imagen subjetivista del hombre que tiene el psicoanálisis, no son deseables en virtud de un valor inmanente a su esencia; más bien son valores solo gracias a que precisamente son deseados. Así Jugnet denomina la imagen psicoanalítica del hombre como «anticristiana en el fondo» y la califica de «una enorme herejía».

«Sin embargo, hay que preguntarse», opina el mismo Allers, «cómo una tal construcción teórica pudo adquirir una aceptación semejante. Si un psicoanalista se viera enfrentado a tal fenómeno no preguntaría: ¿qué relación lógica o cultural se da aquí?, sino que argumentaría de la forma siguiente: ¿cómo debe estar constituida la vida psíquica de este hombre, hasta qué punto debe haber deseado a su madre, debe haber odiado a su padre, debe haberle deseado la muerte, debe haber envidiado a sus hermanos, debe haber reprimido la defecación por un placer adicional, en pocas palabras, qué aspecto debe tener en su inconsciente para que pudiera establecer esta o aquella afirmación y para que no pudiera aceptar aquella otra? No quiero intentar», continúa Allers, «hacer volver semejantes armas contra el psicoanálisis. No me interesa la personalidad del psicoanalista, como a él le interesa la del crítico, no polemizo contra complejos sino contra formulaciones de estados de cosas que, independientemente de las personas, son verdaderas o falsas» (P 42s).

Esforzándose en este sentido por una «crítica inmanente», en otro lugar afirma lo siguiente: «Al principio la crítica se dirigía principalmente contra los resultados del psicoanálisis, especialmente contra el papel que este atribuía a la sexualidad, y contra las tendencias "inmorales" encontradas en el inconsciente. Esta crítica fue impulsada por motivos estéticos y morales. Por esta razón fue esencialmente no objetiva. Estoy lejos de hacer semejante crítica. Yo resalto expresamente —suponiendo que las afirmaciones del psicoanálisis sobre estos puntos son verdaderas—, que me es completamente indiferente si el bebé o mi inconsciente o el de cualquier hombre es polimórficamente perverso, incestuoso o universalmente criminal. Se puede lamentar un hecho y desear que fuese diferente, pero esta no es ninguna razón para condenar una concepción cuando se trata de hechos» (P 15).

Ahora sigue «una observación de contenido por así decir autobiográfico» que puede revestir un interés especial: «Un día antes de tener la oportunidad de acaparar una experiencia más grande sobre las neurosis, las psicosis y la psicología normal, fui un entusiasta partidario del psicoanálisis. Me parecía tan convincente y concluyente, prometía reestructurar de forma uniforme la vida psíquica, etcétera. La elaboración lógica del sistema y la experiencia psicológica, sin embargo, me hicieron ver, respecto a muchos puntos de vista, algo mejor —dicho más prudentemente: algo diferente—, sin cegarme, sin embargo, ante resultados valiosos. Quisiera resaltar que tiendo no solo a considerar como correctos muchos resultados de la teoría psicoanalítica y quizá también alguna idea teórica sino incluso a contarlos entre las adquisiciones más importantes de la psicología humana y que, sin embargo, per otro lado, me siento incapaz de aceptar como válido el método psicoanalítico. Respecto a la crítica del método, el psicoanálisis tiene una posición extraña. A saber, afirma que no tiene derecho a criticar sus concepciones y teorías quien no las haya verificado con el mismo método psicoanalítico. Esta es una pretensión totalmente inaceptable y que está completamente aislada, por lo que veo, en la ciencia. Si alguien viene a mí diciendo: en esta o en aquella sustancia he encontrado cloro y a mi pregunta sobre el método declara: he disuelto la sustancia en ácido clorhídrico diluido, entonces no puede esperar que verifique su resultado con su método; pues tiene que encontrar el cloro, si antes ha añadido ácido clorhídrico» (P 15s). «Esto mismo quisiera afirmar sobre el psicoanálisis: los resultados correctos no se encontraron gracias a, sino a pesar de, la técnica psicoanalítica, sin esta, incluso en oposición a esta. El hecho de que los resultados sean correctos prueba el valor de un método solo cuando estos resultados se han conseguido o se han podido conseguir en general con la ayuda de este método» (P 17). «En una palabra: el psicoanálisis, en realidad, no ha conseguido sus resultados con su método en absoluto». Y Allers concluye así: «El psicoanálisis debe sus puntos de vista y sin duda también sus éxitos terapéuticos a su comportamiento comprensivo y no a sus explicaciones teóricas y a su método» (P 44).

¿Cuál es, pues, la teoría sobre las neurosis propia de Allers? Para él «la neurosis, como enfermedad y desviación de lo normal, es la consecuencia de la rebelión de la creatura contra su natural carácter finito y su impotencia» (W 278). «Si esta rebelión se viviera de forma consciente, debería conducir consecuentemente a la aniquilación del hombre. El hecho de que un ser sea capaz de aspirar a su no ser es contradictorio en sí porque su ser representa, en primer lugar, el presupuesto para su aspiración. En este aspecto, la paradoja y la antinomia del ser humano se pone de manifiesto con toda su terrible tensión» (W 279).

Frente a la *existential psychiatry* podría ser válida la misma objeción que la que Allers dirigió a Martin Heidegger: «Es particularmente inquietante la ausencia del otro en su alteridad en cuanto se atañe el *Dasein* de otro» (M 471). Yo mismo creo saber, basándome en una conversación personal con Heidegger, que —en oposición a su vulgar mala interpretación, que domina en la así llamada *existential psychiatry* en EE.UU.— no hay que entender en absoluto el concepto de «estar en el mundo» de Heidegger tal como lo malinterpretan precisamente los que a sí mismos se califican de ontoanalistas, a saber, como si el «mundo», «en el que» el hombre «está», no fuese nada más que una simple autoexpresión de esta existencia humana precisamente. De hecho, Allers excluye la logoterapia —que junto al ontoanálisis representa en EE.UU. la *existential psychiatry*— de su crítica al psicoanálisis y al ontoanálisis (O 85). Su objetivismo es formulado por él de forma prudente: «Prefiero hablar de totalidad de todas las referencias correlacionadas con el acto mental que de este reino de lo "trans-subjetivo"» (O 83).

«No se destruye más que lo que se reemplaza», observa Jugnet acertadamente. «La crítica del maestro austroamericano no representa toda su obra: esta tiene por objetivo dejar un lugar libre para una antropología total» (J 9). Sin embargo, nos parece que la humanidad de la antropología de Allers no se ha puesto de manifiesto más claramente en ninguna parte que en la siguiente confesión: «Todavía no he visto ningún caso de neurosis en el que no se hubiera revelado, como último problema y como último conflicto, una cuestión metafísica, si así se quiere llamar, irresuelta, la cuestión por la postura del hombre en general, siendo indiferente que se trate de una persona religiosa o no religiosa, católica o no católica. Tal vez esté relacionado con esto el interés filosófico, que se ha observado a menudo, de estas personas neuróticas. Es falso que se quiera ver, como sucede bastantes veces, en esta problemática "metafísica" de nuevo un enmascaramiento de otras cuestiones o la expresión de ciertas actitudes. No se esconde nada más "detrás", ni condiciones instintivas ni voluntad de poder, sino que es realmente la última y más importante cuestión que preocupa e inquieta a estas personas y a la que no se atreven a dar una respuesta, es más, ni siquiera osan planteársela bien. De este modo comprendemos también que una dirección psíquica comprensiva, cariñosa, indulgente, paciente y puramente religiosa, en muchos casos es capaz de conseguir la corrección de la neurosis, al mismo tiempo que la corrección del comportamiento religioso, porque una influencia semejante ataca de hecho a lo más céntrico del problema» (W 283). Por consiguiente, Allers no cree, como actualmente lo hacen muchos, que sea suficiente arreglar lo psíquico ya que después lo espiritual se encarrilaría por sí mismo. Según nuestra opinión, esto se basa en una mala interpretación de la tesis «gratia supponit naturam», mientras que esta tesis se interpreta como si el efecto de la gracia fuera dependiente y estuviese supeditada a la naturaleza o, dicho brevemente, como si la vida espiritual no fuese más que una función de lo psíquico-corporal. Esta opinión errónea está a la base de la confusión de condición y de causa. Si continuamos considerando, junto a psicólogos americanos y europeos, la vida espiritual del hombre hasta en sus decisiones de fe como mero resultante de diversos componentes, trátese de una *imago* del padre o de lo que sea, entonces privamos a la fe del hombre de su carácter de decisión y nos damos a la ilusión de que la religión se puede determinar y manipular. De semejante pseudorreligión sería realmente válido lo que Sigmund Freud sostenía de la religión: sería realmente «una ilusión».

Cuando Allers nos escribió una dedicatoria en una foto suya, la expresó con esta palabras: «La verdad os hará libres». Y de hecho es así: no la libertad —de la neurosis— nos convierte en auténticos, nos convierte en hombres que conocen la verdad o que incluso se deciden por ella, sino que es la verdad la que nos hace triunfar sobre la tragedia que forma parte de la esencia de la existencia humana, y en este sentido la verdad nos libera del sufrimiento, mientras que nuestro simple estar libres del sufrimiento no sería capaz ni mucho menos de acercarnos a la verdad.

Hoy más que nunca, Allers sigue siendo actual simplemente porque sus hallazgos y conocimientos son atemporales. Nos ha dado muchas cosas; pero también nos ha quitado mucho: en muchos aspectos ha anticipado la psicoterapia del futuro.

Bibliografía

H: R. Allers, *Heilerziehung bei Abwegigkeit des Charakters*, Einsiedeln-Colonia.
J: L. Jugnet, *Rudolf Allers ou l'Anti-Freud*, París, 1950.
M: R. Allers, *The Meaning of Heidegger*: «The New Scholasticism» 36 (1962) 445-474.
O: R. Allers, *Ontoanalysis: A New Trend in Psychiatry*: «Proceedings of the American Catholic Philosophical Association» (1961) 78-88.
P: R. Allers, *Über Psychoanalyse*, Berlín, 1922.
T: T. de Aquino, *Über das Sein und das Wesen. Übersetzt und erläutert von Rudolf Allers*, Frankfurt del Meno-Hamburgo, 1959.
W: R. Allers, *Das Werden der sittlichen Person*, Friburgo de Brisgovia, 1930.

VII

¿PSICOLOGIZACIÓN O HUMANIZACIÓN
DE LA MEDICINA?*

En recuerdo de Paul Polak

Cuando una asociación de médicos invita a un psiquiatra a dar una conferencia, hay que suponer que de él se espera que tienda un puente entre la medicina general y la psiquiatría. Y para establecer semejante puente se ofrece —si lo puede decir así: como eslogan-puente— el término de «psicosomática» —¡todo un eslogan!—. Pues hasta ahora todo lo que esboza es controvertido; todavía quedan demasiadas cuestiones abiertas; pero continuamente podemos observar cómo estas cuestiones se pasan simplemente por alto. Solo necesitamos abrir uno de los últimos números de la revista de los médicos austríacos para constatar el poco cuidado que se tiene con la terminología: «Las salas de espera de los médicos austríacos así como también las habitaciones de los enfermos de los hospitales están llenas en aproximadamente un 50 % de pacientes cuya enfermedad tiene causas

---

* Conferencia pronunciada el 21 de marzo de 1980 en la Sociedad de Médicos de Viena con motivo del otorgamiento de la Medalla Theodor Billroth.

psíquicas», se dice allí. Según esta revista, las enfermedades psicosomáticas son «causadas por la psique» y se trata de «enfermedades condicionadas psíquicamente».

En realidad, las enfermedades psicosomáticas no son precisamente condicionadas ni causadas psíquicamente, no son psicógenas: ¡las neurosis son psicógenas! En oposición a las neurosis, las enfermedades psicosomáticas no son enfermedades psicógenas, sino enfermedades en primer lugar somatógenas, desde lo psíquico son únicamente desencadenadas.

Ahora bien, ya hace décadas que me estoy ocupando sistemática y metodológicamente de la problemática de la medicina psicosomática y lo he hecho en un capítulo específico en mi *Theorie und Therapie der Neurosen* (1). Entretanto también otro logoterapeuta, mi alumno, el profesor Hiroshi Takashima de Tokio, ha contribuido a la clarificación de la problemática desde el punto de vista logoterapéutico en su libro *Psychosomatic Medicine and Logotherapy* (2).

El problema de la elección del síntoma

La más importante de las preguntas que han quedado abiertas es, como se sabe, el problema de la elección del síntoma, especialmente, el problema de la elección del órgano: ¿cómo se puede explicar que en un caso dado sea afectado precisamente tal órgano y no tal otro? ¿Existe realmente una afinidad entre determinados órganos, por un lado, y determinadas constelaciones intrapsíquicas, por otro? Lo esencial ya lo realizó Alfred Adler cuando recurrió a las, por él llamadas, «inferioridades orgánicas» y Sigmund Freud le siguió en este camino al acuñar el concepto del «apoyo somático». Hasta hoy día no se ha ido mucho más lejos.

Coordinación fracasada

Algo semejante pasa con la afinidad entre determinadas enfermedades psicosomáticas, por un lado, y determinados tipos de personalidad, por otro. De hecho, tampoco se ha probado nada a este respecto. En una ocasión asistí una tarde a una larga conferencia sobre la personalidad del asmático y al final tuve que constatar que me encontraba ante una descripción excelente de la personalidad del neurótico. No se trataba en absoluto de rasgos de carácter específicos del asmático. Lo que parecía tal, se había añadido a los hechos interpretándolos.[1]

¿Cómo se pudo llegar a que la psiquiatría caminase sobre el terreno resbaladizo de hipótesis no sólidas? Una alumna mía, que actualmente dirige en Múnich un gran centro de asesoramiento psicológico, Elisabeth Lukas —hizo la tesis sobre la logoterapia como teoría sobre la personalidad— se

1. Recientemente, David M. Scharch y John E. Hunter (*Personality Differences Between Randomly Selected Migrainous and Non-Migrainous People:* «Psychotherapy: Theory Research and Practice» 16 [1979] 297) probaron que apoyándose en poblaciones elegidas al azar no se puede observar ningún tipo de diferencia de personalidad entre pacientes con jaquecas y personas que no sufren de jaquecas, lo que también habla en contra de la etiología defendida por el psicoanálisis (*self-punishment for hostile impulses* y *repressed anger*). Como ya pudieren probar Kidson y Cochrane en el caso de la hipertonía, las diferencias aparentes hay que atribuirlas, incluso por lo que se refiere a las jaquecas, al hecho de que, en las personas que se encuentran bajo tratamiento, se trata de antemano —¡y es verificable empíricamente!— de personas con rasgos de carácter neurótico.

expresó en una conferencia en la Asociación de Médicos Austríacos para la Psicoterapia de esta forma: «La psicoterapia empezó con la caza casi obsesiva de las posibles causas de enfermedades psíquicas. El terapeuta tenía que intentar a toda costa encontrar la huella de estas causas. Sin embargo, dado que la vida de muchos pacientes en el momento de comenzar su enfermedad no ofrecía ningún motivo para posibles causas, lógicamente había que buscar las causas en el pasado del paciente. Pero, ¿cómo se iba a hacer esto? La mayoría de las veces, los pacientes no podían acordarse de nada especial o perturbador. Además, se añadía el hecho de que el diagnóstico neurológico afinado no se había desarrollado adecuadamente y de que, por tanto, en el ámbito psíquico tampoco era tan fácil hacer visibles las causas. Entonces, ¿cómo podía el psicoterapeuta acercarse a las causas, para él tan decisivas, de las enfermedades psíquicas de sus pacientes? No hubo más remedio, en última instancia, que tener que adivinar estas causas y así empezó la gran adivinación, interpretación y especulación en la psicología. Con el tiempo se llegó a una saturación de toda esta adivinación e interpretación, sobrevinieron las dudas, lentamente se llegó a tener el valor de admitir la incapacidad de poder reconstruir todas las cadenas causales de las enfermedades psíquicas. A partir de esta incapacidad comenzó a cambiar el enfoque del terapeuta: ¿para qué le sirven las causas si se construyen en base a especulaciones y además ni siquiera garantizan la curación?»

Demos ahora la palabra a un practicante: «De esta forma fracasaron en gran medida», dice Felix Mlczoch, «sobre todo las técnicas analíticas empleadas en el tratamiento de

¿Psicologización o humanización de la medicina?

personas asmáticas, en las que se intentó llegar a una mejora de las consecuencias de un desarrollo anormal sacando a la luz las raíces de un desarrollo infantil anormal. Este es el camino más seguro para ahuyentar a un paciente» (3).

Otro aspecto de la problemática, propio de la medicina psicosomática, se refiere a la afinidad entre ciertas enfermedades psicosomáticas, por un lado, y complejos, conflictos, problemas y traumas específicos que presuntamente se han de adjuntar a estas, por otro. Sin embargo, no solo ha quedado sin respuesta la cuestión si todas estas constelaciones intrapsíquicas son específicamente patógenas, sino que también es dudoso si son genéricamente patógenas. En primer lugar, habría que fijar que algo tan corriente, como los complejos, conflictos, problemas y traumas incriminados, no podría ser patógeno por sí mismo. En el curso de análisis estadísticos, colaboradores míos pudieron probar fácilmente que una serie de casos, elegidos al azar, de nuestra sección neurológica no había sufrido el mismo número de complejos, conflictos, problemas y traumas, sino muchos más que una serie de casos, igualmente elegidos al azar, del Ambulatorio psicoterapéutico. Hemos que explicar esto diciendo que tenemos en cuenta la carga adicional de problemas que tienen las personas neurológicamente enfermas.

Ninguna prueba para la psicogénesis

El conocido psiquiatra estadounidense Fritz A. Freyhan, en *Comprehensive Psychiatry*, bajo el título: *Is psychosomatic obsolete?*, dice: «Un gran número de trastornos psicosomáticos se pone de manifiesto como expresión de una depresión endógena larvada cuya etiología de origen en gran medida biológico-fisiológica debería estar probada por los éxitos terapéuticos correspondientes. Incluso las investigaciones sobre la relación entre los acontecimientos de la vida y el surgimiento de enfermedades hasta ahora no pudieron ofrecer ninguna prueba en favor de la psicogénesis preponderante en las enfermedades psicosomáticas. Los pocos estudios con cortes longitudinales indican más bien una escasa influencia de los acontecimientos y de las condiciones de la vida» (4).

Y por lo que se refiere especialmente a los complejos, me escribió en una ocasión una lectora de Alabama: «El único complejo que padezco consiste en la idea de que en el fondo debería tener complejos, aunque en realidad no tengo ninguno. Tengo detrás de mí una infancia terrible y, sin embargo, estoy convencida que de lo terrible surgieron muchas cosas positivas» (5).[2]

---

2. Sin duda tendremos que aceptar un complejo, a saber, el «complejo de padres malos» como lo denominó Elisabeth Lukas: «A los colegas de mi gremio profesional no se les puede ahorrar el reproche de que durante décadas han buscado errores en la educación de los padres hasta que finalmente gran número de padres se volvieron tremendamente inseguros y por este mismo hecho cometían errores. A esto se añade una abundancia de literatura pedagógica que se contradice mutuamente. Los padres se han convertido en el objeto de ataque ideal para todos los desarrollos erróneos de la generación joven y entonces no es un milagro que la gente joven, por su parte, en situaciones difíciles descargue muy fácilmente la culpa en los padres. Los orígenes de esta descarga extrema de la culpa en los padres, ciertamente se reducen a la imagen psicoanalítica del hombre en la que, como se sabe, los traumas infantiles se sobrevaloran excesivamente. Como se ha probado, por un lado, se le facilita al paciente un poco cuando tiene el sentimiento de comprender relaciones y de poder derivar su desarrollo a partir de su infancia y su educación, por otro lado, sin embargo, por un proceso espiritual de *feedback,* lo cual está igualmente probado, disminuye

¿Psicologización o humanización de la medicina?

Lene Skolnick dice a este respecto: «Es cierto que el trasfondo de la infancia de personas psíquicamente enfermas muestra a menudo factores negativos: estas personas provienen frecuentemente de matrimonios separados, de familias que riñen continuamente, tuvieron que sufrir bajo una madre dominante o retraída o posesiva, tuvieron un padre violento o que en general no cumplía con sus funciones. Normalmente se argumenta que estas circunstancias conducen a desarrollos inadecuados. Sin embargo, es un hecho que la mayoría de los niños que han experimentado trastornos en su desarrollo y sufrimiento en una edad muy temprana se convierten en adultos completamente normales. Un estudio del Institute for Human Development de la Universidad de California había partido del supuesto de que los niños de familias rotas tendrían dificultades como adultos y que los niños que tuvieron una infancia feliz y con éxito serían adultos felices. En los dos tercios de todos los casos no fue así. Los efectos traumáticos del estrés sufrido en la edad infantil se habían sobrevalorado. Pero no solo esto, también se había estimado erróneamente las personas del experimento que tuvieron una infancia sin problemas: muchos de ellos eran como adultos todo lo contrario de felices, contentos, sin preocupaciones o incluso personas maduras (esto se dio especialmente en los que antes eran estrellas de deporte por lo que se refiere a los chicos y en el grupo de las alumnas guapas y queridas por lo que se refiere a las chicas)» (6).[3]

también la propia conciencia de responsabilidad que tiene el paciente respecto a su hacer y su actuar».
3. Un grupo de colaboradores de Lawrence Kohlberg de la Universidad de Harvard (*Genetic Psychology Monographs*, vol. 110, p. 91, reproduci-

Logoterapia y análisis existencial

¿Tendríamos el derecho a corroborar, por lo menos *ex iuvantibus,* la etiología traumatógena de una enfermedad aparentemente psicosomática? Lo único que puedo hacer es prevenir contra esto: solo menciono el caso de una paciente de 21 años que nos fue mandada a causa de una retención de orina, que por parte de los médicos había sido diagnosticada como histérica, con el ruego explícito de realizar un tratamiento hipnótico. Pareció que la anamnesis, al considerarla superficialmente, daba la razón al supuesto de los médicos

---

do en la «Frankfurter Allgemeine Zeitung» del 9 de octubre de 1985, p. 31-32) llega a la conclusión de que «a pesar de todas las especulaciones psicoanalíticas actualmente es completamente imposible apreciar ya en los primeros años de vida quién, como adulto, estará afectado por una neurosis. Incluso cargas aisladas espectaculares como ante la pérdida de la madre, el comportamiento extremadamente equivocado de los padres o la separación o el incesto, prácticamente no poseen ninguna importancia prognóstica para el desarrollo psíquico en la vida posterior. Sin embargo, hay que hacer aquí una limitación considerable: quien, como niño, tiende a ataques coléricos violentos, a desobediencias persistentes, a escaparse de casa y posteriormente a hacer novillos, corre en especial peligro de enredarse, como adulto, en la criminalidad, en la adicción a la bebida, o en otras "formas problemáticas de comportamiento"». Acontece algo semejante con la esquizofrenia en la medida en que «esta se puede predecir mucho mejor que otras desviaciones emocionales y psíquicas. Esto se basa, con gran pesar de los psicoanalistas, únicamente en el hecho de que aquí se trata de una enfermedad biológica médica y no de una perturbación psicológica del desarrollo. Según esto, los que tienen la mayor fuerza de predicción son los factores biológicos. El peligro de enfermar posteriormente de una esquizofrenia aumenta drásticamente en los niños cuando genéticamente tienen un parentesco con personas que ya cayeron enfermas, aunque fueran criados por padres adoptivos sanos. En cambio, sufren muy a menudo de esquizofrenia crónica especialmente desfavorable los adultos que han contraído en el nacimiento un daño cerebral ligero pero medible. El hecho de que las personas adultas esquizofrénicas tuvieran perturbaciones de contacto ya como bebés, el hecho de que sufrieran frecuentemente de ataques de miedo y de que no fueran asequibles psíquicamente a sus padres, se debe ver solo ante este trasfondo y no sobre la base de especulaciones psicoanalíticas que giran en torno a traumas psíquicos».

¿Psicologización o humanización de la medicina?

que nos la habían mandado de que se trataba realmente de un trastorno simplemente patógeno: la paciente había sido desvirgada hacía seis semanas. El mismo desfloramiento era traumatizante tanto desde el punto de vista psíquico como físico. Poco tiempo después surgió una incapacidad incompleta para orinar espontáneamente de manera que la enferma desde ese momento tuvo que ser cateterizada varias veces al día. Reiterados análisis urológicos tuvieron resultados tan negativos como diversos intentos de una terapia a base de fármacos (inyecciones, etcétera), así como con la ayuda de procedimientos hidriáticos. La hipnosis realizada según el ruego, efectivamente tuvo un éxito completo en la enferma (a partir del mismo día pudo orinar espontáneamente y ya no tuvo que ser cateterizada ni una vez más); a pesar de todo, tuvimos de alguna forma la impresión de que en modo alguno se trataba de un trastorno simplemente psicógeno. En efecto, después de varios análisis neurológicos más, pedidos por nosotros urgentemente, resultó que a la base del trastorno funcional aparente se encontraba una afección orgánica (7).

En otras palabras, el diagnóstico de una enfermedad psicosomática no puede ser establecido *ex iuvantibus*. Y esto no es solo válido respecto a cualquier tipo de traumas, sacados a la luz de forma anamnésica, sino también respecto a un tipo de personalidad visiblemente inestable psíquicamente: entre otros casos semejantes conozco el de una paciente que se quejaba de dolores que tenían un carácter histérico pronunciado; una inyección de disolución de sal fisiológica —en este caso me gustaría más denominarla «disolución de sal psicológica»— tuvo un éxito inmediato.

A pesar de todo esto se pidió un control radiológico y este dio como resultado una metástasis de carcinoma.

Inmunidad y situación del afecto

En 1936 R. Bilz publicó un libro bajo el título *Die psychogene Angina*. Evidentemente, esta no es psicógena; sin embargo, es cierto que a veces puede haber sido provocada psicosomáticamente. Pues se sabe que su germen es corriente y solo ocasionalmente se convierte en patógeno. Que llegue a serlo, no depende solo de su virulencia sino de la situación de inmunidad; esta situación de inmunidad, sin embargo, depende entre otras cosas de la situación del afecto. Ya hace décadas, Hoff y Heilig pudieron probar experimentalmente que las personas sometidas al experimento, que habían sido hipnotizadas y a las que habían sugerido emociones agradables o angustiosas, mostraban según el caso un grado de aglutinamiento más alto o más bajo de su suero contra los bacilos del tifus.

A principios de marzo de 1945 me contó un compañero del campo de concentración que el dos de febrero del mismo año había tenido un sueño extraño: una voz que se hacía pasar por profética le dijo que le preguntase algo: le podía contestar a todo. Y él le preguntó cuándo acabaría la guerra para él. La respuesta era: el 30 de marzo de 1945. Se acercaba este 30 de marzo, pero no parecía de ningún modo que la «voz» mantuviese su palabra. El 29 de marzo mi compañero se volvió febril y delirante. El 30 de marzo perdió la conciencia. El 31 de marzo murió: el tifus se lo había llevado. Efectivamente el 30 de marzo —aquel día en que había perdido

¿Psicologización o humanización de la medicina?

la conciencia— la guerra había terminado «para él». No nos equivocamos, sin lugar a duda, si suponemos que la situación de inmunidad, la fuerza de defensa y de resistencia del organismo habían disminuido a través de la decepción que el curso real de las cosas le había proporcionado de tal modo que la enfermedad contagiosa que ya estaba aletargada en él ahora le venció muy fácilmente (8).

Conocemos el doble caso instructivo y ejemplar de una angina psicosomática, a saber, es el caso de un clínico y de su asistente: si es que es una angina de lo que enferman, ambos la tienen un jueves. A saber, el asistente la llega a tener un jueves, cuando al viernes siguiente debe pronunciar una conferencia científica —lo que para él significa una cierta excitación—. El clínico llega a tener su angina —si es que la tiene— igualmente un jueves, sencillamente porque da clase los miércoles. Ese día todavía no está afectado por la angina. Aunque tenemos todo el derecho para suponer que ese día el contagio ya está aletargado, sin embargo no se declara. Sencillamente el colega no se puede permitir enfermar el día de sus clases y la declaración de la enfermedad, ya que debía haberse manifestado, es aplazada.

Así se habría demostrado que la medicina psicosomática nos hace entender mucho menos por qué una persona se pone enferma que por qué una persona se mantiene sana.

Conocemos el caso de un colega que estando muy cansado y habiendo trabajado demasiado, se le invitó a participar en una expedición de salvamento en los Alpes, que le exigía unas cuantas horas; inmediatamente después de que hubo cumplido con su deber de médico tuvo un colapso y le resultaba difícil ponerse a salvo en las rocas; el hecho de que había tenido un colapso es muy comprensible, también sin una medicina psicosomática; sin embargo, el hecho de que no lo haya tenido unos momentos antes de que hubiese cumplido con sus obligaciones, esto solo se puede explicar psicosomáticamente.

La orientación hacia un sentido mantiene en vida

Es evidente, al fin y al cabo, que no solo la situación de inmunidad depende de la situación del afecto sino que también la situación del afecto depende de la motivación. Lo decisivo que puede ser precisamente la motivación en las situaciones límite de la existencia humana, se pone de manifiesto en las experiencias que se han hecho en campos de prisioneros de guerra. A saber, una serie de psiquiatras pudo observar que, tanto en Japón como en Corea y últimamente en Vietnam del Norte, los que tuvieron mayores posibilidades de sobrevivir fueron aquellos prisioneros de guerra que estaban orientados hacia un sentido hacia el que se sentían obligados. Por otra parte, también me confirmaron esto tres oficiales estadounidenses que habían sobrevivido en Vietnam del Norte el período más largo como prisioneros de guerra (hasta siete años) y que habían sido, como dispuso el azar, mis alumnos en la Universidad Internacional de California. Allí, en mi seminario, expusieron detalladamente sus experiencias y el resumen en el que estaban de acuerdo era: ¡fue la orientación hacia un sentido lo que en última instancia les había mantenido en vida! (9) Y la literatura internacional sobre el campo de concentración les da la razón (10, 16).

¿Psicologización o humanización de la medicina?

Al hombre de hoy, sin embargo, se le hace difícil cualquier orientación hacia un sentido. Tiene suficiente para poder vivir, y, sin embargo, apenas sabe algo de aquello para lo que sería capaz de vivir. En una palabra, padece de un sentimiento de carencia de sentido. El Estado social y la sociedad del bienestar satisfacen prácticamente todas las necesidades del hombre, es más, en la sociedad de consumo hasta se provocan algunas necesidades. Solo una necesidad queda insatisfecha, es la necesidad de sentido que tiene el hombre. ¡En las condiciones sociales reinantes este en el fondo solo es frustrado! Se trata de algo que esbozo con el concepto de la teoría de la motivación: una «voluntad de sentido». Si el hombre encuentra un sentido, entonces —si fuera necesario— incluso está dispuesto a renunciar, a asumir el sufrimiento, a hacer sacrificios, incluso a sacrificar su vida. Si, por el contrario, no conoce ningún sentido en la vida, entonces la vida le importa un bledo, por muy bien que le vaya externamente, y posiblemente la abandona. A pesar del bienestar y de la abundancia. La escalada de las cifras de suicidio con las que hoy nos vemos confrontados nos prueba que, a pesar del bienestar material, puede llegar a haber una frustración existencial.

Ayuda para el hallazgo de sentido

¿Cómo podemos ahora atacar terapéuticamente el sentimiento de carencia de sentido? Pues, si analizamos la forma en la que la persona normal y corriente entiende su propio ser hombre, se pone de manifiesto que existen por así decir tres caminos principales por los que se puede encontrar sentido: en primer lugar mi vida puede llegar a tener un sentido cuando realizo una acción, cuando creo una obra; pero también cuando experimento algo —experimento algo o alguien—; y experimentar a alguien en toda su singularidad y peculiaridad significa amarle. Sin embargo, en última instancia, incluso cuando estamos confrontados con un destino que en modo alguno se puede cambiar, digamos con una enfermedad incurable, incluso cuando nos encontramos, como víctimas indefensas, en medio de una situación desesperada, se muestra que en este caso, es más, precisamente en este caso, todavía se puede dar un sentido a la vida, pues entonces podemos realizar lo más humano en el hombre y esto consiste en su capacidad de transformar un sufrimiento en una realización humana. Debido a esta posibilidad, la vida tiene potencialmente sentido hasta el último momento: por lo general, solo se trata «en última instancia» de realizar la posibilidad de dar un sentido al sufrimiento e incluso a la muerte.

Esta teoría del sentido dirigida contra la carencia de sentido, esta logoteoría que está a la base de la logoterapia ya hace mucho que fue corroborada empíricamente por toda una serie de proyectos de investigación metodológicamente intachables. En la literatura logoterapéutica se encuentran publicaciones de Brown, Casciani, Crumbaugh, Dansart, Durlak, Kratochvil, Lukas, Lunceford, Mason, Meier, Murphy, Planova, Popielski, Richmond, Roberts, Ruch, Sallee, Smith, Yarnell y Young de los que resulta que se puede encontrar sentido en la vida, en principio, independientemente del sexo de una persona y de su edad, de su cociente de inteligencia y de su nivel cultural, de la estructura de su

¿Psicologización o humanización de la medicina?

carácter y de su entorno, y finalmente se pudo probar que el hombre puede encontrar sentido independientemente del hecho de ser religioso o no y, en el caso en que sea religioso, independientemente de la confesión a la que pueda pertenecer.

Logoterapia práctica

Sin embargo, nuestra logoterapia no solo se puede corroborar desde el punto de vista empírico, sino también desde el punto de vista práctico. Una paciente que padece una tuberculosis pulmonar aguda y que es consciente de que ya no tiene ninguna posibilidad de curación y de que, por tanto, tiene toda la razón de pensar en la muerte, escribe: «¿Cuándo fue más rica mi vida? ¿Cuando yo [era contable] era tremendamente útil y ya no me podía ocupar de mí misma debido a las numerosas obligaciones o en estos últimos años de enfrentamiento espiritual con miles de problemas? Incluso la lucha por superar el miedo ante la muerte, que me ha torturado, que me ha perseguido y que me ha cazado, en un grado inimaginable: incluso esto me parece que ha sido más valioso que toda una docena de balances por muy bien hechos que estuviesen».

O: la profesora Patricia L. Starck me escribe desde Alabama el 29 de marzo de 1979: «Atiendo a una paciente de 22 años de edad que a los 18 sufrió una lesión de la médula espinal por un balazo que le alcanzó yendo a la tienda de comestibles. El nivel de su lesión es de C 4, y solo con ayuda de una varilla que mueve con la boca está en condiciones de realizar alguna tarea. Siente que el objetivo de su vida es muy claro. Lee periódicos y mira la televisión en busca de historias de personas con dificultades y les escribe (a máquina con ayuda de su varilla) para mandarles palabras de consuelo y aliento».

Lo que nosotros apenas nos atrevemos a expresar con palabras, nuestros pacientes lo convierten en acción. Incluso *in extremis* e *in ultimis* arrancan un sentido a la vida. Lo que nos queda —en el marco de tal lucha por un sentido—, consiste en prestar una ayuda catalítica, una «cura de almas médica», si así se quiere decir. En mi libro del mismo nombre (11) ustedes pueden encontrar un capítulo con el título «última ayuda», y en este capítulo se reproduce un diálogo que tuvo lugar entre mí y una paciente que murió una semana más tarde.

Cura de almas médica

Por supuesto no se puede decir que la cura de almas médica esté en competencia con la cura de almas sacerdotal. Solamente es discutible que la cura de almas médica sea médica, si todavía forma parte de las obligaciones que tenemos los médicos. La respuesta está inscrita sobre la entrada principal del Hospital General en Viena que el emperador José II dedicó *Saluti et solatio aegrorum,* no solo a la curación sino también a la consolación de los enfermos.

En segundo lugar, la cura de almas médica no es en ningún caso solamente cura psiquiátrica, sino que interesa a cualquier médico en ejercicio. Un *primarius* de cirugía que quisiera renunciar a cualquier cura de almas médica, no se debería asombrar si no encuentra a un paciente antes de la

¿Psicologización o humanización de la medicina?

operación en la mesa de operaciones sino después del suicidio en la mesa de autopsia, junto al *ultimarius,* el médico que en último lugar tiene que ver con el paciente.

A propósito de la operación: a una de mis estudiantes en la Universidad Internacional de San Diego le debo el informe sobre un mecánico de 31 años de edad, que le habían confiado para un cuidado especial, después de que hubiese sufrido un accidente con cables de alta tensión. A causa de la gangrena le tuvieron que amputar las cuatro extremidades y mi estudiante describe cómo, durante la operación, al cirujano, al anestesista y a la instrumentalista les corrían las lágrimas por las mejillas y, a pesar del autodominio, no pudieron reprimir los suspiros. A mi estudiante solo le habían confiado el cometido de hacer conocer al paciente, después del efecto narcótico, que ya no tenía brazos ni piernas. Tratando de buscar una chispa de sentido que le podría iluminar para el resto de su vida decidió emplear principios logoterapéuticos. De hecho consiguió después de unas semanas —apenas se puede creer— llevar al paciente tan lejos que él mismo y por su cuenta atendió a un chico parapléjico del cuello para abajo por corte medular. Al salir del hospital, el paciente abrió un negocio y pudo mantener a su familia. Les llevó de viaje de vacaciones por toda América en un coche equipado de forma especial. Y un día escribió literalmente a la que le había asistido —a mi estudiante—: «Antes de mi accidente estaba internamente vacío. Estaba continuamente borracho y me aburría mortalmente. Solo hoy sé lo que significa ser feliz».

¿Materialización o humanización?

En su libro *Das Ringen um Sinn: Logotherapie für den Laien* Joseph B. Fabry dice: «Cuando era todavía un niño, el médico de cabecera visitaba todas las semanas a mi abuela. Para ella era la ocasión de dar salida a todos sus dolores y preocupaciones. En la actualidad, me someto cada año a un análisis exhaustivo en el que durante tres horas me pasan de una enfermera a otra, de un aparato a otro y finalmente tengo que contestar en un cuestionario a 150 preguntas que sirven para que el ordenador establezca el diagnóstico. Sé muy bien que la atención médica que recibo en la clínica en cuestión es incomparablemente mejor a la que el médico de cabecera pudo ofrecer a mi abuela, sin embargo, algo se ha perdido en este desarrollo progresivo de la técnica médica. Y cuando oigo las preguntas que formulan a Frankl después de sus conferencias americanas, me parece oír como si ese algo faltase también en la psicoterapia moderna» (12). Quisiera decir que solo hay que fijarse en la elección de las palabras, de las que se sirve el psicoterapeuta medio de hoy y uno se dará cuenta hasta qué punto la mecanización y la tecnificación se han infiltrado en «la psicoterapia moderna»: así pues la expresión «terapia» ha sido desbancada por la palabra de moda «estrategia».

Ritter von Baeyer ha dicho en una ocasión: «La psicología debe oponerse a la tendencia de materialización existente en la medicina moderna. ¿Puede hacerlo? Ciertamente, en una medida limitada. En sí la psicología solo es otra forma, una forma paralela a la fisiología, de materialización de la esencia del hombre. Y un paciente se siente

¿Psicologización o humanización de la medicina?

menospreciado como hombre, no solo cuando se interesa exclusivamente por sus funciones orgánicas, sino también cuando se sabe objeto de estudios y manipulaciones psicológicas. Tal vez la humillación sea incluso más profunda en el último caso que con un simple tratamiento orgánico, porque se toca y se arranca lo más íntimo. No existe solo el objetivismo frío de la medicina científica, sino también el objetivismo frío de la psicología y de una medicina impregnada de psicología» (13).

Defensa en favor de la humanización

Ahora entenderán por qué prefiero defender la humanización de la medicina antes que su psicologización, por qué no pienso que sea importante que cada vez más médicos «arranquen» cada vez más complejos de cada vez más pacientes, para adaptarme a la elección terminológica de Baeyer. Lo que importa más bien es que nosotros los médicos nos separemos de una imagen anticuada del hombre según la cual vemos en la psique un «aparato» y un «mecanismo» y en la psique que está enferma algo que tenemos que reparar como una máquina. Quien se comporta como *médecin technicien,* lo único que prueba es que ve en el enfermo a un *homme machine.* En cambio, el *medicus humanus* percibe al *homo patiens* (14), ve detrás de la enfermedad al hombre que sufre. Y percibe lo *humanissimum:* la voluntad de sentido, «la lucha por el sentido», que no se detiene ni tampoco debe detenerse ante el sufrimiento; pues tenemos que distinguir entre sufrimiento y desesperación. Un sufrimiento, una enfermedad puede ser incurable; pero el paciente solo desespera en el momento en que ya no puede ver un sentido en el sufrimiento. La tarea de la cura de almas médica consiste en hacer emerger un sentido.

Es posiblemente que esto cueste esto mucho tiempo, y Jürgen Moltmann dijo en una ocasión: «En el consultorio se amontonan en la actualidad aparatos costosos de diagnóstico y de terapia que solo se pueden amortizar a través de un uso intensivo. Frente a esos aparatos la conversación con el paciente, por el que este despacho, a pesar de todo, se llama consultorio, se transforma en un negocio ruinoso que hace perder mucho tiempo» (15).

Sin embargo, no debe serlo. Un médico se dirige a mí; hace un año se le había muerto su mujer a la que amaba por encima de todo y no es capaz de superar esta pérdida. Le pregunto al paciente, que se encuentra tremendamente deprimido, si ha pensado lo que habría acontecido si él mismo hubiera muerto antes que su mujer. «Ni siquiera quiero imaginármelo», contesta, «mi mujer se habría desesperado». Ahora lo único que me hacía falta era hacerle ver: «Mire, esto se le ha ahorrado a su mujer y usted se lo ha ahorrado naturalmente al precio de que ahora es usted quien debe añorar su pérdida». En el mismo instante su sufrimiento había llegado a tener un sentido: el sentido de un sacrificio.

Evidentemente, de alguna forma se puede ser también médico sin preocuparse para nada de cosas de este tipo; pero entonces es cierto lo que en circunstancias análogas dijo Paul Dubois: que entonces uno se diferencia del veterinario solo en una cosa: en la clientela.

¿Psicologización o humanización de la medicina?

Resumen

La llamada medicina psicosomática ha pisado en medida desmesurada el terreno resbaladizo de hipótesis no sólidas. Sin embargo, hay que retener que incluso en las enfermedades infecciosas la situación de inmunidad depende de la situación del efecto y la situación del efecto depende en última instancia de la motivación, especialmente de la orientación de sentido. Precisamente esta circunstancia adquiere importancia en la medida en que el hombre de hoy padece, por regla general, un sentimiento de carencia de sentido. A pesar del bienestar material, surge hoy día una frustración existencial y lo que importa es ir a su encuentro también terapéuticamente. Esto, sin embargo, no es posible mientras sigamos psicologizando la medicina, pues la misma psicología es interpretada y practicada en gran medida de forma mecanicista. Más bien ambas —la medicina y la psicología— precisan de una rehumanización.

Bibliografía

(1) V.E. Frankl, *Theorie und Therapie der Neurosen,* Ernst Reinhardt, Múnich, 2007, trad. cast.: *Teoría y terapia de las neurosis,* Barcelona, Herder, 2016.

(2) H. Takashima, *Psychosomatic Medicine and Logotherapy,* Nueva York 1977.

(3) F. Mlczoch, *Zur Konzeption des Asthma bronchiale*: «Therapiewoche» 26 (1976) 7630.

(4) F. A Freyhan, *Is psychosomatic obsolete?*: «Comprehensive

Psychiatry» 17 (1976) 381.

(5) V.E. Frankl, *Das Leiden am sinnlosen Leben,* Herder, Friburgo, 2009.

(6) L. Skolnick, *Kinder sind hart im Nehmen*: «Psychologie heute» 5 (1978) 44.

(7) V.E. Frankl, *Die Psychotherapie in der Praxis. Eine kasuistische Einführung für Ärzte,* Piper, Múnich, 2002.

(8) V.E.Frankl, *...trotzdem ja zum Leben sagen,* Kösel-Verlag, Múnich, 2009; trad. cast.: *El hombre en busca de sentido,* Herder, Barcelona, 2014¡5.

(9) V.E. Frankl, *Der Wille zum Sinn,* Hans Huber, Berna-Stuttgart-Wien, 1997; trad. cast.: *La voluntad de sentido. Conferencias escogidas sobre logoterapia.* Herder, Barcelona, 2008.

(10) V.E. Frankl, «Psychologie und Psychiatrie des Konzentrationslagers», en: H.W. Gruhle, R. Jung, W. Mayer-Gross y M. Müller (dirs.), *Psychiatrie der Gegenwart,* vol. 3, Berlín 1961.

(11) V.E. Frankl, *Ärztliche Seelsorge. Grundlagen der Logotherapie und Existenzanalyse,* Frankfurt, 1997.

(12) J.B. Fabry, *Das Ringen um Sinn,* Friburgo de Brisgovia, 1980.

(13) W. von Baeyer, «Gesundheitsfürsorge - Gesundheitspolitik» 7 (1958) 197.

(14) V.E. Frankl, *Der leidende Mensch. Anthropologische Grundlagen der Psychotherapie.* Hans Huber, Berna, 2005; trad. cast.: *El hombre doliente,* Herder, Barcelona, 2009.

(15) J. Moltmann, «Zeitschrift für Allgemeinmedizin».

(16) V.E. Frankl, *Die Sinnfrage in der Psychotherapie. Vorwort von Franz Kreuzer.* Piper 214, Múnich, 1988.

VIII

EL ENCUENTRO DE LA PSICOLOGÍA INDIVIDUAL
CON LA LOGOTERAPIA

Bien entenderán Uds. si este «encuentro de la psicología individual con la logoterapia» me vuelve un poco sentimental, dado que ya hace nada menos que 56 años que tuve que presentar una de las ponencias principales en el Tercer Congreso Internacional de Psicología Individual que tuvo lugar en Düsseldorf (1926) —entre el Congreso de Düsseldorf y este Congreso hay una distancia de 56 años y 12 Congresos.

Entretanto, surgió la logoterapia —también esta ya tiene tras de sí dos Congresos Internacionales—; también la psicología individual se ha ido desarrollando.

La bifurcación entre estos dos movimientos comenzó a más tardar en Düsseldorf, donde se presentó mi ponencia bajo el título *Die Neurose als Ausdruck und Mittel*. En su marco expresé mis dudas contra el carácter exclusivo de *arrangement* de los síntomas neuróticos, un objetivo que me parece actual tanto antes como ahora, visto que todavía hoy un psicólogo individual tan representativo como Michael Titze (*Lebensziel und Lebensstil*, Múnich, 1979, p. 194) cree poder decir que «los adlerianos entienden los síntomas neuróticos *siempre* como *arrangements*» (el subrayado no aparece en el original). Frente a esto yo opinaba que la neurosis muy bien puede ser también expresión «in-media-ta» y que en general se convierte en un medio para un fin —neurótico— solo en un segundo momento y se pone al servicio —de la neurosis—. Entre los clásicos de la psicología individual fue Erwin Wexberg quien, en su *Individualpsychologie. Eine systematische Darstellung*, citó de manera positiva mi opinión a este respecto. Permítanme mencionar en este contexto que también fue él con quien realicé el examen oficial en psicología individual, desgraciadamente ya no tengo en mi poder el diploma, puesto que durante la guerra cayó en manos de la Gestapo (así como una docena de historias clínicas escritas de puño y letra de Sigmund Freud y mi correspondencia con él).

Tal como se puede ver, cuando se habla del encuentro de la psicología individual con la logoterapia, en realidad se trata de un reencuentro. Pero de hecho el encuentro originario había tenido lugar mucho antes todavía. En los primeros años de la década de los veinte había visto a Alfred Adler en la Universidad popular de la Zirkusgasse y posteriormente le escuché también —como uno de sus oyentes— y yo mismo, más tarde, llegué a ser profesor allí —junto con Wexberg— y daba clase (como el primero que lo hacía en una Universidad popular de Viena) de psicohigiene.

Sin embargo, en los primeros años de la década de los veinte dominaba en la biblioteca de la mencionada Universidad popular un pronunciado clima de club. Lilli Perlberg, quien perdió la vida tan trágicamente en el campo de concentración de Theresienstadt (le he erigido un modesto monumento en mi libro sobre el campo de concentración [8]), dirigía la biblioteca y se rodeaba de un círculo de jóvenes intelectuales en el que también encontré por primera vez a Manès Sperber.

El «club» de los psicólogos individuales propiamente dicho en el que fui introducido más tarde, tenía su sede, sin embargo, en el famoso Café Silier, en que todas las noches Adler dictaba cátedra, en el verano con una porción del famoso helado de chocolate que él, antes de comerlo, removía durante tanto tiempo que se deshacía completamente, y de vez en cuando se nos permitía seguirle al local del club en el primer piso donde podíamos escuchar cómo tocaba el piano y cómo de vez en cuando incluso cantaba.

Todavía no me había librado del encantamiento del psicoanálisis. En 1924, a petición de Freud, un artículo mío fue publicado en su *Internationale Zeitschrift für Psychoanalyse* (4). Debe haber sido por este tiempo cuando me invitó a hablar sobre las modalidades de un ingreso eventual en la Sociedad Psicoanalítica con el entonces secretario de la Asociación, Ernst Federn. Esta conversación fue para mí una experiencia clave. En ese momento se me cayó la venda de los ojos. En cualquier caso se me pasaron las ganas hasta de solicitar la calidad de miembro.

Me volví tanto más curioso y abierto respecto a la psicología individual. Hugo Lukacs me invitó como asistente a sus despachos de asesoramiento educativo, uno de los cuales se encontraba en la Cámara de los Trabajadores. Después me presentó a Alfred Adler —en el Café Silier (dónde si no)—, y este aceptó sin titubear el manuscrito de mi artículo *Psychotherapie und Weltanschauung*, que luego apareció sorprendentemente pronto en su *Internationale Zeitschrift für Individualpsychologie* —¡solo un año después de mi publicación psicoanalítica! (5)—. Tengo que decir: un «incubador rápido»...

Expresándolo menos en al argot físico y más en el argot biológico se podría decir que en mí se ha confirmado la «ley fundamental biogenética» de Ernst Haeckel, según la cual la ontogénesis se puede entender como una repetición abreviada de la filogénesis. Realmente se refleja en la historia personal de mi vida el desarrollo histórico de la psicoterapia clásica.

Ahora bien, he partido del hecho de que yo —ya en medio de mi fase de desarrollo dentro de la psicología individual— había «expresado mis dudas» respecto a la teoría de las neurosis de Adler, que apuntaban a una limitación de su validez. Esto fue en 1926. En 1927 defendí, además, una ampliación del ideario de la psicología individual, y esto en un sentido referido a los principios o —permítaseme decir enseguida— en un sentido dimensional. Me parecía que hasta entonces la psicología individual no había resistido completamente a la tentación del psicologismo, o sea, a una forma de reduccionismo y el reduccionismo, en mi opinión, desemboca en un descuido de la estructura multidimensional de la existencia humana. Por el contrario, se desencadenan resultados de investigación científica que se contradicen entre sí, tan pronto como comprendemos que sus contradicciones se atribuyen a proyecciones, proyecciones de una dimensión superior a una dimensión inferior.

Atengámonos al ejemplo de los conceptos del psicoanálisis, por un lado, y de la psicología individual, por el otro, acerca del hombre y que son tan contradictorios entre sí y simbolicémoslos bajo la forma de figuras de un libro abierto,

El encuentro de la psicología individual con la logoterapia

Figura 1

entonces tenemos que ver en la página izquierda, digamos, con un cuadrado y en la página derecha, digamos, con un círculo. Como se sabe no existe una «cuadratura del círculo» y las dos figuras son, de alguna forma inconmensurables, se contradicen entre sí. Sin embargo, se contradicen solo mientras las consideremos dentro del plano horizontal (bidimensional) y mientras no entremos en el plano inmediatamente superior del espacio (tridimensional). Para este fin solo necesitamos levantar la página izquierda, ponerla de forma vertical e imaginarnos que por lo que se refiere a las figuras se trata, para cada una, de una proyección (bidimensional) de un cilindro (tridimensional) proyectado desde un espacio (tridimensional) en un plano (bidimensional), en una palabra, que se trata del plano horizontal y del plano vertical del cilindro.

Lo mismo acontece con las contradicciones entre los conceptos de hombre. Solo tenemos que trascenderlas a la dimensión inmediatamente superior y percibimos que las contradicciones no contradicen en modo alguno la homogeneidad del hombre, tan pronto como las consideramos como simples proyecciones, lo cual en ese mismo momento quiere decir que esta misma homogeneidad del hombre —¡y junto a ella también toda su humanidad!— solo puede aparecer precisamente en la dimensión inmediatamente superior, y esa dimensión es sencillamente la dimensión específicamente humana, la dimensión de los fenómenos específicamente humanos.

Por desgracia, no «hicieron caso» a mi reivindicación de incluir en las bases antropológicas de la psicología individual esta dimensión como una dimensión *sui generis,* siendo plenamente consciente de los métodos. Es más, cuando Rudolf Allers (en cuyo laboratorio de fisiología sensitiva trabajaba experimentalmente) y Oswald Schwarz (que había escrito el prólogo para un libro mío —que no llegó a publicarse—) en 1927 en el marco de unas charlas anunciaron su abandono de la Sociedad de los Psicólogos Individuales y cuando yo, invitado por Adler *expressis verbis,* tomé la palabra como primer participante en la discusión, para exponer también mis reservas y para resaltar expresamente que no veía ningún motivo para abandonar a mi vez la Asociación, no tuve la gracia de convencer a Adler. Más bien, fue él quien tomó las medidas oportunas para sugerirme repetidas veces el abandono y, como no hice caso a esta insinuación, fui excluido.

Adler debía tener sus razones para insistir en mi exclusión. Lo digo solo porque críticos bien intencionados de la logoterapia continuamente dicen que a lo más es psicología individual y me preguntan para qué sirve entonces un nombre específico. Pues por lo que se refiere a la identidad o solo a la compatibilidad de las orientaciones fue seguramente Adler quien pronunció el juicio más competente. Yo mismo no me coloco de ningún modo al mismo nivel que Freud y Adler —la expresión «tercera orientación vienesa de la psicoterapia» no procede de mí sino de Wolfgang Soucek (17)—; yo he presentado siempre la logoterapia como un complemento de la psicoterapia y no como un sustituto y el neologismo lo he acuñado solo para no tener que hablar en primera persona y para poner obstáculos a que mis alumnos diesen culto a mi persona.

Para mí la exclusión fue un duro golpe; en el «homenaje» con motivo de la celebración del centenario del nacimiento de Adler solicitado por Heinz Ansbacher para su «International Journal of Individual Psychology» escribí todavía (11): «Quien lo conoció tuvo que amarlo como persona y quien trabajó con él tuvo que admirarlo como científico, pues la psicología individual significa un giro copernicano. Es más que esto: Adler es un precursor de la psiquiatría existencial». Por consiguiente, nunca renegué del cordón umbilical que, antes como ahora, me une a la psicología individual.

Incluso permití que se publicara por cierto tiempo la revista de psicología individual *Der Mensch im Alltag* de la que había sido director durante un año y mi «amor» a Adler me fue compensado por amigos de su círculo que me siguieron siendo «fieles», especialmente Alexandra Adler y Alexander Neuer. Y de este mismo círculo se declararon dispuestos a colaborar en los centros de asesoramiento a la juventud, que me había decidido a fundar posteriormente, Lukacs, Wexberg, Rudolf Dreikurs, Ida Löwy y Hilde Krampflitschek así como otros que no procedían del círculo de la psicología individual: el conocido freudiano August Aichhorn y Charlotte Bühler.

Después de estos preliminares más bien autobiográficos quisiera también dar la palabra a la crítica meritoria de la psicología individual, no sin antes repetir la primera frase de mi primer libro *Ärztliche Seelsorge* (7) que escribí en 1941 y publiqué en 1946, a saber, que no podemos hablar de psicoterapia sin partir de Freud y de Adler. Y también en el primer párrafo reivindico para mí —repitiendo en un símil de Wilhelm Stekel— que incluso un enano que está en los hombros de un gigante puede ver un poco más lejos... Y luego paso a probar que el psicoanálisis y la psicología individual no solo se complementan mutuamente: la psicología individual significa un progreso. Y, sin embargo, en su comprensión del hombre, ella todavía no incluye (o por lo menos no de forma clara) lo específico humano como tal, como algo específico, como una dimensión *sui generis*.

La logoterapia considera, sin embargo, como lo *humanissimum*, si puedo hablar así, la autotrascendencia radical y en especial su aspecto teórico motivacional, es decir, la orientación fundamental del hombre hacia el sentido. De esta se ocupa la logoterapia como una psicoterapia centrada *ex definitione* en el sentido, por no decir *ex nomine*. Este su objetivo, «en tiempos como estos» puede ser tanto más actual en la medida en que reina en las condiciones sociales actuales un «vacío existencial», como lo llamamos los logoterapeutas, un vacío de sentido que solo lo podemos atacar con la ayuda de una teoría del sentido, como la que existe bajo la forma de la logoteoría (10) que hemos desarrollado. Se entiende por sí mismo que el vacío existencial no en todos los casos es patógeno, no cualquier neurosis es en este sentido «noógena», como nosotros la llamamos. Ni que decir tiene que no cualquier suicidio se debe atribuir a un sentimiento de carencia de sentido. Sin embargo, por muy poco que este se haya realizado a partir de un sentimiento de carencia de sentido, la tendencia a él muy bien se habría podido superar posiblemente si el suicida en cuestión hubiera considerado como significativa la continuación de la vida.

El sentimiento de carencia de sentido por nosotros descrito hoy día toma la delantera, por lo que se refiere a su carácter patógeno, al sentimiento de inferioridad. Hay diez tests logoterapéuticos (9) con los que esto se puede probar de forma estrictamente empírica. Sin embargo, en última instancia resulta que —absolutamente contrario al sentimiento de carencia de sentido— incluso es propio de la vida un carácter incondicional de sentido, literalmente en todas las condiciones y en todas las circunstancias. Esta tesis logoterapéutica es el resultado de un análisis fenomenológico de la «autocomprensión ontológica prerreflexiva» (10), como dice la logoterapia y también la apoyan y corroboran ampliamente no menos de veinte investigaciones estadísticas, miles de personas con las que se ha experimentado y cientos de miles de datos computerizados.

En la logoterapia entendemos, en general, por sentido el sentido concreto que una persona concreta —en virtud de su «voluntad de sentido»— es capaz de deducir de una situación concreta. Una capacidad, gracias a la que está capacitado para percibir, en el trasfondo de la realidad, una posibilidad de cambiar esta misma realidad o, por el contrario, si esto fuese realmente imposible, de cambiarse a sí mismo en la medida en que nosotros también podemos madurar, crecer, superarnos a nosotros mismos por un estado de sufrimiento cuya causa no se puede anular ni eliminar, de forma que la vida guarda su potencial carácter de sentido incluso *in extremis* e *in ultimis*.

    Ahora preguntarán Uds.: ¿no es que también la psicología individual habla sin cesar de la meta de la vida y en qué consiste, pues, la diferencia entre meta de la vida y sentido de la vida? Con otras palabras: ¿en qué consiste la diferencia entre la finalidad de la que la psicología individual habla tanto, o sea, la aspiración a un fin, por un lado y la orientación de sentido como supone la logoterapia, por otro? Yo se lo puedo decir: la aspiración a un fin apunta a una meta intrapsíquica, mientras que el sentido trasciende al hombre. Con la autotrascendencia de la existencia humana se quiere expresar precisamente que ser hombre significa referirse a algo que no es de nuevo él mismo, a algo o a alguien, a una cosa a la que servimos o a una persona a la que amamos. De una u otra forma: ser hombre va más allá de sí mismo. Frente a esto, a Adler le resulta «claro que ser hombre significa poseer un sentimiento de inferioridad que continuamente impulsa a una superación» (1, p. 55), y a Robert F. Antoch le resulta igualmente claro que «el comportamiento humano sirve para el mantenimiento firme del sentimiento de la autoestima de la persona que actúa» (2, p. 202); pero con la mejor voluntad, en la superación de mi propio sentimiento de inferioridad y en el mantenimiento firme de mi propio sentimiento de autoestima no puedo ver nada que sea capaz de dar un sentido a mi vida que me supere a mí mismo.

    En su prólogo al libro de Adler *Der Sinn des Lebens*, Wolfgang Metzger señala también que esta deficiencia de la psicología individual por lo que se refiere a la autotrascendencia de la existencia humana es también percibida por Fritz Künkel, así como también por el mismo Adler y fue también superada en su origen, ya en 1928. Concretamente se habla allí de «objetividad», a saber, en el sentido de «autoolvido». De hecho, suelo ejemplificar la autotrascendencia con el ojo cuya capacidad de ver tiene como presupuesto el hecho de que no se puede ver a sí mismo sino que se ve forzado a prescindir de sí mismo, de la misma forma el hombre es hombre completo y es él mismo totalmente, en la medida en que él —entregándose a una tarea o un congénere— pasa y se olvida de sí mismo. Frente a esto, todas las habladurías psicológico-pseudohumanistas de la autorrealización conducen a una rotunda mistificación: la autorrealización no se puede intentar por un camino directo sino que se produce siempre solo como un efecto secundario no intencionado de la autotrascendencia y les puedo confesar que Abraham Maslow (15) en sus últimas publicaciones ha confirmado esta afirmación mía: «Mi experiencia está de acuerdo con la de Frankl en que cuando se busca directamente la autoactualización... de hecho no se consigue... Estoy plenamente de acuerdo con Frankl en que lo que primariamente concierne al hombre es su voluntad de sentido» («Journal of Humanistic Psychology» 107-112 [1966]).

Ahora bien, como hemos dicho, no todas las neurosis son noógenas. En sí la neurosis es más bien psicógena y existen, como yo mismo pude probar, incluso neurosis somatógenas; sin embargo, en el marco de la logoterapia se han desarrollado métodos de tratamiento para la neurosis no noógenas, a saber, la técnica de la derreflexión y la de la intención paradójica. Esta última ya la he practicado en 1929 —o sea, incluso antes de la *negative practice* de K. Dunlap— y, después en 1939 (6), la publiqué por primera vez, pero solo en 1947 la publiqué *suo nomine* (9). En grandes líneas naturalmente ya hubo antes cosas de este tipo; pero he hecho justicia a todos los precursores, citándolos (9, p. 155s), en la medida en que iba teniendo noticia de ellos: Hans von Hattingberg, Dreikurs y Wexberg. Solo que Uds. no deben olvidar una cosa: si Uds. sacan una foto de la Karlskirche y luego se la muestran a un colega y este saca del bolsillo otra foto de la Karlskirche, no sospechará que le haya robado la película, sino que es de suponer que los dos han sacado fotos de la misma iglesia. De esta forma muchos investigadores, absolutamente independientes unos de otros, han descubierto métodos de tratamiento que se parecen entre sí. Por lo que ahora se refiere en especial a la intención paradójica, la logoterapia reivindica de todas formas solamente el haber transformado esta técnica en un método y además el haberla integrado en un sistema. El principio en el que se basa es un *coping mechanism*, que como tal está a la disposición de cualquier persona. Como pudieron probar I. Hand, Y. Lamontagne y I.M. Marks (13) sus mismos pacientes a veces llegan a descubrir el truco e «inventan de nuevo la intención paradójica». ¿Dónde llegaríamos, en suma, si en la búsqueda de prioridades quisiéramos aventurarnos en un *regressus in infinitum*? Entonces, tampoco deberíamos a la psicología individual el concepto de carácter de *arrangement* de la neurosis; tres milenios antes de esta dice en la Biblia (Proverbios 22,13): «El perezoso dice: un león está en el camino y en medio de las calles

El encuentro de la psicología individual con la logoterapia

podría ser asesinado». Como ven, ya en los tiempos bíblicos se comprendían las agorafobias como álibis.

Mientras tanto, la eficacia de la intención paradójica ha sido confirmada desde hace mucho tiempo por la teoría del aprendizaje y por la terapia conductista y además L. Solyom y otros autores (16) y L.M. Ascher y otros autores (3) han podido someter a prueba esta eficiencia incluso de forma experimental —este último también con ayuda de experimentos controlados.

Solo que les invito a tener en cuenta una cosa. Si antes se hablaba de «métodos parecidos entre sí», es importante asegurarse en cada caso de lo que se pretende decir cuando se habla de intención paradójica. Cuando Paul Watzlawick, muy estimado por mí, pronunció una conferencia en Viena habló al principio de que él, cuando llega desde Palo Alto a Viena, a la ciudad de nacimiento de la intención paradójica, propiamente lleva leña al monte. En realidad, llevó, si así puedo decir, carbón a Viena —aludo a la expresión inglesa equivalente que dice: *to carry coal to Newcastle*—. ¿Qué quiero decir con esto? El principio del *double bind* tiene solo que ver externa y superficialmente con lo que está a la base de la intención paradójica. En cambio, el *double bind* es prácticamente lo mismo que *symptom prescription*. Ambos animan al paciente a reforzar el síntoma, es decir, a tener todavía más miedo. En el marco de la intención paradójica, en cambio, no se «intenta paradójicamente» el mismo miedo sino el respectivo contenido y objeto del miedo, pues el mandato de la intención paradójica apunta *lege artis* a que el paciente se desee o proponga lo que hasta el momento había temido tanto. En una palabra, no se «intenta paradójicamente» el miedo sino el de qué del miedo, y sobre todo es el mismo paciente quien lo hace con lo que ya se reduce el *odium* de la manipulación[1] que es inherente a los demás métodos paradójicos que han pretendido, por así decir, escupir en la sopa a la neurosis del paciente, comprando al paciente el síntoma, por no decir, echándoselo a perder.

Me gustaría explicarles la diferencia entre la intención paradójica y el refuerzo del síntoma utilizando un ejemplo concreto que se encuentra en el «International Forum for Logotherapy». Mi alumno coreano, el profesor Byung-Hak Ko (14) describe allí un caso en el que a un paciente que sufría de miedo a la muerte no le recomendó tener más miedo, sino que formuló sus consejos de la manera siguiente: «Intente usted estar más perplejo, tener palpitaciones más frecuentes y estar más sofocado. Intente morir a la vista de todos. Juntos inventábamos las frases que el paciente tenía que decirse a sí mismo para intentar paradójicamente sonrojar, sudar, sofocarse, morir. Al cabo de poco tiempo vino

[1]. Se podría objetar que incluso la intención paradójica procede de forma manipuladora, a saber, en la medida en que —¡aún por encima de forma confesada!— trabaja con un «truco». Esta objeción, sin embargo, no es convincente, pues en el caso de la intención paradójica el terapeuta no emplea el «truco» en contra del paciente, sino que el mismo paciente lo emplea en contra de la neurosis. Y el hecho de que, como recomiendo continuamente, se le haga comprensible al paciente el «mecanismo» del funcionamiento que está a la base de esta «técnica», contribuye a humanizar la intención paradójica —y a optimizar su eficiencia terapéutica, como pudo probar experimentalmente Ascher. Dicho con otras palabras, en el marco de la intención paradójica se «juega con las cartas descubiertas» y de este modo se elimina desde el principio el carácter manipulador, propio de diversas «estrategias» análogas. Especialmente, en oposición al método de tratamiento llamado «intervención paradójica», no es el terapeuta quien «interviene», sino que es el mismo paciente quien «intenta».

El encuentro de la psicología individual con la logoterapia

alegremente a verme a mi despacho para informarme del éxito». O sea que el paciente tenía que «intentar paradójicamente» todo el abanico de sus temores, desde palpitaciones hasta la muerte por asfixia; sin embargo, no se puede hablar de que él debía reforzar el mismo miedo a la muerte.

Comparen Uds. ahora el procedimiento del profesor Ko con una intervención que el profesor Leo E. Missine de la Universidad de Nebraska recomienda (no para una neurosis de angustia, sino) para una neurosis obsesiva: «Por ejemplo, a una persona que tiene la obsesión de lavar sus manos diez veces al día, se la invita a lavarlas treinta veces al día». (Manuscrito no publicado) ¡La clásica *symptom prescription*! Cómo se habría utilizado la intención paradójica en un caso parecido, lo pueden Uds. leer en mi libro *Die Psychotherapie in der Praxis*, en el «caso 19»: Elfriede G. había intentado quitarse la vida dos veces: tan torturadora era su neurosis obsesiva. Y por lo que se refiere en especial a su obsesión por lavarse «la paciente tenía que lavarse las manos cientos de veces al día». El primer día de su estancia se le «anima para variar un poco a no temer a las bacterias, sino por el contrario a desear contagiarse: hoy no hay bacterias suficientes que pueda coger, tenía que pensar; me quiero ensuciar tanto como sea posible; me parece que no hay ninguna cosa más simpática que las bacterias». A continuación se dirige a sus compañeras pacientes —había ingresado en mi Sección del Hospital— preguntándoles si no había nadie que le pudiese suministrar bacterias. «Quiero estar en contacto con ellas y conocerlas tanto como sea posible: nunca jamás me desharé de ellas lavándome: ¡dejaré vivir a los pobres bichitos!» A ninguno de nosotros médicos se nos hubiera pasado por la mente —en el sentido de Missine o para «reforzar» la obsesión de lavarse— aconsejar a la paciente no «lavarse las manos cientos de veces al día», sino miles de veces...

Cuanto más distinguimos —por lo menos en casos de neurosis de angustia y obsesivas— entre la intención paradójica y *symptom prescription,* tanto más se puede sobrepujar eventualmente la eficiencia de nuestra técnica. No deja de ser interesante observar cómo, por ejemplo, Titze, en el caso de un paciente tratado por él, no puede registrar un éxito deslumbrante y sorprendente, instando al paciente a reforzar el síntoma —en el caso concreto (literalmente) de «tener el máximo miedo posible»—, sino solo cuando induce a que el paciente «se proponga» aquello de lo que el paciente había tenido miedo intencionándolo paradójicamente: «llegar a tener sensaciones de vértigo lo más fuertes posibles y a perder la conciencia» o, en otro caso, decirse a sí mismo: «Ojalá tenga un colapso y me quede inconsciente tirado en la calle»; solo entonces se consiguió éxito completo.

No resulta menos interesante leer otro pasaje de la autodescripción de otro paciente de Titze que este amablemente puso a mi disposición: «Si me digo que quiero tener miedo, me vencerá el sentimiento de miedo en ese mismo momento. (A saber, el paciente tenía miedo a vomitar en público.) Ahora me propongo devolver sobre la mesa y cuando estaba sentado a la mesa desaparecía el sentimiento de miedo y era capaz de comerme la ensalada de salchichas».

Elisabeth Lukas dice en su trilogía que en toda la historia de la psicoterapia no existe ningún sistema que sea tan poco dogmático como la logoterapia. Quizá haya aportado mi contribución a esto cuando pronuncié en el Primer Congreso

El encuentro de la psicología individual con la logoterapia

Mundial de Logoterapia (San Diego, 1980) la conferencia inaugural con el título *The Degurufication of Logotherapy* (12). ¿Cómo iba a ser posible que la logoterapia se petrificara dogmáticamente? ¿Es que yo mismo no me he apartado a menudo de esta o aquella convicción? ¿No he sido yo mismo acaso quien continuamente he vuelto a defender que la logoterapia es un sistema abierto? «Abierto en dos direcciones: hacia su propia evolución y hacia la colaboración con otras escuelas». La logoterapia no es un bazar oriental cuyo propietario aspira a colar con su facilidad de palabra una mercancía a sus clientes; la logoterapia más bien se debe comparar con un supermercado por el que vamos paseando para escoger, sin ser forzados, lo que podemos necesitar y no solo lo que podemos necesitar nosotros mismos sino lo que pueden necesitar también las personas encomendadas a nosotros.

El hecho de que también la psicología individual —¡la psicología individual moderna!— se haya vuelto poco dogmática, se lo expondrá el Sr. Titze en su comunicación. Así, pues, existe la esperanza de que el sentimiento de comunidad que desempeña un papel tan importante en la psicología individual adquiera una significación también entre las escuelas en una medida tal que el sentimiento de carencia de sentido que juega un papel tan importante en la logoterapia pueda ser superado por los psicólogos de la psicología individual y por los logoterapeutas en colaboración mutua. Muchas gracias.

Bibliografía

(1) A. Adler, *Der Sinn des Lebens*, Frankfurt del Meno, 1933; trad. cast.: *El sentido de la vida*, Miracle, Barcelona, 1973.
(2) R.F. Antoch, *Studien zur individualpsychologischen Theorie und Praxis*, Múnich, 1981.
(3) M.L. Ascher, R.M. Turner, *Controlled Comparison of Progressive Relaxation, Stimulus Control, and Paradoxical Intention Therapies*: «Journal of Consulting and Clinical Psychology» 47 (1979) 500.
(4) V.E. Frankl. *Zur mimischen Bejahung und Verneinung*: «Internationale Zeitschrift für Psychoanalyse» 10 (1924) 437.
(5) —, *Psychotherapie und Weltanschauung*: «Internationale Zeitschrift für Individualpsychologie» 3 (1925) 250.
(6) —, *Zur medikamentösen Unterstützung der Psychotherapie bei Neurosen*: «Schweizer Archiv für Psychiatrie» 43 (1939) 1.
(7) —, *Ärztliche Seelsorge. Grundlagen der Logotherapie und Existenzanalyse*. Frankfurt, 1997.
(8) —, *...trotzdem ja zum Leben sagen*, Kösel-Verlag, Múnich 2009; trad. cast..: *El hombre en busca de sentido*, Herder, Barcelona, 2015.
(9) —, *Die Psychotherapie in der Praxis. Eine kasuistische Einführung für Ärzte*, Piper, Múnich, 2002.
(10) —, *Die Sinnfrage in der Psychotherapie. Vorwort von Franz Kreuzer*. Serie Piper 214, Múnich, 1988.
(11) —, *Forerunner of Existential Psychiatry*: «Journal of Individual Psychology» 26 (1970) 12.
(12) —, «Logotherapy on Its Way to Degurufication», en: *Analecta Frankliana. The Proceedings of the First World Congress*

of *Logotherapy* (1980), ed. Sandra A. Wawrytko, Institute of Logotherapy Press, Berkeley, 1982.
(13) J. Hand, Y. Lamontagne, I.M. Marks, *Group Exposure in vivo for Agoraphobics*: «Brit. J. Psychiat.» 124 (1974) 588.
(14) Byung-Hak Ko, *Applications in Korea*: «The International Forum for Logotherapy» 4 (1981) 89.
(15) A.H. Maslow, «Comments on Dr. Frankl's Paper», en: *Readings in Humanistic Psychology,* ed. A. Sutick y M.A. Vieh, The Free Press, Nueva York, 1969.
(16) L. Solyom, J. Garza-Perez, B.L. Ledwidge, C. Solyom, *Paradoxical Intention in the Treatment of Obsessive Thoughts*: «Comprehensive Psychiatry» 13 (1972) 291.
(17) W. Soucek, *Die Existenzanalyse Frankls, die dritte Richtung der Wiener psychotherapeutischen Schule*: «Deutsche Medizinische Wochenschrift» 73 (1948) 594.

IX

HAMBRE DE PAN Y HAMBRE DE SENTIDO*

Conozco el hambre. Durante la primera guerra mundial he ido a casa de los campesinos mendigando pan y durante la segunda guerra mundial he vivido un cierto tiempo (en un campo de concentración) con 850 calorías al día y pesaba 40 kilos. No obstante, también en el período entre las dos guerras he conocido a personas hambrientas, a saber, en conexión con una acción «Jugend in Not» iniciada por la Cámara de Trabajadores de Viena en cuyo marco tuve el encargo de atender psicológicamente a jóvenes parados. Y hace ahora 50 años que publiqué un artículo sobre mis experiencias al respecto en *Sozialärztliche Rundschau*. Pude probar que la depresión de la gente joven se tenía que atribuir al hecho de que ellos se decían: estoy en paro, por tanto soy un inútil, por consiguiente, mi vida carece de sentido. ¡O sea que en el fondo era un sentimiento de carencia de sentido lo que había provocado la depresión! Y esto se pudo probar

---

* El ex canciller Dr. Bruno Kreisky y el profesor Dr. Viktor E. Frankl fueron invitados a hacer sus comunicaciones en el marco de una mesa redonda con el título «El hambre en el tercer mundo y la crisis de sentido en el primer mundo» en el paraninfo de la Universidad Técnica de Viena.

por el hecho de que en el momento en el que había conseguido hacer entrar a esta gente joven en alguna organización juvenil o en una biblioteca pública o en una Universidad popular, donde podían desempeñar una función gratuita, a título honorífico, que incluso personalmente les agradaba, en ese mismo momento la depresión había desaparecido, a pesar de que tanto ahora como antes el estómago seguía vacío y literalmente, por cierto, pues en aquel entonces un parado pasaba literalmente hambre; pero nunca olvidaré cómo más de uno de estos jóvenes parados me gritó: lo que queremos, lo que nos hace falta no es solo el dinero, gracias al que podamos vivir, sino en primer lugar algo por lo que podríamos vivir: ¡algo que dé un sentido a nuestra vida!

Por consiguiente, no existe solo un hambre de pan sino con toda seguridad también existe hambre de sentido. Y esto se tiene demasiado poco en cuenta también en el estado de bienestar de hoy día. Incluso en relación con el paro. La llamada red de seguridad social, quisiera decir, tiene las mallas demasiado grandes: la necesidad psíquica del parado, su sentimiento de carencia de sentido no es tenido en cuenta por ella.

Es interesante ver que ese sentimiento de carencia de sentido y la depresión que le acompaña en modo alguno se constata solo entre los parados, sino que se puede asimismo observar entre la población trabajadora. En este sentido el Director de un centro terapéutico conductista de Nueva York informó de que muchos de los pacientes que son tratados en él se quejan de este sentimiento: «Tienen un buen trabajo, tienen éxito y, sin embargo, quieren suicidarse, porque encuentran que su vida carece de sentido».

El vacío interior

¿Se dan Uds. cuenta de lo que pasa allí? La depresión no solo depende de que uno esté en paro o no, sino más bien de que uno considere su vida como carente de sentido o no. En una palabra, no solo existen estómagos vacíos sino también existe un vacío interior, y este existe tanto sin trabajo como con trabajo, por consiguiente, existe a pesar del trabajo, es más, a veces incluso existe a través del trabajo. Pues se trata de aquel vacío existencial que he investigado y descrito ya hace décadas y que entretanto ha crecido hasta convertirse en una neurosis de masas a nivel mundial —lo que también se pudo probar científicamente con la ayuda de tests y estadísticas de investigadores de todo el mundo.

Es que, al fin y al cabo, la sociedad industrial aspira a satisfacer todas las necesidades del hombre, es más, como sociedad de consumo, hasta produce algunas necesidades para luego poderlas satisfacer; solo una necesidad queda sin ser satisfecha, a saber, la necesidad más humana de todas las necesidades humanas, es decir, aquella necesidad del hombre que yo llamo su «voluntad de sentido»: esta en medida muy amplia permanece frustrada.

¿Y cómo se exterioriza concretamente este sentimiento omnipresente de carencia de sentido o sentimiento de vacío? En el aburrimiento y en la indiferencia; podemos definir el aburrimiento como una falta de intereses y la indiferencia como una falta de iniciativa: en muchos casos al hombre de hoy le falta un verdadero interés por el mundo y ni hablar de que tome la iniciativa de cambiar algo en el mundo. Piensen solo en el hecho de que —por lo que se refiere a los intereses— el austríaco por término medio «consume» medio libro por año y por lo que se refiere a la iniciativa solo tengo que recordar el llamado desencanto político que desgraciadamente se extiende tanto.

Lo que les falta a los hombres es precisamente el compromiso, el empeñarse en algo que es digno de tal compromiso, la entrega a una tarea por la que se pueden decidir libremente. De esta forma se llega a que —según una encuesta de IFG— el 29 por ciento de los austríacos encuentran demasiado poco sentido en la vida; y según una estadística de la Cáritas alemana entre los jóvenes se llega incluso al 42 por ciento.

Falta de modelos

A esta falta de sentido en la vida se añade aún otra cosa: la falta de modelos que de hecho nos muestren con su vida el ejemplo de la entrega a una tarea. A este respecto también se dispone de datos estadísticos: el Instituto IMAS ha puesto de manifiesto a quiénes tienen más respeto los austríacos y estos no fueron los grandes investigadores ni los políticos importantes, no eran ni los artistas célebres ni los deportistas conocidos; sino personas «que superan situaciones difíciles» y —¡situándose a la cabeza!— «¡personas que con grandes sacrificios personales intervienen en favor de otros y que ayudan a otros!» Estos constituían el 47 por ciento.

¿Y qué pasa con la juventud, que tan a menudo y con tanto gusto se critica? ¡Entre los jóvenes, según los resultados del Instituto Fessel, no son el 47 por ciento, sino el 83 por ciento los que expresaban el deseo de ayudar a otras personas! Quien ante tales porcentajes no se vuelve optimista, no tiene remedio...

Lo más curioso es que todo el sentimiento de carencia de sentido no es nada más que un gran anacronismo: solo necesitaríamos ampliar un poco nuestro horizonte y nos daríamos cuenta de lo relativamente bien que estamos: relativamente en comparación con otros países, que o bien no son libres políticamente o bien sufren miseria como los países del tercer mundo o bien ambas cosas a la vez... En cualquier caso, para todos aquellos que todavía son capaces de entusiasmarse por algo habría bastantes cosas que hacer, bastantes tareas les están esperando todavía. Por consiguiente, habría bastante sentido.

¡La orientación de sentido, vista desde la perspectiva psicológica, no solo es importante para vivir sino también para sobrevivir! Si Uds. conociesen como yo la literatura científica internacional sobre los prisioneros de guerra y si Uds. hubiesen tenido como yo ocasión de conocer a personas que tras de sí tienen hasta siete años como prisioneros de guerra, entonces también Uds. sabrían lo decisivo que era para la sobrevivencia la orientación hacia el futuro.

Suicidio crónico

Y ahora piensen Uds. en el peligro que, desde la perspectiva psicológica, puede representar el hecho de que nuestra joven generación se entiende y se denomina como *no future generation*, es decir, una generación sin sentido y sin futuro. Pues en este su vacío existencial amenaza con proliferar aquella tríada neurótica de masas que se compone de depresión, adicción y agresión, lo que significa prácticamente: suicidio[1] en el sentido estricto de la palabra, suicidio crónico en el sentido de la drogodependencia[2] y sobre todo violencia incluso contra otros. Sin embargo, experiencias durante décadas

---

1. Habitualmente solo se pregunta por el motivo que uno ha tenido para intentar suicidarse. Lo que, sin embargo, debería tener interés es menos el motivo que induce a alguien a un intento de suicidio que el motivo que retiene a alguien de un intento de suicidio. En una palabra, se trata de los recursos que se pueden movilizar para superar no solo situaciones límite como la de prisioneros de guerra, sino también depresiones agudas acompañadas de impulsos al suicidio. Y por esta misma razón importa menos medir, con la ayuda del tests, la intensidad de los impulsos al suicidio que constatar hasta qué punto el paciente en cuestión es capaz de resistir a los impulsos suicidas al tener en cuenta el sentido de la vida, el sentido de sobrevivir. Una indicación correspondiente a una conversación reveladora la encuentra el lector en mi libro *Ärztliche Seelsorge*, p. 43.
2. La simple expresión drogo-«dependencia» puede inducir a error en la medida en que eclipsa la libertad que posibilita al hombre decidirse en favor o en contra de tomar drogas por primera vez, cediendo —curiosas como son las personas jóvenes— o precisamente resistiendo a la atracción de la *peer pressure*. Si no se anima a la resistencia y una vez que ha llegado tan lejos que es adicto a las drogas, entonces ya no es tampoco libre y a la drogodependencia se le debe atribuir el carácter de enfermedad. Por esta razón, se debe tratar mucho más de una profilaxis —y no solo de una terapia— lo que significa que tenemos que guardarnos de hablar de antemano en este contexto de «enfermedad» y de sus «víctimas». Más bien deberíamos preocuparnos de no proporcionar tales álibis a los que todavía están sanos, sino de ayudarles a que lleguen a la conciencia plena de su libertad y de hacerles sentir la plena responsabilidad para su destino futuro.

En una ocasión tuve que confrontar a un paciente que estaba a punto de entrar en el mundo de las drogas con la alternativa «libertad o dependencia». Después de clarificar la situación le dije: «Dentro de 10 años se dirá a sí mismo: "Qué inteligente fui hace 10 años cuando estaba sentado delante del médico y me decidí a dejar de lado las drogas" —o usted se tendrá que decir a sí mismo: "Qué imbécil fui hace 10 años al no hacer caso de las palabras del médico y me entregué al mundo de las drogas". Hoy —¡todavía!— puede decidir lo que quiere ser en su vida, lo que quiere ser usted mismo: el inteligente o el imbécil». Hace mucho que ha pasado el plazo de 10 años y tanto antes como ahora el paciente no se tiene que llamar «imbécil».

Hambre de pan y hambre de sentido

hablan en favor de que incluso personas jóvenes de este tipo «se pueden recuperar», es más, son agradecidas cuando se les «exige», es decir, concretamente, cuando se les enfrenta a una tarea que les va como anillo al dedo. ¿O es que no conocen Uds. la historia de las estatuas del Parque Frogner de Oslo? *Time Magazine* ha informado sobre ellas. Jóvenes vándalos las habían mutilado, las querían destruir de la misma forma como habían cortado el tapizado de cuero de los tranvías. La policía los detuvo y les hizo organizar brigadas voluntarias que patrullaban por el Parque durante las noches y por el día iban en los tranvías, y consiguieron a través de buenas palabras y de la fuerza de convicción que otros vándalos se abstuvieran de cometer los mismos errores.

De esta forma habríamos llegado al punto crucial de mis explicaciones: ¿hasta qué punto podríamos extrapolar? Si la entrega voluntaria a una tarea común es capaz de superar la agresividad y la violencia, ¿no sería válido en una escala más amplia, es decir, no solo de las personas aisladas y de los grupos de personas, sino también de la humanidad en su conjunto? Personalmente veo en esto la importancia propiamente dicha de objetivos y esfuerzos globales como son —por escoger solo unos pocos— la protección del medio ambiente, el movimiento de la paz y la ayuda a los países en desarrollo. Por lo que atañe a esto último, se está perfilando una solución ideal, para volver no solo a mi tema sino también al título de nuestra discusión: a saber, en la medida en que el primer mundo ve su tarea en la lucha contra el hambre del tercer mundo se ayuda a sí mismo a superar su propia crisis de sentido: nosotros les damos pan, ellos en cambio nos dan sentido: no es un mal trueque.

X

EL HOMBRE EN BUSCA DEL SENTIDO ÚLTIMO*

¡Señoras y señores!
Si un conferenciante procede de Viena, sin duda esperan ustedes que tenga un fuerte acento vienes. ¡Y yo efectivamente lo tengo! Y si, además, se trata de un psiquiatra, ustedes esperarán también que el interesado abra su conferencia con una referencia a Sigmund Freud. ¿Por qué no?
Freud nos ha enseñado a todos nosotros a ver en el hombre un ser básicamente interesado en la búsqueda de placer. En último término, fue él quien introdujo el «principio de placer», y la coexistencia del principio de realidad de ninguna manera contradice su hipótesis de la búsqueda de placer como motivación humana primaria; y es que, como él mismo afirmó en repetidas ocasiones, el principio de realidad no es otra cosa que una extensión del principio de placer y siempre al servicio del principio de placer, cuyo objetivo sigue siendo: placer «y nada más que placer».
Pero, no debemos pasar por alto y olvidar que el principio de placer mismo está —también de acuerdo con Freud— al

* Premio Oskar Pfister, conferencia de 1985, pronunciada en el Congreso anual de la Asociación psiquiátrica norteamericana, en Dallas (Texas, EE.UU).

servicio de otro principio más amplio, a saber, del principio de homeóstasis (Cannon 1932), cuya meta es la reducción de la tensión con la vista puesta en el mantenimiento o la recuperación del equilibrio interno.

Sin embargo, lo que realmente se echa de menos en el marco de la imagen freudiana del hombre es aquella característica fundamental de la realidad humana que yo denominaría su dimensión «autotrascendente». Con este término quiero señalar el hecho intrínseco de que el ser humano siempre está relacionado con y señala a algo distinto de sí mismo o, para decirlo más exactamente, a algo o *alguien*. Es decir, más bien que aparecer preocupado por alguna circunstancia interna, sea esta el placer o la homeóstasis, el hombre se orienta siempre hacia el mundo externo y, dentro de este mundo, se interesa por colmar el sentido de las cosas y por otros seres humanos. En virtud de lo que yo llamaría autocomprensión ontológica prerreflexiva, el hombre sabe que se está autorrealizando justamente en la medida en que se olvida de sí mismo, y se olvida de sí mismo al darse a sí mismo, ya sea sirviendo a una causa noble o amando a otra persona distinta de sí mismo. Verdaderamente, la autotrascendencia es la esencia de la existencia humana.

Parecería que tampoco la segunda de las dos escuelas clásicas de psicoterapia de Viena, la psicología adleriana, tenga suficientemente en cuenta la autotrascendencia. Adler ve en el hombre sobre todo un ser que lucha por superar una cierta condición interna, a saber, su sentimiento de inferioridad, del que trata de desembarazarse desarrollando la búsqueda competitiva de superioridad, un concepto que en gran parte coincide con la «voluntad de poder» de Nietzsche.

En la medida en que una teoría de la motivación gira en torno a la «voluntad de placer», como podríamos rebautizar el principio freudiano de placer, o en torno a la búsqueda compensatoria adleriana de superioridad demuestra ser un ejemplo típico de la llamada «psicología de lo profundo». A ella habría que oponer una «psicología de altura» (Frankl, 1938) que tome en consideración las llamadas «aspiraciones superiores» de la psique humana: no solo la búsqueda de placer y poder por parte del hombre sino también su voluntad de sentido. Fue precisamente Oskar Pfister (1904) quien recomendó moverse en esta dirección cuando, ya en 1904, señaló que «es más importante» (en comparación concretamente con la psicología de lo profundo) «el reconocimiento de esa cima superior espiritual de nuestra naturaleza que es tan poderosa como su profundidad instintiva».

Para ser exactos, más que sustituir a la «psicología profunda» (literalmente: «de lo profundo», «de la profundidad»), la psicología superior aquí auspiciada pretende complementarla (con matices sin duda necesarios); de hecho, esta psicología más completa concentra su atención en los fenómenos específicamente humanos, como son el deseo del hombre de encontrar un sentido para su vida y hacerlo realidad o aquellas situaciones de la vida de los individuos que le obligan al hombre a enfrentarse consigo mismo. Personalmente he delimitado esta necesidad humana por excelencia por medio del término teórico-motivacional «voluntad de sentido» (Frankl, 1949).

Hoy día, esta voluntad de sentido del hombre se ve frustrada a escala mundial. Un número creciente de personas están obsesionadas por un sentimiento de ausencia de sentido —«insignificancia», absurdidad—, que a menudo va acompañado del sentimiento de vacío o, como yo mismo suelo decir, de un «vacío existencial» (Frankl, 1955). Dicho sentimiento se manifiesta principalmente por el aburrimiento y la apatía. Si el aburrimiento revela una falta de interés por el mundo, la apatía manifiesta ausencia de iniciativa para hacer algo en el mundo, para cambiar alguna cosa en el mundo.

No me detendré más en la fenomenología del vacío existencial. Pero, ¿qué hay que decir acerca de su epidemiología? Permitidme que me limite a citar, casi al azar, un pasaje que ustedes podrán encontrar en uno de los libros de Irvin D. Yalom (1980): «De cuarenta pacientes que solicitaron su ingreso en terapia en una clínica psiquiátrica para pacientes externos... doce (el 30 %) tenían problemas importantes relacionados con el sentido (significado), según los propios pacientes, los terapeutas y los evaluadores independientes». Por mi parte, no creo que todos y cada uno de los casos de neurosis —y mucho menos las psicosis— deban retrotraerse a un sentimiento de carencia de sentido vital, como tampoco soy del parecer de que dicho sentimiento de carencia de sentido desemboque necesariamente en enfermedad mental. En otras palabras, ni todas y cada una de las neurosis son «noógeno» (Frankl, 1951) —es decir, se derivan de un vacío existencial—, ni, a la inversa, dicho vacío existencial es en todos y cada uno de los casos patógeno. Y menos aún se debe ver en dicho vacío algo patológico. Por mi parte, considero que es más bien una prerrogativa y un privilegio del hombre no solo buscar sentido a su vida sino incluso el hecho de preguntarse si existe tal sentido. Ningún otro animal se plantea esa cuestión, ni siquiera uno de los inteligentes gansos grises de Konrad Lorenz. Pero el hombre lo hace. En cierto sentido, el vacío existencial puede muy bien ser considerado una neurosis sociógena. Sin duda, nuestra sociedad industrializada está en condiciones de satisfacer todas las necesidades humanas, y su compañera, la sociedad de consumo, está incluso en condiciones de crear nuevas necesidades que satisfacer; pero la necesidad más humana —la necesidad de encontrar y hacer realidad un sentido en nuestras vidas— se ve frustrada por esta sociedad. Con el despertar de la industrialización, la urbanización tiende a desarraigar al hombre de sus tradiciones y a alienarlo de aquellos valores que se transmiten por tradición. Comprensiblemente, la generación joven es la que se ve más particularmente afectada por el sentimiento resultante de carencia de sentido, como podría demostrarlo hasta la saciedad la investigación empírica. Más específicamente, fenómenos como la adicción, la agresividad y la depresión se deben en último análisis a un sentido de futilidad. También aquí me limitaré a aducir una cita: de los adictos a las drogas estudiados por Stanley Krippner, «las cosas les parecían absurdas» a no menos del ciento por ciento.

Pero, después de esta ojeada a la patología del «espíritu del tiempo», ya es hora de que nos preguntemos a nosotros mismos: ¿qué se entiende por «sentido»? Esta palabra se usa aquí en un sentido absolutamente «a ras del suelo», en cuanto que se refiere a lo que una situación concreta significa para una persona concreta. Y por lo que al conocimiento de ese sentido se refiere, en mi opinión habría que situarlo a medio camino entre la percepción de la forma (*Gestalt*)

—por ejemplo, siguiendo las líneas de la teoría de Max Wertheimer— y la «experiencia ajá» tal como la concibe Karl Bühler. Kurt Lewin y Max Wertheimer hablaron respectivamente de «características de demanda» y «cualidades de demanda», las cuales son inherentes a una situación dada. De hecho, cada situación vital con la que tenemos que enfrentarnos nos plantea una demanda, nos plantea una cuestión, a la que nosotros tenemos que responder haciendo algo en relación con la situación indicada. De esta manera, la percepción del sentido difiere del concepto clásico de percepción de la forma (*Gestalt*), en la medida en que esta última se reduce a un hacerse repentinamente consciente de una «figura» sobre un «campo», mientras que la percepción del sentido, tal como yo la veo, podría definirse como un hacerse repentinamente consciente de una posibilidad sobre el telón de fondo de la realidad.

No será necesario insistir en el hecho de que no somos los psiquiatras quienes podemos decirle a un paciente el sentido que una situación concreta debería tener para él. Menos aún es posible decirle en dónde debería ver él el sentido de su vida como un todo. Nosotros podemos desde luego mostrarle perfectamente que la vida no deja nunca de ofrecernos un sentido hasta su último momento, hasta nuestro último aliento. En este sentido, tenemos una deuda de gratitud con la veintena larga de investigadores que han demostrado, con procedimientos puramente empíricos, que las personas son capaces de encontrar un sentido en su vida independientemente del sexo, la edad, el cociente intelectual, el trasfondo educativo, la estructura de carácter, el medio ambiente y —algo que es especialmente digno de ser señalado— del hecho mismo de ser creyente o no; y, naturalmente, en el caso de ser creyente, independientemente de la religión o confesión religiosa a la que se pertenezca. Me estoy refiriendo aquí a la obra de Brown, Casciani, Crumbaugh, Dansart, Durlak, Kratochvil, Lukas, Lunceford, Mason, Meier, Murphy, Planova, Popielski, Richmond, Roberts, Ruch, Sallee, Smith, Yarnell y Young (cf. Frankl, 1985*a*).

De aquí se sigue que la vida ha de tener un sentido bajo cualquier circunstancia, incluso en la peor que seamos capaces de concebir. Pero, ¿cómo explicaremos este resultado de la investigación que contradice tan claramente el sentimiento omnipresente de carencia de sentido? Pues bien, si indagamos cómo se comporta el hombre de la calle en su búsqueda del sentido, descubrimos que existen tres caminos principales que conducen a la realización del sentido: el primero consiste en llevar a cabo una acción o crear una obra; el segundo supone experimentar algo o encontrarse con alguien; en otras palabras, el sentido puede hallarse no solo en el trabajo sino también en el amor. Sin embargo, el camino más importante es el tercero: al tener que enfrentarnos a un destino que no está en nuestras manos cambiar, nos sentimos interpelados a sobreponernos a nosotros mismos y a crecer más allá de nosotros mismos, en una palabra, a cambiarnos a *nosotros mismos*. Y esto es igualmente aplicable a los tres componentes de la «tríada trágica» —dolor, culpa y muerte—, hasta el punto de que podemos convertir el sufrimiento en una realización y un logro humanos, deducir de la culpa la oportunidad de cambiar a mejor, y ver en la transitoriedad de la vida un incentivo para actuar de manera responsable (Frankl, 1984*a*).

En relación con el sufrimiento, permítanme citar del libro de un obispo alemán (Moser, 1978) el siguiente caso:

«Algunos años después de la segunda guerra mundial examinaba un médico a una mujer judía que llevaba una pulsera hecha de dientes de niño montados en oro. "Bonita pulsera", observó el médico. "Sí —respondió la mujer—. Este diente de aquí era de Miriam, este otro de Ester, este de Samuel..." La mujer mencionó el nombre de sus hijas e hijos por orden de edad. "Nueve hijos —añadió la mujer—, y todos ellos fueron conducidos a la cámara de gas." Impresionado, el médico le preguntó: "¿Cómo puede vivir usted con semejante pulsera?" A lo que respondió tranquilamente la mujer judía: "Actualmente cuido de un orfanato en Israel."»

Como ven ustedes, incluso del sufrimiento puede extraerse sentido, y esta es la razón última de que la vida, a pesar de los pesares, siempre permanezca portadora potencial de sentido. Pero, ¿quiere esto decir que el sufrimiento sea algo indispensable para encontrarle un sentido a la vida? De ninguna manera. Personalmente solo quiero poner de relieve el hecho de que el sentido es algo que se puede alcanzar a pesar de —más aún, mediante— el dolor, en el supuesto naturalmente de que nos enfrentemos a un dolor inevitable. Si el sufrimiento en cuestión fuera evitable, lo más razonable —es decir, lo que tiene más sentido— sería quitar su causa, ya sea esta psicológica, biológica o sociológica. Sufrir innecesariamente sería masoquismo más bien que gesto heroico.

Al proponerme discutir el significado del sentido me referí a él como a algo que está «a ras del suelo». Sin embargo, no podemos negar que existe también una especie de sentido elevado —«que toca el cielo», habría que decir—, una especie de sentido *último*, es decir, un sentido del conjunto, del «universo», o al menos el sentido de la propia *vida* como un todo; en cualquier caso, un sentido de largo alcance. No creo que sea tarea digna de un psiquiatra —o, por lo que a este tema se refiere, de cualquier otro científico— negar, partiendo de razonamientos a priori, la existencia efectiva de ese sentido de largo alcance. Por poner un ejemplo, considerad una película: consta de miles y miles de fotografías individuales, cada una de las cuales es algo en sí acabado y está dotada de un significado; con todo, el sentido de la película en conjunto no es posible percibirlo hasta que los espectadores no contemplan su secuencia final. Por otra parte, tampoco podemos comprender el conjunto de la película sin haber comprendido antes cada uno de sus componentes, cada una de las fotografías que la integran. ¿No sucede lo mismo con la vida? ¿No se revela el sentido final de la vida también, si es que lo hace alguna vez, únicamente en su momento final, al borde de la muerte? ¿Y no depende también el sentido final del hecho de que el sentido potencial de cada una de las situaciones individuales se haya hecho realidad o no de acuerdo con el mejor saber y creer del individuo respectivo?

Pero, una vez que comenzamos a abordar el tema de un sentido general, en seguida nos encontramos con una ley que yo formularía como sigue: *cuanto más comprensivo es el sentido, menos comprensible resulta.* Y si de lo que se trata es del *sentido último,* es evidente que este escapa a nuestra comprensión.

«Considerad a un pobre perro al que los investigadores están viviseccionando en el laboratorio —dijo William

James (1897) en un discurso a la Asociación cristiana de jóvenes de Harvard—. En todo este asunto, él no puede ver un solo rayo de esperanza; y, sin embargo, todos esos acontecimientos de apariencia diabólica están a menudo controlados por intenciones humanas con las cuales, si su pobre mente entenebrecida fuese capaz de vislumbrarlas por un momento, estaría de acuerdo religiosamente todo lo que en él es heroico. Echado de espaldas sobre la mesa, nuestro perro puede estar llevando a cabo una función incalculablemente más elevada de lo que cualquier vida canina próspera admitiría; y, sin embargo, de todo el acontecimiento, esta función es la parte que ha de permanecer absolutamente más allá de sus entendederas. Y ahora volvamos a la vida del hombre. Aunque nosotros solo vemos nuestro mundo —y, dentro de él, el mundo del perro—, sin embargo tal vez exista un mundo más amplio que, desapercibido por nosotros como nuestro mundo lo es por el perro, rodea a estos dos mundos».

En mi opinión, lo que aquí hace William James es una extrapolación. Pues bien, yo me honro de haber hecho algo parecido —sin haber tenido conocimiento del intento anterior de James— cuando en cierta ocasión me detuve en una habitación de mi departamento hospitalario donde un médico de mi equipo estaba dirigiendo un psicodrama. La madre de un muchacho muerto a la edad de once años había sido admitida a tratamiento después de un intento de suicidio. En ese momento estaba narrando su historia.

A la muerte de su hijo se quedó sola con otro hijo mayor, que estaba impedido como consecuencia de una parálisis infantil. El pobre muchacho no podía moverse si no era empujado en una silla de ruedas. Su madre se rebelaba contra el destino. Ahora bien, cuando ella intentó suicidarse con su hijo, fue precisamente el tullido quien le impidió hacerlo. ¡Él quería vivir! Para él, la vida seguía teniendo sentido. ¿Por qué no sucedía lo mismo con su madre? ¿Cómo podría tener la vida de esta todavía un sentido? ¿Y cómo podíamos ayudarla a que fuera consciente de ello? Improvisando, yo mismo participé en la discusión y, dirigiéndome a todo el grupo, les pregunté si un chimpancé al que se había utilizado para producir el suero de la poliomielitis, y que por tanto había sido inyectado una y otra vez, sería capaz de aprehender el sentido del sufrimiento. Al unísono, todo el grupo contestó que no, rotundamente; debido a su limitada inteligencia, el chimpancé no podía introducirse en el mundo del hombre, que es el único mundo en el que se comprendería ese sufrimiento. Entonces continué formulando la siguiente pregunta: «¿Y qué hay del hombre? ¿Están ustedes seguros de que el mundo humano es un punto terminal en la evolución del cosmos? ¿No es concebible que exista la posibilidad de otra dimensión, de un mundo más allá del mundo del hombre, un mundo en el que la pregunta sobre el sentido último del sufrimiento humano obtenga respuesta?» (Frankl, 1984*a*).

Yo simplemente aludí a «otra dimensión», indicando al mismo tiempo que esta no sería accesible a la razón o inteligencia humana. Por eso mismo, dicha dimensión escapará necesariamente a todo enfoque estrictamente científico. No es de extrañar que el sentido último desaparezca en el mundo tal como lo describe la ciencia. Sin embargo, ¿quiere esto decir que el mundo está *vacío* de sentido último? En mi opinión, esto solo demuestra que la ciencia es *ciega* para el sentido último. La ciencia deja en la sombra el sentido último. Sin embargo, esta situación de ninguna manera autoriza a un científico para negar que el sentido último posiblemente exista de hecho. Es del todo legítimo que el científico como tal restrinja su campo de interés a cierta «sección transversal» de la realidad previamente seleccionada por él, y muy bien puede suceder que dentro de la sección transversal así seleccionada no aparezca por ninguna parte el sentido. No obstante, el científico en cuestión deberá tener conciencia de que son concebibles otras secciones transversales distintas.

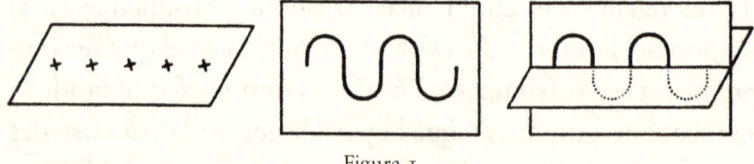

Figura 1

Considerad un plano horizontal dentro del cual están situados cinco puntos. Como muestra la figura adjunta, se trata de puntos aislados, desconectados entre sí, sin una conexión significativa entre ellos. Pues bien, estos puntos servirían como símbolos de acontecimientos que, al menos a primera vista, parecen ser «puro azar, simplemente azar», para decirlo con las palabras usadas por Jacques Monod cuando, en su libro *El azar y la necesidad*, habla de las mutaciones que explican nada más y nada menos que la evolución: él las concibe como acontecimientos aleatorios, es decir, acontecimientos desprovistos de todo sentido ulterior. Pero, ¿qué sucede si hacemos que un plano vertical corte ortogonalmente el plano horizontal? Repentinamente nos damos cuenta de que, de hecho, existe una conexión entre esos cinco puntos, aunque queda oculta en otra dimensión. Pues bien, ¿no es posible que también exista una conexión significativa entre lo que, a primera vista, no parecían ser otra cosa que acontecimientos aleatorios, al estilo de las mutaciones? Una vez que nuestra visión ha dejado de interesarse exclusivamente por el plano biológico y que nuestro horizonte se ha ampliado al incluir en esa visión la dimensión inmediatamente superior, no podemos por menos de reconocer que, también aquí, es concebible un sentido «superior» o «más profundo», aunque el mismo no aparezca destacado en la dimensión inferior, exactamente como sucedía en nuestra figura, en que las porciones «superiores» e «inferiores» de la curva no eran visibles en el plano horizontal.

Lo cierto es que no todo puede explicarse en términos significativos. Pero lo que ahora puede explicarse es al menos la razón de por qué esto es *necesariamente imposible*. O al menos es imposible desde un punto de vista puramente intelectual. Siempre queda un resto irracional. Pero lo que es «incognoscible» no tiene por qué ser necesariamente increíble. De hecho, donde el conocimiento cesa, la antorcha pasa a manos de la fe. Es verdad que no es posible decidir intelectualmente si cada cosa carece de un sentido último o si, por el contrario, detrás de todo se esconde dicho sentido. Ahora bien, si esta cuestión no admite una respuesta intelectual, tal vez estemos en condiciones de ofrecerle —y bien— una respuesta existencial. Donde fracasa el conocimiento intelectual hay que echar mano de una decisión existencial. Ante el hecho de que resulta igualmente concebible ver las cosas como absolutamente significativas y como absolutamente absurdas —en otras palabras, ambas balanzas se equilibran—, nos vemos obligados a lanzar el peso de nuestro propio ser en una de las balanzas. Y ahí precisamente veo yo la función que debe cumplir la fe. En contraste con lo que muchas personas admitirían con gusto, la fe no ha de identificarse bajo ningún concepto con una especie de *pensamiento desprovisto* de la realidad de lo que se piensa: creer es más bien una forma de pensamiento con una *realidad sobreañadida*, a saber, la *existencialidad* del sujeto pensante.

Ahora bien, ¿cómo proceden de hecho el hombre y la mujer normales ante lo «incognoscible»? Para responder a esta pregunta, permitidme que yo, a mi vez, os pregunte: ¿han estado ustedes alguna vez sobre un estrado? En ese caso recordarán que, deslumbrados por las candilejas y los reflectores, veían ante ustedes un «agujero negro» más bien que algo parecido a un auditorio. Y, no obstante, siguieron ustedes «creyendo» en la existencia y presencia del auditorio. ¿No es así? Pues bien, eso mismo sucede con una porción de la población humana de nuestro planeta, independientemente de que dicha porción sea grande o pequeña. Estos hombres y mujeres siguen también «creyendo»... Deslumbrados por las banalidades de la vida cotidiana, los creyentes llenan el «agujero negro» con símbolos. Como el actor o la actriz que no pueden ver al auditorio ante el cual representan el papel que les corresponde en el drama, de manera parecida algunos seres humanos desean descifrar, proyectar y ver en la nada que está frente a ellos un algo, o mejor dicho, a alguien. Para decirlo de manera desenfadada, los creyentes abrazan aquel principio nuclear del existencialismo que yo resumiría con gusto de la forma siguiente: nada es realmente nada. Es decir, el ser último —en paralelismo con el sentido último— o, para decirlo sin embajes, Dios no es una cosa entre otras, sino ser él mismo, o simplemente Ser (con mayúscula, como en Martin Heidegger). De aquí se sigue que no pueden ustedes limitarse a situar el ser último en el mismo plano de las cosas, a no ser que prefieran ustedes sucumbir a una falacia parecida a la que en cierta ocasión usó un niño cuando «le dijo a mi mujer que él sabía lo que iba a ser de mayor. Ella le preguntó qué iba a ser y él respondió: "Seré o bien un acróbata de trapecio en un circo o bien Dios." El niño en cuestión hablaba de ser Dios como si se tratase de una profesión como otra cualquiera» (Frankl, 1984*b*).

Particularmente en el contexto del ser último, la brecha —o mejor, en este caso, el abismo— entre, por una parte, lo que está llamado a servir de *símbolo* y, por otra, lo que debe ser *simbolizado* resulta dolorosa. Pero prescindir o renunciar a la simbolización, en razón de que un símbolo nunca puede identificarse con aquello que simboliza, es algo gratuito. Ved simplemente lo que sucede con un cuadro que muestra el cielo por encima de un paisaje: cualquier pintor de los considerados realistas tiende las más de las veces a inducir al espectador a que «vea» el cielo poniendo un par de nubes en su cuadro. Pero, ¿no son justamente las nubes algo *diferente* del cielo? ¿No es verdad que las nubes más bien nos ocultan el cielo, impidiéndonos verlo? Y, sin embargo, las nubes se utilizan como el símbolo mejor y más sencillo del cielo, ¿no es así?

Por regla general, también lo divino se simboliza por algo que no lo es: sus atributos son propiedades humanas, por no decir que incluso demasiado humanas. A Dios se le representa de forma más o menos antropomórfica. Y sin embargo eso no nos autoriza a descartar la religión únicamente en razón de sus ingredientes antropológicos. Un enfoque asintótico del enigma de la verdad última, basado en el plano simbólico más bien que en un razonamiento abstracto, puede incluso dar lugar a un resultado más creativo. Créase o no, fue Konrad Lorenz (1981) quien espontáneamente, en una entrevista reciente que le hizo en televisión Franz Kreuzer, afirmó: «Si compara usted la validez de la cosmovisión de la mujer de un granjero de los Alpes con la validez de la visión del mundo de B.F. Skinner, descubrirá que la mujer del granjero, que cree en la inmaculada concepción de la virgen María, en el Buen Dios y en todos los santos, está más cerca de la verdad que el behaviorista».

Por otra parte, siempre que nos embarcamos en un antropomorfismo acrítico, nos exponemos sin duda a toda una serie de trampas en las que podemos caer. Como ilustración de este punto voy a citaros la siguiente historieta:

> El maestro de una escuela dominical le contó a su clase en cierta ocasión la historia de un hombre pobre cuya mujer había muerto al dar a luz. El hombre no disponía de dinero para alquilar una nodriza de leche para su hijo, pero Dios hizo el milagro de que al padre le creciesen pechos con los que poder amamantar al recién nacido. Uno de los muchachos objetó que no había ninguna necesidad del milagro. ¿Por qué Dios no dispuso las cosas de forma que

el pobre encontrase un sobre con mil dólares para pagar a la nodriza? Pero el maestro replicó: «Muchacho, tu objeción es un poco tonta. Si Dios puede realizar un milagro, ciertamente no querrá malgastar el dinero». ¿Por qué nos hace reír esa historia? Porque una determinada categoría humana, a saber, la idea del ahorro, se ha aplicado a las motivaciones de Dios (Frankl, 1984*b*).

Después de discutir el tema de la necesidad de los símbolos, podemos definir la religión como un sistema de símbolos, es decir, símbolos de aquello que los seres humanos no están capacitados para captar en términos conceptuales. Pero, ¿no es acaso la necesidad de símbolos, la capacidad de crearlos y de servirse de ellos una característica fundamental del ser humano como tal? ¿No se reconoce en la capacidad de hablar y de comprender el habla un rasgo distintivo de humanidad? Bien, también es legítimo definir los lenguajes particulares desarrollados por el género humano como «sistemas de símbolos». Pero, al comparar la religión con el lenguaje, se debería tener muy presente también que nadie está autorizado a afirmar que el lenguaje particular que yo hablo es superior a cualquier otro. Después de todo, en todo lenguaje es posible llegar a la verdad —a la verdad única—, y en todo lenguaje es asimismo posible caer en el error uno mismo y mentir.

Sin embargo, nosotros tenemos que afrontar no solo el problema del pluralismo lingüístico sino también el del pluralismo religioso; este último está representado por el hecho de que, hablando en general, la religión aparece escindida en diversas confesiones. Y, una vez más, una confesión no puede pretender ser superior a las demás. En todo caso, ¿no es concebible que, más pronto o más tarde, se supere el pluralismo religioso dando paso al universalismo de una religión? No creo que eso suceda. En mi opinión, no es probable que una especie de esperanto religioso pueda servir alguna vez como sustitutivo de las confesiones individuales. Lo que en este momento constituye un espejismo no es una religión universal, sino más bien lo contrario: para sobrevivir, la religión tiene que hacerse algo profundamente personalizado, que a cada ser humano le permita hablar un lenguaje propio cuando se dirige al ser último.[1]

¿Quiere esto decir que las confesiones particulares o respectivamente las organizaciones e instituciones de dichas confesiones están llamadas a desaparecer? No necesariamente. Porque, por diferentes que puedan ser los estilos con que los seres humanos expresan su búsqueda de un sentido último o se dirigen ellos mismos a un ser último, hay y seguirá habiendo siempre símbolos que son comunes a las diversas comunidades. ¿No existen acaso lenguajes que, independientemente de sus diferencias, tienen en común el mismo alfabeto?

Admito que el concepto de religión en su más amplio sentido, tal como se propone aquí, supera con mucho las estrechas concepciones de Dios defendidas por algunos representantes de las religiones confesionales. Estos a menudo describen —por no decir denigran— a Dios como un ser que ante todo se preocupa de ver cómo crece lo más posible

---

[1]. Gordon W. Allport, en su famoso libro *The individual and his religion*, se refiere a una religión profundamente personalizada cuando habla de la religión hindú.

el número de sus fieles y siguiendo las líneas de un credo específico. «Creed —se nos dice— y todo estará en orden». Pero, ¡ay!, ese orden nos solo está basado en la deformación de un concepto sólido de la divinidad, sino que —y esto es más importante aún— está condenado al fracaso: evidentemente, existen determinadas actividades que simplemente no pueden mandarse, pedirse u ordenarse. No se le puede mandar a alguien que se ría. Si se quiere que alguien se ría, habrá que contarle un chiste. Y si se quiere que la gente tenga fe y crea en Dios, uno no puede contentarse con predicar siguiendo las líneas de una Iglesia particular, sino que ante todo se debe presentar una imagen creíble de Dios, al tiempo que, por su parte, quienes ya son creyentes han de actuar de forma que resulte creíble. En otras palabras, hay que hacer justamente lo opuesto de lo que muy a menudo hacen los representantes de la religión organizada, cuando configuran una imagen de Dios como alguien que primordialmente está interesado en ser creído e insiste rigurosamente en que quienes crean en él deben afiliarse a una Iglesia particular. No es de extrañar que tales representantes de la religión se comportan como si, según su visión de las cosas, la principal tarea de su propia confesión religiosa consistiese en anular a otras confesiones.

Anteriormente he hablado de dirigirse uno mismo a la divinidad con la forma de expresión más personal posible. Corrientemente, este modo de hablar a Dios se designa con el término «oración». Verdaderamente, orar es «hablar de persona a persona». Sin duda, la oración podría considerarse el clímax de la relación «yo-tú», que para Martin Buber representaría la cualidad por excelencia de la existencia humana, a saber, su dimensión dialógica. Sin embargo, yo por mi parte creo que los diálogos no son solo interpersonales, sino que hay también diálogos intrapersonales, diálogos interiores, dentro de nosotros mismos. En otras palabras, los diálogos no se producen necesariamente entre un *ego* y un *tu*, sino que pueden tener lugar igualmente entre un *ego* y un *alter ego*.

En este contexto particular, me gustaría ofrecerles a ustedes una definición peculiar de Dios a la que yo llegué, si he de seros sincero, a la edad de quince años. En cierto sentido, se trata de una definición operativa. Se enuncia como sigue: Dios es el interlocutor de nuestros más íntimos soliloquios. Es decir, siempre que usted se habla a sí mismo con total sinceridad y en soledad última, aquel a quien usted se está dirigiendo puede ser llamado con toda razón Dios. Como ustedes observarán, esta definición burla la bifurcación entre cosmovisión atea y cosmovisión teísta. La diferencia entre ellas emerge únicamente después, cuando la persona no religiosa insiste en que sus soliloquios son precisamente eso, monólogos consigo mismo, mientras que la persona religiosa interpreta los suyos como auténticos diálogos con alguien distinto de ella misma. Bien, personalmente creo que lo que aquí debe valorarse por encima de todo es la rectitud y la «sinceridad supremas». Y estoy seguro de que, si Dios existe realmente, no les va a echar en cara a quienes se dicen ateos el hecho de haberle confundido con su propio yo y haberle dado, como consecuencia, un nombre equivocado.

La cuestión que todavía está pendiente de solución es saber si realmente existen «personas ateas». En mi libro *La presencia ignorada de Dios* he tratado de reunir y valorar algunas indicaciones que apuntan en el sentido de que en todas y cada una de las personas existe y muestra su presencia un cierto sentido religioso aunque soterrado —por no decir reprimido— en el inconsciente (Frankl, 1985*a*). En otras palabras, si en cierta ocasión Freud afirmó que el hombre «no solo es a menudo mucho más inmoral de lo que él cree, sino que a menudo es también mucho más moral de lo que él piensa», nosotros por nuestra parte podríamos decir que el hombre es a menudo mucho más religioso —o creyente— de lo que él mismo está dispuesto a admitir. Esta omnipresencia de la religión —de una religión entendida naturalmente en su más amplio sentido—, su ubicuidad en el inconsciente, puede muy bien explicar el hecho —ya discutido— de que, como demuestran empíricamente los tests y las estadísticas, las personas que a sí mismas se consideran ateas no sean menos capaces de encontrar un sentido a sus vidas que aquellas otras que se consideran a sí mismas creyentes.

No es extraño que esta religiosidad inherente —aunque sin explicitar— demuestre ser más persistente de lo que nosotros podríamos esperar, hasta el punto de que es capaz de desafiar tanto las circunstancias internas como las externas hasta un grado difícil de creer. En cierta ocasión, por ejemplo, yo mismo hice que los médicos de mi departamento hospitalario investigasen la correlación que mostraba un grupo no seleccionado de pacientes entre su imagen del padre y su desarrollo religioso. Resultó que una vida religiosa pobre no podía hacerse remontar simplemente al impacto de una imagen negativa del padre. Y a la inversa, ni la imagen peor del padre impide necesariamente que una persona alcance una sólida cosmovisión religiosa (Frankl, 1985b).

Esto por lo que se refiere al impacto de la educación. ¿Qué decir de la influencia del medio ambiente? Me contentaré con señalar que, tanto mi experiencia profesional (Frankl, 1984c) como mis experiencias personales, me inclinan a pensar que la religión no murió en Auschwitz, ni «después de Auschwitz» —para aludir al título de un libro escrito por un rabino (que, incidentalmente, no había estado allí)—. Personalmente creo que la fe en Dios o es algo incondicional o no es fe en absoluto. Si es algo incondicional, se mantendrá firme y hará frente al hecho de que el holocausto nazi haya supuesto seis millones de víctimas; si no es incondicional, se desmoronará ante la perspectiva de que un solo niño tenga que morir —para echar mano de un argumento propuesto en cierta ocasión por Dostoievski—. No existe un punto crítico para el regateo con Dios, por ejemplo, razonando: «Hasta seis mil o incluso un millón de víctimas del holocausto yo mantengo mi fe en ti, pero a partir de un millón de víctimas ya no hay nada que hacer y, aunque lo siento, renuncio a seguir creyendo en ti».

La verdad es que, entre quienes de hecho pasaron por la experiencia de Auschwitz, el número de los que sintieron que su vida religiosa se hacía más profunda —a pesar de, por no decir a causa de, esta experiencia— supera con mucho al número de los que abandonaron la fe. Parafraseando la observación hecha en cierta ocasión por La Rochefoucauld acerca de los efectos que la separación tenía sobre el amor, se podría afirmar que, del mismo modo que la tormenta sirve para apagar un fuego pequeño al paso que contribuye a acrecentar un gran incendio, así también las dificultades y catástrofes contribuyen a debilitar una fe ya de por sí débil, mientras que robustecen una fe fuerte. Esto por lo que se refiere a las circunstancias externas. Pero, ¿qué decir de las circunstancias internas, por ejemplo, las psicosis? En mi libro *La voluntad de sentido* describo el caso de una fase maníaca severa (Frankl, 1984b); en otros libros presento el caso de un paciente afectado de depresión endógena (Frankl, 1985a), y diversos casos de esquizofrenia (Frankl, 1984a; Frankl, 1984b). Todos ellos mostraban un sentido religioso indestructible e indeleble.

Señoras y señores, después de sugerir una definición operativa de religión tan imparcial y neutral como la mía —que abarca incluso el agnosticismo y el ateísmo—, espero que me den ustedes la razón al afirmar 1) que, como psiquiatra, yo estaba autorizado a abordar el tema de lo religioso, y 2) que, a través de mi exposición, me mantuve en el plano que convenía a un psiquiatra, al tratar la religión como un fenómeno humano o, más específicamente, como una consecuencia de lo que en mi opinión constituye el fenómeno humano por excelencia, a saber, la «voluntad de sentido». Me atrevo a decir que la religión se ha revelado como la realización o cumplimiento de lo que ahora podemos llamar la «voluntad de sentido último».

Incidentalmente, la definición que yo he propuesto aquí de religión se aproxima mucho a la presentada por Albert Einstein (1950), que suena así: «Ser religioso significa haber encontrado una respuesta a la pregunta de cuál es el sentido de la vida». Y todavía podríamos añadir la definición propuesta por Ludwig Wittgenstein (1960), que dice: «Creer en

Dios es ver que la vida tiene un sentido». Como ven ustedes, el físico Einstein, el filósofo Wittgenstein y yo mismo como psiquiatra hemos llegado a definiciones de religión que en realidad son coincidentes.

Desde luego, hay una pregunta que queda abierta, o mejor, que espera la respuesta del teólogo. Me refiero concretamente al problema de hasta qué punto estas tres definiciones de religión pueden ser aceptadas por la teología. Los psiquiatras lo único que podemos hacer es mantener abierto el diálogo entre la religión y la psiquiatría. Y mantenerlo abierto con ese espíritu de tolerancia mutua que es indispensable en la era del pluralismo y en el área de la medicina. Pero, también, con el espíritu de mutua tolerancia que preside el intercambio epistolar entre Oskar Pfister y Sigmund Freud.

¡Gracias por la atención que me han prestado!

Bibliografía

G.W. Allport, *The individual and his religión*, Nueva York, 1956.
B.W. Cannon, *The wisdom of the body*, Nueva York, 1932.
A. Einstein, *Out of my later years*, Nueva York, 1950.
V.E. Frankl, *Zur geistigen Problematik der Psychotherapie*: «Zeitschrift für Psychotherapie» 10 (1938) 33.
—, *Der unbedingte Mensch*, Viena 1949; trad. cast.: *El hombre incondicionado*, en *El hombre doliente*, Herder, Barcelona 2009.
—, Über Psychotherapie, «Wiener Zeitschrift für Nervenheilkunde» 3 (1951) 461.

—, *Pathologie des Zeitgeistes*, Viena, 1955.
—, *Man's search for meaning*, Nueva York, 1984a; trad. cast.: *El hombre en busca de sentido*, Herder, Barcelona, 2015.
—, *The will to meaning*, Nueva York, 1984b; trad. cast.: *La voluntad de sentido*, Herder, Barcelona, 2008.
—, *The unconscious God: Psychotherapy and theology*, Nueva York, 1985a; trad. cast.: *La presencia ignorada de Dios*, Herder, Barcelona, 2006.
—, *The unheard cry of meaning: Psychotherapy and humanism*, Nueva York, 1985b; trad. cast.: *Psicoterapia y humanismo*, FCE, México, 1983.
—, *Psychotherapy and existentialism*, Nueva York, 1985c; cf. en cast., *Psicoanálisis y existencialismo*, FCE, México, 2010.
W. James, *The will to believe*, Nueva York, 1897.
K. Lorenz, *Leben ist Lernen*, Múnich, 1981; trad. cast.: *Vivir es aprender*, Gedisa, Barcelona, 1987.
G. Moser, *Wie finde ich den Sinn des Lebens?*, Friburgo de Brisgovia, 1978.
O. Pfister, *Die Willensfreiheit. Eine kritisch-systematische Untersuchung*, Berlín, 1904, cit. por T. Bonhoeffer, *Das Christentum und die Angst, dreissig Jahre später*, en «Wege zum Menschen» 25, 11/12 (1973) 433.
M. Wertheimer, *Some problems in the theory of ethics*, en M. Henle (dir.), *Documents of Gestalt psychology*, Berkeley, 1961.
L. Wittgenstein, *Tagebücher 1914-1916*, Frankfurt del Meno, 1960; cf. en cast., *Diario filosófico*, Ariel, Barcelona, 1982.
I.D. Yalom, *Existential psychotherapy*, Nueva York 1980; trad. cast.: *Psicoterapia existencial*, Herder, Barcelona, 2010.

XI

IN MEMORIAM 1938

Señoras y señores:

Espero que me comprendan si les pido que, en esta hora de conmemoración, recuerden conmigo a mi padre, que sucumbió en el campo de concentración de Theresienstadt; a mi hermano, que murió en el campo de concentración de Auschwitz; a mi madre, que perdió la vida en la cámara de gas de Auschwitz; y a mi primera esposa, que tuvo que dejar su vida en el campo de concentración de Bergen-Belsen. No obstante, tengo que pedirles que no esperen de mí palabra alguna de odio. ¿A quién debería odiar yo? Si solo conozco a las víctimas, pero no a los criminales —por lo menos no personalmente—, y me niego a declarar culpable a alguien de forma colectiva. Es que no existe una culpa colectiva, y lo digo no solo hoy, sino que lo he dicho desde el primer día en que fui liberado de mi último campo de concentración —y, en verdad, en aquel tiempo no se ganaba uno simpatías si se atrevía a tomar posición públicamente en contra de la culpa colectiva.

En cualquier caso, la culpa solo puede ser personal —la culpa de algo que yo mismo he hecho o, tal vez, que he omitido hacer—. Pero no puedo ser culpable de algo que otra gente ha hecho, aunque sean sus padres o sus abuelos. Y, en tal sentido, convencer a los austríacos que hoy tienen entre 0 y 50 años de que existe, por decirlo así, una «culpa colectiva retroactiva» lo considero un crimen y una locura —o, para formularlo psiquiátricamente, *sería* un crimen si no se tratara de un caso de locura—. ¡Y de una *recaída* en la llamada «corresponsabilidad familiar» *(Sippenhaftung)* de los nazis. ¡A no ser que tuviesen ustedes interés en echar a la gente joven en brazos de los viejos nazis o de los neonazis!

Retorno a mi liberación del campo de concentración: yo regresé a Viena con el primer transporte posible (aunque solo ilegalmente posible), a bordo de un camión. Entretanto me han hecho ir 63 veces a Estados Unidos, pero cada vez he regresado de nuevo a Austria. No porque los austríacos me hayan querido tanto, sino a la inversa, porque yo quería tanto a Austria, y, como es sabido, el amor no depende siempre de la reciprocidad. Pues bien, cada vez que estoy en Estados Unidos me preguntan los estadounidenses: «Señor Frankl, ¿por qué no vino usted para aquí *antes* de la guerra? Podría haberse ahorrado muchas cosas». Y entonces tengo que explicarles que tuve que esperar durante años un visado y que, cuando al fin estaba todo listo, ya era demasiado tarde y, simplemente, no tuve corazón para decidirme a abandonar a su suerte a mis ancianos padres en medio de la guerra. Y entonces me siguen preguntando los estadounidenses: Y ¿por qué no vino usted para aquí por lo menos *después* de la guerra? ¿Es demasiado poco lo que le han hecho los vieneses

In memoriam 1938

a usted y a los suyos?». «Pues», les digo, «en Viena había, por ejemplo, una baronesa católica que, arriesgando su vida, mantuvo escondida a modo de "submarino" a una prima mía y, de ese modo, le salvó la vida. Y después había en Viena un abogado socialista que, también arriesgándose él mismo, me pasaba alimentos cada vez que podía». ¿Saben quién era? Bruno Pittermann, posteriormente vicecanciller de Austria. «Así pues», les pregunto yo a los estadounidenses, «¿por qué *no* habría de regresar yo a una ciudad semejante, en la que había personas semejantes?».

Señoras y señores, los oigo decir: «Todo eso está bien y es muy bonito, pero esas eran solamente las excepciones, excepciones a la regla; y, por regla general, la gente no eran más que oportunistas, tendrían que haber ofrecido resistencia». Señoras y señores, tienen ustedes razón. Pero consideren que la resistencia presupone heroísmo y, según mi opinión, el heroísmo solo puede exigírsele a una única persona: ¡a uno mismo! El que diga que habría que haber preferido dejarse tomar prisionero a arreglarse con los nazis solo debería decir realmente eso si respecto de su propia persona puede demostrar que *él prefirió* dejarse tomar prisionero en el campo de concentración. Y fíjense: los que *estuvieron* en los campos de concentración emiten un juicio en general mucho más benévolo sobre los oportunistas, más benévolo que el de aquellos que, mientras tanto, estaban en el extranjero. Y ni hablar de la generación joven: ¿cómo podrá ella imaginarse cómo temía y temblaba la gente por su libertad, más aún, por su vida, y no en último término por el destino de su familia, de la que, quiérase o no, eran responsables? *Con tanta mayor razón* tenemos que admirar a aquellos que se atrevieron a unirse al movimiento de la resistencia. (Recuerdo aquí a mi amigo Hubert Gsur, que fue condenado a muerte por desmoralización del ejército y fue ejecutado en la guillotina).

El nacionalsocialismo introdujo la locura racista. En realidad, sin embargo, hay solamente dos razas humanas, a saber, la «raza» de las personas decentes y la «raza» de las personas indecentes. Y la *separación* de las razas» discurre por todas las naciones y, dentro de cada nación, a través de todos los partidos. Hasta en los campos de concentración se encontraba uno con tipos medianamente decentes entre los hombres de la ss, del mismo modo en que se encontraba con algún que otro bandido y bribón entre los prisioneros. Y ni hablar de los capos. Que las personas decentes eran la minoría y que, previsiblemente, seguirán siéndolo, con ello tenemos que avenirnos. Un peligro aparece solamente cuando un sistema político hace que suban a la superficie los indecentes, o sea, la selección negativa de una nación. Pero contra eso no hay nación que esté protegida, y, en ese sentido, toda nación es también capaz de un holocausto. A favor de ello hablan no en último término los llamativos resultados de las investigaciones científicas en el campo de la psicología —investigaciones que le debemos a un estadounidense y que han entrado en la historia bajo la denominación de «experimento Milgram».

Ahora bien, si queremos extraer de todo ello las consecuencias políticas, deberíamos partir de que, en el fondo, solo hay dos estilos de política o, tal vez mejor dicho, solo dos tipos de políticos: unos son aquellos que creen que el fin justifica los medios, y *todo* medio... Mientras que los otros políticos saben bien que existen medios que serían capaces de profanar hasta el más santo de los fines. Y *este* tipo de políticos es el que yo creo capaz, a pesar del ruido en torno al año 1988, de escuchar la voz de la razón y de ver la exigencia del día —por no decir del aniversario— en que todos los que tienen buena voluntad se tiendan mutuamente las manos por encima de todas las tumbas y de todas las trincheras. Muchas gracias por su atención.

XII

OBSERVACIONES SOBRE LA PATOLOGÍA DEL ESPÍRITU DEL TIEMPO

Oswald Spengler escribió en los años veinte de este siglo un libro que se convirtió después en un superventas. Su título era *El ocaso de Occidente*. Esta profecía suya no se cumplió, aunque sí se cumplió, y con creces, otra que él publicó en los años treinta. En ella opinaba Spengler que, antes que este siglo termine, los hombres de un nivel intelectual más elevado no se dejarán fascinar, como hoy, por la ciencia y la tecnología, sino que se dedicarán a la reflexión sobre la pregunta por el sentido de la vida. Pues bien, la profecía se ha hecho realidad, pero, lamentablemente, en un sentido enteramente negativo. Cada vez se hace más poderosa, incluso en perspectiva internacional, una duda acerca de que la existencia tenga sentido. Así, en fecha reciente una investigación empírica realizada en Estados Unidos dio como resultado que el ochenta por ciento de los estudiantes secundarios sufre de un pronunciado sentimiento de sinsentido. Y no solo eso: en el marco de otro sondeo se constató que, en Estados Unidos, cada año más de medio millón de adolescentes intenta suicidarse. Y ¿qué es el suicidio sino una respuesta negativa a la pregunta por un sentido de la vida?

Logoterapia y análisis existencial

¿Cómo deberíamos explicarnos todo esto? Para formularlo lo más brevemente posible: la sociedad industrial intenta satisfacer todas las necesidades humanas; y la sociedad de consumo, por el otro lado, se esfuerza por generar necesidades siempre nuevas a fin de poder ir después a satisfacerlas. Pero *una* necesidad (y es, tal vez, la más humana de todas las necesidades humanas) queda insatisfecha: la necesidad de ver en la vida —o, quizá mejor dicho, en toda situación particular de vida con la que nos vemos confrontados— un sentido y, en lo posible, realizarlo. En general, las personas tienen hoy lo suficiente para vivir, pero no siempre encuentran algo por lo que también valga la pena vivir. Y, sin un para qué, la vida se vuelve desabrida, tiene que parecer sin sentido. Se establece lo que yo designo como el vacío existencial. Y esto no puede observarse solamente en Occidente, sino también en Oriente. Justamente acabo de regresar de Moscú, donde estuve ya hace algunos años —todavía bajo Brézhnev—, de modo que no solamente he podido comparar las circunstancias de allá con las de Occidente, sino también con las de años anteriores. Durante más de siete décadas se había enaltecido en la Unión Soviética la tesis de Marx de que «la religión es opio para el pueblo». Entretanto, sin embargo, el mismo marxismo se había convertido allí en religión. Pero, con el fracaso de la forzada ideología marxista, ya no tenía validez educar en la obediencia a ella, sino que, por el contrario, diría yo, la educación en la obediencia debería haber sido reemplazada por una *educación para la conciencia*. Pero la *educación para la conciencia* necesita su tiempo y, mientras tanto, se establece en Oriente un vacío adicional, un sentimiento ahondado de falta de sentido. En efecto, la conciencia

Observaciones sobre la patología del espíritu del tiempo

es, si ustedes quieren, el órgano de sentido «incorporado» en el alma humana que tiene la función de percibir la posibilidad de sentido ínsita, «latente» en cada situación. Ahora bien, los médicos sabemos, por la patología, que existe algo así como las denominadas atrofias adiposas *(Vakatwucherungen; adipositas ex vacuo)*. Es decir: donde se atrofia un órgano, o sea, donde se destruyen las células del tejido muscular —digamos, por ejemplo, en el corazón envejecido—, en los espacios libres que así se producen crece tejido adiposo. De forma análoga se producen también desde el punto de vista de la psicología de masas «atrofias adiposas» en el vacío existencial, y son justamente esas atrofias adiposas las que constituyen después la «patología del espíritu del tiempo».

Un día, con el fin de conseguir informaciones auténticas para una conferencia que iba a dictar, pregunté a un taxista en Estados Unidos qué pensaba de la nueva generación. Resumiendo sin rodeos sus experiencias, el taxista respondió: «They kill themselves, they kill each other, and they take dope»: «Se suicidan, se matan unos a otros, y toman droga». Con esas pocas palabras el taxista había perfilado realmente por lo menos los excesos del clima que domina a la nueva generación: *depression, aggresion, addiction*. Es decir, tendencia suicida, agresividad y drogadicción. En lo tocante al suicidio, entiendo un poco del tema. Durante diez años colaboré con el «centro de orientación para hastiados de la vida», el primero a nivel mundial, fundado por Wilhelm Börner, y durante cuatro años atendí en la mayor clínica psiquiátrica de Austria el pabellón para pacientes depresivas de máxima gravedad, que habían sido ingresadas después de haber intentado suicidarse. Una vez hice el cálculo de que, durante ese tiempo, deben de haber pasado por mis manos cerca de 12 000 «casos». Y siempre de nuevo me vi confrontado con la pregunta de si, en un caso dado, la paciente podía ser dada nuevamente de alta o debía seguir considerándosela como una persona con tendencia suicida. Y, en cada caso, la decisión tenía que producirse en un lapso de pocos minutos. Ahí tenía yo sentada frente a mí a la paciente mientras hojeaba su historia clínica, para decirle después: Como sabe, usted está sentada ahí después de haber querido quitarse la vida. «Así es». ¿Y sigue usted jugando con la idea de matarse? «No, no». Entonces, avanzo y pregunto: ¿Por qué no? En ese mismo momento ocurre lo siguiente: o bien la paciente no se atreve a mirarme a los ojos, avergonzada, cambia inquietamente de posición en su asiento y responde, solo tras una pausa: «Puede usted darme tranquilo de alta, doctor». Un caso así tiene una eminente tendencia suicida. Aparentemente, no hay nada que pudiese detener al paciente de un nuevo intento de suicidio, nada que hablara en contra de una reiteración. Distinto es el caso de un paciente que reacciona de inmediato a mi pregunta haciendo referencia a que se preocupa por su familia y que tiene que cumplir otras obligaciones y tareas, o recordándome que fui yo mismo el que le aseguré que iba a salir de su fase depresiva siendo la misma persona que había sido. A un paciente semejante yo lo habría dejado salir sin miedo: él sabía un «por qué *no*» cometer suicidio, sabía un «por qué» seguir viviendo. ¿Cómo dijo Nietzsche en una ocasión? «Quien tiene un porqué para vivir soporta casi cualquier cómo».

En 1944, cuando me trasladaron del campo de Theresienstadt al de Auschwitz, mi expectativa de supervivencia

Observaciones sobre la patología del espíritu del tiempo

era de solo 1 sobre 29. Así lo demuestran estudios recientemente publicados. Y, de alguna manera, yo debo de haberlo percibido. ¿Qué mejor, pues, que correr a arrojarse lo más pronto posible «contra los alambres», es decir, suicidarse a la manera propia del lugar: tocando el cerco de alambre de púas electrificado? Entonces me vino a la mente un pensamiento: «¿Quién en el mundo entero puede asegurarme que *no* saldré con vida de aquí? Nadie puede asegurármelo. Y, mientras así sea, tengo la responsabilidad de actuar como si mi *supervivencia* estuviese asegurada. Y esa responsabilidad la tengo frente a aquellos que, tal vez, esperan mi regreso, para con quienes tengo el deber de poner de mi parte todo lo posible para dar cumplimiento a lo que esperan. Solo que, después —cuando regresé a Viena—, se comprobó que ya no había más nadie que me esperara. Mi padre había sucumbido en Theresienstadt, mi hermano, en Auschwitz, mi primera esposa, en Bergen-Belsen, y mi madre, en la cámara de gas de Auschwitz.

Pero entonces me di cuenta de que, aunque no me esperara nadie, *algo* sí me esperaba: en Auschwitz había perdido el manuscrito de mi primer libro *(Ärztliche Seelsorge* [ed. en español: *Psicoanálisis y existencialismo*]*)*, que estaba listo para entrar en prensa, después de haber esperado que por lo menos este «hijo de mi espíritu» me sobreviviera. Y eso era: ¡un por qué para sobrevivir! Ahora había que reconstruir el manuscrito. Y me zambullí en el trabajo. Se convirtió en mi tesis de habilitación para la enseñanza universitaria.

Que estas reminiscencias personales ilustren lo que entiendo por autotrascendencia: el fenómeno antropológico fundamental de que la condición humana remite ya desde siempre más allá de sí, hacia algo que no es ella misma; hacia algo —o alguien—, hacia un sentido que hay que cumplir o hacia una persona a la que uno está entregado en el amor. Pues el hombre solo llega a ser totalmente hombre y se realiza a sí mismo en el servicio a una cosa o en el amor a una persona. De ese modo, la autorrealización no puede alcanzarse por el camino directo, sino solo dando un rodeo. Primero tiene que existir un fundamento como consecuencia del cual la autorrealización se da después por sí sola. En una palabra, la autorrealización no puede alcanzarse como un logro, tiene que darse como un resultado. Pero, en la medida en que es la consecuencia del cumplimiento de un sentido, puede comprenderse que, en un tiempo en que segmentos significativos de la población no pueden ver ya sentido alguno en su vida, no se recurra más al «rodeo», sino que se busque un atajo. Estas personas se parecen a un bumerán: al contrario de lo que erróneamente se supone, pensando que, en cualquier caso, regresa al cazador, el bumerán solo lo hace cuando no alcanza el objetivo, cuando no le ha dado a la presa. Exactamente así son *aquellas* personas que, frustradas en la búsqueda del sentido, regresan a sí mismas, se encorvan sobre sí mismas, se «reflexionan» a sí mismas, pero, en ese sentido, no solamente fuerzan una observación de sí mismas, sino que intentan también de manera forzada la realización de sí mismas y, en la medida en que una intención forzada como esa es marcadamente contraproducente, al final, tienen que fracasar.

A propósito de la autorrealización quisiera tomar posición también acerca de la denominada autoexperiencia, tal como es obligatoria en la formación psicoterapéutica. Realmente,

Observaciones sobre la patología del espíritu del tiempo

la formación no es el único requisito previo para poder realizar un trabajo psicoterapéutico: aparte de la formación se necesitan, en primer lugar, dotes personales —que hay que traer ya consigo—, y, en segundo lugar, experiencia personal, y esta primeramente hay que adquirirla. Ahora bien, en lo tocante a la autoexperiencia hay que advertir en contra de una hipertrofia, si es que la autoexperiencia no ha de degenerar en un entrenamiento para la hiperreflexión. Pero también con independencia de ese aspecto existen límites de la autoexperiencia, incluso *a priori*. En efecto, en rigor, el yo, frente a sí mismo, sufre, diría yo, de ceguera profesional. Y en ese caso no resulta de ayuda ni siquiera el forzado «observar con pasmo los propios estados emocionales» (Heidegger). Pues tiene vigencia la frase de Goethe que dice: «¿Cómo llega a conocerse el ser humano? Nunca por la introspección, sino solamente por la acción. Cumple con tu deber, y sabrás dónde estás. Pero ¿cuál es tu deber? La exigencia de la hora».

No obstante, teniendo especialmente en vista la psicoterapia grupal sería apropiado decir unas palabras de advertencia, pues hay que tener en consideración lo que dijo una vez Schiller: «Si habla el alma, oh, entonces ya no habla el alma». Más allá de ello, durante las sesiones suele cundir un exhibicionismo mutuo. Y si, por el contrario, uno u otro participante dan la impresión de estar inhibidos, tienen que prepararse para una suerte de sádica inquisición por parte de los demás.

Pasamos al segundo aspecto de la patología del espíritu del tiempo: la drogadicción. En la misma medida en que es difícil la terapia es importante la profilaxis, y también relativamente fácil. Basta con que partamos del hecho de que, en el fondo, la drogadicción deriva de dos cosas: de la curiosidad y de la denominada *peer pressure,* lo que significa la presión que proviene del grupo. Cuando en 1938 mi jefe —Otto Pötzl, director de la Clínica Universitaria de Psiquiatría— me encargó investigar la anfetamina (que había aparecido en ese tiempo, denominada por entonces bencedrina, y después Pervitin) en cuanto a su eventual eficiencia terapéutica en enfermedades psiquiátricas,[1] me costó resistirme a la tentación de tomar una vez *yo mismo* una pastilla: instintivamente debo de haber presentido el peligro de que yo mismo me hiciese adicto, peligro que, en ese tiempo, no se conocía en absoluto. En cualquier caso, es comprensible que especialmente individuos jóvenes sucumban a la curiosidad por saber qué efectos puede tener esta o aquella sustancia química. Y, respecto de la *peer pressure,* basta que nos imaginemos cómo un alumno que ve que sus compañeros se precipitan en la pausa hacia las salas para fumadores —instaladas durante un tiempo por el Ministerio de Educación de Austria— no quiere «quedarse atrás», sino manifestar gustoso que también él es tan «maduro» que pertenece al grupo de los fumadores. ¡Y está orgulloso de ello! Y nadie lo ha alertado de qué orgulloso podría estar si no hubiese imitado a los fumadores, sino que hubiese logrado resistir precisamente a esa tentación. Este orgullo «superior» tienen que haber tenido en mente también en Estados Unidos —y no ahorraron en ello— al hacer publicar en todos los periódicos estudiantiles un aviso de página entera en el

---

[1] Cfr. *supra,* «Sobre la ayuda de los fármacos en la psicoterapia de las neurosis», pp. 79-92.

que se veía a una estudiante mirando con gesto desafiante al observador, con la irónica pregunta, en inglés: «Usted es suficientemente erudito como para discutir sobre el "vacío existencial" de Frankl, ¿y no es capaz de dejar de fumar?». No era torpe esa apelación al orgullo «superior», y seguramente no quedó del todo sin efectos.

Año 1961, Universidad de Harvard: Gordon W. Allport, elegido presidente de la American Psychological Association —el mismo que me había ofrecido la cátedra de Harvard— me preguntó un día: «Señor Frankl, tenemos un joven profesor de nombre Timothy Leary, y la pregunta es si debemos despedirlo, porque propaga un alucinógeno —la sustancia se llama dietilamina de ácido lisérgico (LSD)—. ¿Estaría usted a favor de un despido?». Yo estaba a favor. «Yo opino como usted, pero la mayoría de la Facultad ha votado en contra, y ello en nombre de la libertad académica de enseñanza». Este resultado de votación desencadenó la avalancha mundial de la droga. Una vez más se había demostrado cuánta razón tenía yo cada vez que les recordaba a mis amigos estadounidenses: «La libertad —también la libertad de enseñanza— no lo es todo, no es la historia entera, es solo la mitad de la verdad, solo *una* cara de la medalla. Su otra cara es la responsabilidad. En efecto, la libertad amenaza con degenerar en la medida en que no esté controlada por la responsabilidad. Por esa razón quisiera recomendarles que complementen su "Statue of Liberty" en la costa Este erigiendo en la costa Oeste una "Statue of Responsibility"».

Por último, en lo que tiene que ver con el tercer aspecto de la patología del espíritu del tiempo, quisiera remitir a un hecho que aconteció recientemente en Essen. Allí se habían producido actos de violencia, cometidos por adolescentes. Interrogados sobre por qué se habían vuelto violentos, los autores respondieron preguntando, a su vez, simplemente: «Por qué *no?*». Una vez más se trata de que no había nada que hablara en contra. Cuando todo carece de sentido, no hay argumentos en contra de la violencia.

En la ex Alemania Oriental hay una ciudad en la que existe un «teléfono de crisis». Hasta la *Wende* [el proceso sociopolítico de cambio, 1989-1990] hacían uso de él personas que, en su mayoría, planteaban preguntas relacionadas con el sexo. Después, las preguntas —y cito textualmente— tenían que ver con temas de depresión, violencia y alcoholismo. Como vemos, esta tríada coincide con los tres aspectos comentados de *depression, aggresion, addiction*. Pero merece señalarse, además, que los autores del informe suponen que, en última instancia, al cuadro clínico tripartito que observan subyace lo que ellos denominan «desorientación». Ahora bien, ¿qué es la desorientación sino la falta de una imagen válida del hombre, de una antropología dentro de la cual halle lugar la dimensión humana, la dimensión dentro de la cual están asentados, a su vez, los fenómenos específicamente humanos, dimensión que está —para citar el título de mi libro predilecto de Freud— «más allá del principio del placer»?

Habiendo identificado la autotrascendencia de la existencia humana como fenómeno antropológico fundamental hay que constatar al respecto un déficit en el marco de la imagen psicoanalítica del hombre, y de la forma ciertamente más palmaria allí donde Freud expone su teoría sexual: al igual que todo instinto, el instinto sexual tiene también un «fin» y un «objeto» propios. El fin del instinto sexual es la descarga de la tensión, y el objeto del instinto es la pareja en la que tal descarga se produce. Ahora bien, para alcanzar el fin bastaría la masturbación y —si no se tratara de nada más que de un objeto, un objeto *cualquiera*— la prostitución. Pero con todo ello no se ha entrado todavía en el plano humano. Pues, según la segunda versión del imperativo categórico de Kant, un ser humano no debe utilizarse como mero medio para un fin. Pero incluso si la pareja fuese percibida en su *humanidad,* quedaría la puerta abierta de par en par a la promiscuidad, pues solo cuando alguien, trascendiendo eso, toma consciencia de la *unicidad y singularidad* de la pareja se da la garantía de la exclusividad y estabilidad de la relación, o sea, del amor y la fidelidad. En efecto, esa unicidad y singularidad (de la *haecceitas* en el sentido de Duns Escoto) solo llega a verla aquel que ama a su pareja.

Es digno de nota que —si hemos de dar crédito a sondeos empíricos recientes— la mayoría de los que pertenecen a la generación joven de hoy se identifica justamente con una comprensión semejante del sexo como expresión de amor. Pero, junto al «más allá del principio del placer», existe también un «más acá» o «dentro del principio del placer», y dentro de él se mueve *aquella* persona para la cual el sexo no es un medio de expresión del amor, sino un medio para el fin de obtener placer. El placer se convierte en un fin en sí mismo, y justamente esta inversión de su valor originario —por no decir esta «per-versión»— conduce al fracaso. Pues cuanto más le importa a uno el placer, tanto más se le *escapa.* Dicho de forma más general: cuanto más se *persigue* la felicidad, tanto más se la ahuyenta. Y este es el punto del cual parten etiológicamente la mayoría de los casos de trastorno de la potencia y del orgasmo. El placer no se deja convertir en fin, tiene que seguir siendo un resultado, y en cuanto tal se da de forma automática tan pronto como haya un *motivo*. Con otras palabras, tampoco el placer puede alcanzarse como un logro, sino que tiene que darse como resultado. También el placer solo puede «obtenerse», por decirlo así, dando un rodeo, y todo intento de ir por un atajo termina en un callejón sin salida.

Pero el neurótico no está inclinado solamente a la ya comentada actitud de «observar con pasmo los propios estados emocionales», o sea a una introspección forzada, sino también a una excesiva retrospección. Alfred Adler solía contarnos uno de sus chistes predilectos: en el dormitorio de un refugio una mujer comienza a lamentarse en la noche: «Dios, ¡qué sed tengo...!». Finalmente, uno se arma de valor y le trae de la cocina un vaso de agua. Todo el mundo quiere seguir durmiendo, pero de pronto la mujer comienza de nuevo a quejarse: «Dios, ¡qué sed *tenía!*...». También el neurótico regresa una y otra vez al pasado, vuelve a hablar siempre de nuevo de su infancia, de la educación en su infancia y del «complejo de padres malos» (Elisabeth Lukas), a fin de echarles a otros la culpa de la neurosis. De hecho, amplios estudios empíricos realizados en la Universidad de Columbia y en la Universidad de California pudieron demostrar independientemente uno del otro que las experiencias desfavorables en la temprana infancia no tienen para nada la influencia fatalmente decisiva en la vida posterior que antes se les atribuía. Recuerdo la tesis doctoral de una estudiante de la Universidad de San Francisco. De ella surge que tam-

Observaciones sobre la patología del espíritu del tiempo

bién una infancia que haya discurrido de forma trágica no tiene por qué tener efectos deletéreos más adelante, sino que, por el contrario, a pesar de ella puede construirse una vida enteramente «feliz», «exitosa» y «llena de sentido». La autora recurre ampliamente a material autobiográfico concreto de exprisioneros de campos de concentración, y sabe de qué habla: ella misma tuvo que pasar una parte de su infancia en Auschwitz. Además, ella refiere resultados de investigación paralelos de otros dos autores.

¿No se reflejan en los dos resultados de investigación empírica citados las teorías de la motivación de las denominadas «tres escuelas vienesas de psicoterapia»? ¿No remite «feliz» al principio del placer, «exitosa» a la voluntad de poder y «llena de sentido» a la voluntad de sentido?

Permanezcamos en la voluntad de sentido y preguntémonos si existe una prueba más convincente de su existencia que el sentimiento de sinsentido del que se hablaba al comienzo. ¿Cómo podrían las personas *sufrir* bajo este estado hoy tan extendido si no anidase en ellas en lo más hondo una *necesidad de sentido*? Pero ¿cómo están las cosas con el sentido *en sí mismo*? ¿Dónde hay una prueba de su existencia? Yo les pregunto, a mi vez: ¿Cómo podría la naturaleza haber implantado una necesidad de sentido en la condición humana si no existiese también realmente un sentido o, mejor dicho, si no existiesen también realmente posibilidades de sentido que, por decirlo así, esperan que nosotros las hagamos también bién realidad? —a lo que ustedes observarán, tal vez, que me estoy ateniendo a la hermosa frase de Franz Werfel que dice: la sed es la prueba de la existencia de algo así como agua *(Der veruntreute Himmel* [ed. en español: *El cielo a buen precio*])—. Pero la pregunta de qué es «el» sentido de la vida se aproximaría, en su ingenuidad, a la pregunta: ¿cuál es la mejor jugada de ajedrez del mundo? Desde luego, una jugada tal no puede existir, pues cada jugada de ajedrez tiene que guiarse por la situación de la partida y, no en último término, por la persona del compañero de juego. No es diferente en lo tocante al sentido: sin querer intervenir en la «querella de los universales» entre los escolásticos, quisiera decir que el sentido no es un universal, sino, en cada caso, algo único, y esto constituye su carácter de «exigencia», la *obligatoriedad* del llamamiento que de él deriva, a la que subyace la unicidad de la situación concreta y la singularidad de la persona que se ve confrontada con ella. Pero, por más única que sea la situación en cuestión, *no hay* situación alguna que *no* entrañe un sentido potencial, y aunque tal sentido solo consistiese en dar testimonio de la capacidad humana de convertir incluso la trágica tríada «sufrimiento, culpa, muerte» en un triunfo personal. Precisamente en esta perspectiva, la cualidad de la existencia humana de tener sentido es incluso una cualidad absoluta.

Señoras y señores, tan agudo como el sufrimiento por una vida aparentemente sin sentido es de actual hoy la pregunta por el sentido. Pero esa pregunta solo se hará realmente susceptible de tener respuesta a través de una suerte de giro copernicano: la inversión de la pregunta. En efecto, en última instancia, somos nosotros mismos los interrogados, somos nosotros los que hemos de responder, responder a las preguntas que la vida nos plantea. Pero *una vez que* hayamos respondido, lo habremos hecho *de una vez para siempre*. Y lo habremos rescatado también para el pasado. Nada puede

Observaciones sobre la patología del espíritu del tiempo

deshacerse ni es posible hacer que no haya sucedido. Nada en el pasado está perdido de forma irrecuperable: por el contrario, en él todo queda inamisiblemente resguardado. Hay que admitir que, por lo común, solo vemos, por decirlo así, los rastrojos del pasado, y olvidamos los graneros repletos del pasado, en los que hace mucho que hemos guardado la cosecha: las obras que creamos, las acciones que hicimos, los amores que amamos y, no en último término, todos los sufrimientos que hemos padecido con dignidad y valentía. Les agradezco su atención.

SEGUNDA PARTE

ELEMENTOS DEL ANÁLISIS EXISTENCIAL Y DE LA LOGOTERAPIA

La logoterapia y el análisis existencial son las dos caras de una misma teoría. Es decir, la logoterapia es un método de tratamiento psicoterapéutico mientras que el análisis existencial representa una orientación antropológica de investigación. Como orientación de investigación es abierta en dos direcciones: está dispuesta a la cooperación con otras orientaciones y a su propia evolución.

En primer lugar, por lo que se refiere a la logoterapia, esta palabra no se debe derivar de que en el marco de este método de tratamiento «se le vaya al paciente con la lógica»: esto querría decir confundir la logoterapia con el método de la persuasión; de hecho la logoterapia, en cierto sentido, representa exactamente lo contrario de la persuasión, por lo menos respecto a lo que se denomina dentro de su método como «intención paradójica». En la «logoterapia», «logos» quiere decir dos cosas: por un lado, el sentido y, por el otro, lo mental, por lo menos en oposición heurística a lo puramente psíquico.

Según el análisis existencial no existe solamente el carácter instintivo inconsciente sino también el carácter mental inconsciente; dicho con otras palabras: no solo conocemos y reconocemos un inconsciente instintivo sino también un inconsciente mental y el *logos,* al que la conformación terapéutica del análisis existencial, la logoterapia, convierte tanto en el hacia dónde y en el de dónde de sus esfuerzos, tiene sus raíces en el inconsciente. De esta forma se puede apreciar lo poco que en nuestra concepción tiene que ver el *logos,* en primer lugar, con la *ratio* y, en segundo lugar, con el *intellectus.* Con otras palabras: lo poco que se puede identificar lo mental en nuestra concepción, por un lado, con lo meramente intelectual y, por otro, con lo meramente racional.

Pasemos ahora al análisis existencial: en esta fórmula, existencial significa una forma de ser y en especial el carácter propio del hombre. Para esta forma especial de la existencia *(Dasein)* la filosofía contemporánea reserva la expresión existencia *(Existenz),* y nosotros, en el análisis existencial y en la logoterapia, hemos tomado prestada esta expresión con este contenido.

En todo esto el análisis existencial, en el fondo, no es ningún análisis de la existencia,[1] puesto que un análisis de la existencia no existe como tampoco existe una síntesis de la existencia.

El análisis existencial es más bien explicación de la existencia. Solo que nosotros no hacemos caso omiso de que la existencia, la persona, también se explica a sí misma: se explica, se despliega, se desarrolla en el transcurso de la vida. Como una alfombra extendida revela su diseño incon-

---

1. Véanse las traducciones correctas *análisis existencial* (castellano), *analisi esistenziale* (italiano) y *existential analysis* (inglés).

fundible, de la misma forma nosotros leemos en la vida, en el devenir, el carácter de la persona.

Sin embargo, análisis existencial no quiere decir solo explicación de la existencia óntica sino también explicación ontológica de lo que es la existencia. En este sentido, el análisis existencial constituye el intento de una antropología psicoterapéutica, de una antropología que precede a cualquier psicoterapia, no solo a la logoterapia; pues si podemos creer a F.W. Foerster[2] el análisis existencial «no es solo un complemento de la psicoterapia, no, es su fundamento intelectual imprescindible».

Los cinco aspectos del análisis existencial y de la logoterapia son los siguientes:

1. Análisis existencial como explicación de la existencia personal.
2. Análisis existencial como terapia de neurosis colectivas.
3. Análisis existencial como cura de almas médica.
4. Logoterapia como terapia específica de neurosis noógenas.
5. Logoterapia como terapia no específica.

2. *Sexualethik und Sexualpädagogik*, Recklinghausen, 1952, p. 275.

1. ANÁLISIS EXISTENCIAL COMO EXPLICACIÓN DE LA EXISTENCIA PERSONAL

A pesar de que la logoterapia y el análisis existencial parten de la praxis clínica, no se puede evitar que desemboquen en una teoría metaclínica como algo subyacente implícitamente a toda psicoterapia, y teoría quiere decir visión, es decir, visión de una imagen del hombre. De esta forma, se cierra el círculo tanto más cuanto la praxis clínica desde siempre está determinada e influenciada en un grado muy alto por una concepción del hombre que el médico sugiere a sus pacientes, por muy poco controlada y consciente que sea.

En efecto, cualquier psicoterapia se desarrolla bajo un horizonte apriorístico. Ya desde siempre tiene como base una concepción antropológica, por muy poco consciente que sea para la psicoterapia.

No hay ninguna psicoterapia sin una concepción del hombre y sin una visión del mundo. El mismo Paul Schilder afirma: «El psicoanálisis además de psicología es también filosofía. Siempre tenemos una cosmovisión, solo que no siempre lo sabemos o no queremos saberlo».[3] Cuando un psicoanalista dice que se abstiene de cualquier valoración, incluso esta misma *epokhe* por su parte significa un juicio de valor. No dudamos en afirmar que una psicoterapia que se tiene por libre de valores, en realidad no es más que ciega a los valores.

Y es ciega a los valores si es carente de espíritu; pues así como antes hubo una psicología sin psique, hoy sigue exis-

---

3. *Psychiatry, Man and Society*, 1951, p. 19.

Elementos del análisis existencial y de la logoterapia

tiendo una psicología sin espíritu. Pero precisamente la psicoterapia debe evitar este peligro, de lo contrario renuncia a una de sus armas más importantes en la lucha por la salud psíquica y la curación del paciente.

Es más, existe el peligro de que corrompamos al hombre, de que seamos cómplices de su nihilismo, profundizando de este modo su neurosis, si le sugerimos una concepción del hombre que no representa la concepción del hombre verdadero sino una caricatura en el fondo: ¡si hacemos del hombre un *homunculus*! El *homunculus* moderno no se produce en las cuevas y alambiques de los alquimistas sino allí donde presentamos al hombre como un autómata de reflejos o un conjunto de impulsos, como una marioneta de reacciones y de instintos, como un producto de impulsos, herencia y medio ambiente. En una palabra: allí donde sacamos conclusiones biologicistas de resultados de investigación biológica y conclusiones psicologicistas de resultados de investigación psicológica, etcétera. La biología se puede transformar fácilmente en biologismo, pero nunca resultará una praxis humanista de una teoría «homunculista».

Cualquier psicoterapia se basa en premisas antropológicas o, si no son conscientes, en implicaciones antropológicas. Entonces es tanto más grave: debemos a Sigmund Freud el conocer el peligro inherente a los contenidos psíquicos y, como podríamos decir, a las actitudes mentales, mientras estas permanezcan inconscientes. Así pues, el objetivo del análisis existencial como explicación antropológica de la existencia personal consiste en hacer consciente, en explicar, en desplegar, en desarrollar la concepción implícita, inconsciente, que la psicoterapia tiene del hombre, de la misma forma en que se revela una foto sacándola de un estado latente.

El análisis existencial caracteriza y califica la esencia de la existencia en el sentido de que la existencia es una forma de ser, a saber, el ser humano, el ser específico del hombre, cuya particularidad consiste en que por lo que atañe al hombre no se trata de un ser de hecho sino de un ser facultativo, no de un deber ser así y no de otra forma —y en este sentido el hombre neurótico entiende mal su propia esencia—, sino más bien de un poder llegar a ser siempre también de otra forma.

«Ex-sistir» quiere decir salir de sí mismo y ponerse frente a sí mismo, de manera que el hombre sale del nivel de lo corporal psíquico y llega a sí mismo pasando por el ámbito de lo espiritual. La existencia acontece en el espíritu. El hombre sale al encuentro de sí mismo en la medida en que él en cuanto persona espiritual sale al encuentro de sí mismo en cuanto organismo psicofísico.

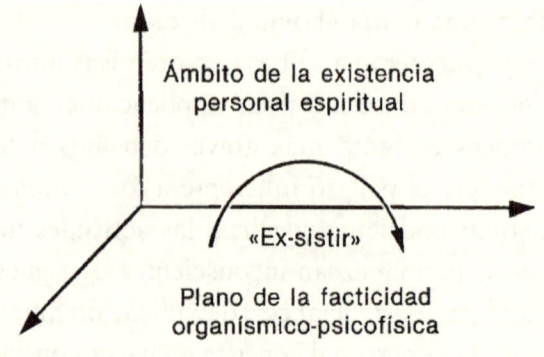

Figura 1

Este salir al encuentro puede realizarse mediante la excelente forma de hacer frente. Para demostrarlo con ayuda de una casuística clínica, el hombre, en cuanto persona espiritual, que sufre de una depresión endógena puede hacer frente a esta afección del organismo psicofísico y de esta forma mantenerse al margen del curso de la enfermedad orgánica. De hecho, en la depresión endógena se tiene que ver con una afección psicofísica; pues en esta lo psíquico y lo físico se hallan coordinados y sincronizados. A la depresión psíquica le acompañan anomalías somáticas de la menstruación, de la secreción de los jugos gástricos u otras cosas por el estilo. La persona está melancólica con el estómago, con todo su ser, en cuerpo y alma, pero no con el espíritu. Solo es afectado el organismo psicofísico, no la persona espiritual, que como tal, como espiritual, no podría ser afectada de ninguna forma. *Ceteris paribus*, que un hombre se distancie de su depresión endógena mientras que otro se deja caer en ella, no depende de la de presión endógena sino de la persona espiritual. Es decir, esta realidad espiritual —en otras palabras, la persona— lleva a cabo este auge existencial descrito más allá de sí mismo en virtud de lo que en el análisis existencial llamamos poder de obstinación del espíritu. Así vemos que al paralelismo psicofísico se opone un antagonismo psiconoético.

Solo que la logoterapia y el análisis existencial deben evitar un clinicismo y deben protegerse contra el hecho de ser interpretados incorrectamente. Salir al encuentro no quiere decir ni mucho menos hacer frente. Incluso frente a una psicosis, la confrontación de la persona espiritual con este curso de la enfermedad orgánica no debe realizarse en el sentido de hacer frente. Esta confrontación tiende más a una reconciliación.

El antagonismo psiconoético en contraposición al inevitable paralelismo psicofísico es un antagonismo facultativo. Según esto, el poder de obstinación del espíritu es una simple posibilidad y no una necesidad. Por cierto, obstinarse siempre es posible, pero no siempre le es necesario al hombre. El hombre siempre puede obstinarse pero no siempre debe. De ninguna manera el hombre debe hacer uso siempre de la obstinación del espíritu. No necesita siempre solicitar su ayuda. No debe porfiar siempre con sus instintos, con su herencia y con su medio ambiente por el simple hecho de que los necesita; pues el hombre se afirma en virtud de sus instintos, gracias a su herencia y a su medio ambiente por lo menos tantas veces como se afirma a pesar de sus instintos, de su herencia y de su medio ambiente.

Con anterioridad se ha hablado del autodistanciamiento del hombre de sí mismo. Este autodistanciamiento de sí mismo en cuanto organismo psicofísico al fin de cuentas es lo que constituye la persona espiritual como tal, como espiritual y a la vez circunscribe el ámbito de lo humano como ámbito espiritual. Solo cuando el hombre se confronta consigo mismo, lo espiritual y lo corporal-psíquico se separan. Pero no es que el hombre se componga de cuerpo, alma y espíritu. Sin embargo, la unidad antropológica del hombre solo se puede comprender, a pesar de la diversidad ontológica de lo corporal, de lo psíquico y de lo espiritual, en el sentido de una ontología dimensional.

Ontología dimensional

Si proyecto un vaso en el plano de la mesa en la que se encuentra, se representa en el plano horizontal como círculo, mientras que en el plano vertical se representaría como un rectángulo. Ahora bien, estas proyecciones son inconmensurables. A pesar de ello son compatibles en cuanto se entienden como proyecciones. De la misma forma como no se nos ocurre afirmar que un vaso se compone de un círculo y de un rectángulo, asimismo el hombre no se compone de cuerpo, alma y espíritu. Más bien se trata, por lo que se refiere a lo corporal, a lo psíquico y a lo espiritual, de dimensiones del hombre.

Lo espiritual no es solo una dimensión propia del hombre sino que es la dimensión específica de este. Aunque la dimensión espiritual representa la dimensión específica del hombre, sin embargo no se trata, por lo que a ella se refiere, de la única dimensión del hombre, puesto que el hombre es una unidad y una totalidad corporal psíquica y espiritual.

La persona es un individuo: la persona es algo indivisible, no se puede subdividir ni escindir precisamente porque es una unidad. Pero la persona no es solamente *in-dividuum* sino también *in-summabile;* esto significa que no es solo indivisible sino que tampoco se puede fundir y esto no se puede hacer porque no es solo unidad sino también totalidad.

Aunque lo psíquico y lo físico, o sea lo somático, llegan a formar una unidad íntima, esto no quiere decir que la unidad es idéntica a la mismidad, es decir, que lo psíquico y lo somático son una misma y única realidad. Más allá de lo físico, de lo fisiológico o biológico y de lo psicológico, el psicologismo no acepta como válido ningún otro ámbito del ser. Frente a cualquier habladuría de la totalidad corporal psíquica del hombre, esta misma totalidad en general empieza precisamente allí donde —más allá de la unidad corporal psíquica— se añade lo espiritual como tercera realidad: *tertium datur*. Ninguna unidad psicosomática en el hombre por muy íntima que sea consigue constituir su totalidad; a esta última pertenece esencialmente lo noético, lo espiritual, en la medida en que el hombre representa un ser, por cierto no solo espiritual, pero sí en su esencia y en la medida en que la dimensión espiritual para él es constitutiva, en cuanto que esta representa la dimensión, ciertamente no la única, pero sí la específica, de su existencia, sea que se considere lo espiritual en el hombre de manera fenomenológica como su personalidad o de manera antropológica como su existencialidad.

La relación de los diferentes ámbitos del ser entre sí se ha interpretado o en el sentido de una construcción de grados o en el sentido de una estructura de estratos. La primera concepción la representa N. Hartmann (que sin embargo emplea la expresión de «estratos»); la segunda la representa M. Scheler quien introdujo en la construcción del ser el principio de individuación en cuanto que, según él, lo espiritual en el hombre es individuado, situándose alrededor de un centro espiritual de acción, es decir, la persona del hombre como su estrato central.

Elementos del análisis existencial y de la logoterapia

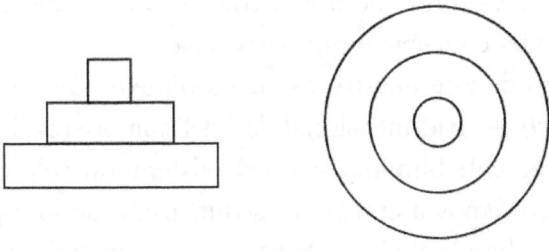

Figura 2

Una forma de pensar dimensional que concibe lo fisiológico, lo psicológico y lo noológico precisamente como dimensiones del hombre unitario-total, debería ser superior a la teoría de la construcción de grados y a la de la construcción de estratos.[4] Pues de la misma manera como estos tres momentos son fundamentalmente diferentes y por consiguiente hay que separarlos desde el punto de vista ontológico, también se pertenecen por principio unos a otros, por lo que se refiere al hombre, siendo inseparables desde el punto de vista antropológico.

Solo por analogía podemos acercarnos al ser idéntico que se articula en los tres momentos mencionados. En especial, nuestra forma de pensar dimensional significa un intento de acercamiento *more geométrico*. Por cierto: no nos parece claro todavía, si de verdad aquí se trata solo de un procedimiento analógico, es decir, de un procedimiento en analogía con las matemáticas, o si por el contrario las dimensiones matemáticas representan simples especificaciones de una dimensionalidad pura y simple del mismo ser, de manera que en realidad no solo podemos considerar el mundo *ordi-*

---

4. Cfr. mi *Ärztliche Seelsorge*, Viena, 1946, pp. 140 y 196.

ne geometrico sino que por el contrario las matemáticas se deben poder concebir *more ontologico*.

Dentro de este nuestro esquema dimensional de la —*sit venia verbo*— tridimensionalidad del hombre resulta que lo verdaderamente humano se puede vislumbrar solo en cuanto nos atrevemos a entrar en la dimensión de lo espiritual. En cuanto hombre, el hombre se hace visible solo en el momento en que incluimos en su consideración esta «tercera» dimensión: solo entonces divisamos al hombre como tal. Es decir, mientras que la vida vegetativa (vida en el sentido de lo meramente vital) del hombre se puede explicar sin más dentro de la dimensión de lo corporal y mientras que su vida animal en caso de necesidad todavía se puede explicar dentro de la dimensión de lo psíquico, la existencia humana como tal, la existencia espiritual personal no se puede absorber en esta bidimensionalidad, no pasa a formar parte de este «nivel» de lo meramente psicosomático: como mucho el *homo humanus* se puede proyectar en este nivel bidimensional. En efecto, lo esencial de lo que nosotros llamamos proyección lo constituye el hecho de que en cada caso se sacrifica una dimensión, es decir, que se proyecta en la dimensión inmediatamente inferior.

Una proyección semejante tiene dos consecuencias: en primer lugar, conduce a la ambigüedad y, en segundo lugar, a contradicciones. En el primer caso la razón de esta consecuencia consiste en la siguiente circunstancia: cosas diferentes se representan de la misma forma en una única proyección; en el segundo caso, se vuelve a dar la razón en el siguiente hecho: una misma cosa se representa de manera diferente en diferentes proyecciones.

Elementos del análisis existencial y de la logoterapia

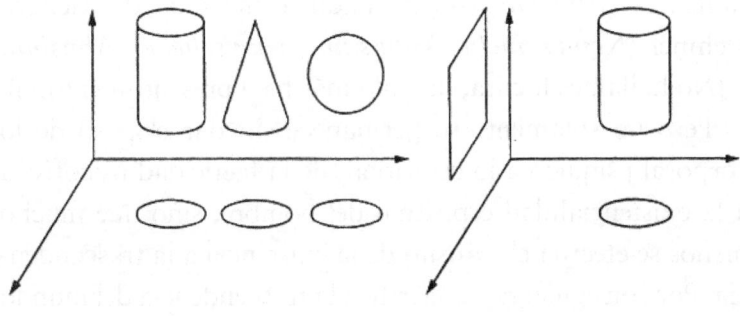

Figura 3

Consideremos, pues, la parte izquierda del gráfico: las formas tridimensionales, cilindro, cono y esfera se representan en la segunda dimensión inmediatamente inferior, en el plano, en el plano horizontal, como un solo e idéntico círculo; el mismo círculo es ambiguo. De la misma forma, también un hombre y cualquier fenómeno humano llega a ser ambiguo en el momento en que lo proyecto desde el «ámbito» de lo humano —que se constituye en primer lugar gracias a la dimensión de lo espiritual— en el «plano» de lo meramente corporal psíquico: ahora bien, frente a tal ambigüedad ya no puedo ver ninguna diferencia entre la visión de una santa y la alucinación de una histérica y, por ejemplo, en el caso de Dostoievski nunca puedo saber si solo es epiléptico o incluso más que esto. Pues en el mismo momento en que se realiza esta proyección, santas por un lado e histéricas y epilépticos por otro, se colocan en un nivel, precisamente en un mismo plano; sin embargo, mientras yo no trascienda este plano de alguna manera, no existe ningún diagnóstico diferencial entre «loco o profeta» —para citar aquí este título del libro de A. von Muralt— o entre «locura» (*Wahnsinn*) y «presentimiento» (*Ahnsinn*) —para aludir a una frase de Richard Dehmel (*Nenn's nicht Wahnsinn, nenn's lieber Ahnsinn!* [«¡No lo llames locura, llámalo más bien presentimiento!»]).

Pero no solamente se permanece sin dar el paso de lo corporal psíquico a lo espiritual, de la facticidad psicofísica a la existencialidad espiritual del hombre, sino que mucho menos se efectúa el tránsito de la existencia a la trascendencia. Por consiguiente, se sacrifica la trascendencia del mundo a un super-mundo. Del mismo modo que una experiencia vivida, proyectada desde el ámbito de lo humano en el plano de lo meramente corporal psíquico, se vuelve ambigua, así también se vuelve ambiguo un acontecimiento si en vez de considerarse colocado en su transparencia en la dimensión de lo super-mundano, se proyecta en el espacio del mundo, es decir, si no se ve de manera limitada en su simple carácter mundano.

Dirijámonos ahora a la parte derecha del gráfico: en él se puede ver que un cilindro proyectado desde el espacio en un plano se representa en una dimensión como rectángulo y en cambio en la otra como círculo. Pero lo psíquico, por ejemplo, por principio no se puede reducir a lo corporal o derivar de ello; más bien ambos son inconmensurables. Una calidad de color, por ejemplo, y su «correspondiente» frecuencia de onda no solo no son idénticos sino que son inconmensurables; nadie ha podido «ver» todavía una frecuencia de onda ni hablar de que hubiera percibido en ella un color. Por su parte, tampoco la percepción de algo rojo, tiene color rojo ni la idea de algo redondo es ella misma redonda. Sin embargo, mientras que esta inconmensurabilidad ontológica, en cualquier otra forma de pensar, amenaza con hacer saltar la concepción antropológica del hombre como una auténtica unidad, incluso más que esto, como una totalidad, en el marco de nuestra concepción dimensional del hombre, ella no se queda con la última palabra.

Ahora incluso entendemos que, aunque, como sucede entre lo corporal y lo psíquico,[5] también la contradicción entre necesidad por un lado y libertad por otro represente la consecuencia necesaria de una proyección, al mismo tiempo es posible una disolución de esta contradicción precisamente a través de nuestra forma de pensar dimensional. Dentro de lo físico se juntan causa, efecto y efecto retroactivo en un «círculo causal» cerrado en sí mismo y en ese sentido se tendrá que calificar, por ejemplo, el sistema nervioso central al fin y al cabo como un «sistema cerrado». Así, pues, ¿cómo es posible que este sistema en apariencia completamente cerrado en sí sea al mismo tiempo abierto y dispuesto a integrar en sí, a dejar afluir hacia sí, lo psíquico y lo espiritual y a dejarse influenciar por estas dimensiones, para permitir

---

5. La relación entre *morphe* e *hyle* es semejante a la relación entre lo psíquico y lo corporal, a saber, que la primera dimensión pertenece a la inmediatamente superior como última. Por consiguiente, es también legítimo, en el sentido del hilemorfismo, que a la psique se le denomine una *forma corporis*. Solo que, frente a la relación análoga entre lo espiritual y lo psíquico dentro de la «psique» como una *forma corporis*, tendríamos que distinguir, por un lado, entre lo «psíquico-espiritual» como, me gustaría decir, una *forma formans* y, por otro, lo «psíquico-corporal» como, me gustaría decir, una *forma formata*. De hecho, el hombre se conforma a sí mismo, al mismo tiempo que lo espiritual en él, es decir, él mismo en cuanto persona espiritual se forma y en suma se crea a sí mismo en cuanto carácter psíquico, es decir, lo psíquico en él: «la persona es creativa», «el carácter es algo creado» (V.E. Frankl, *Der unbedingte Mensch. Metaklinische Vorlesungen*, Viena, 1949, p. 99; trad. cast.: «El hombre incondicionado», en *El hombre doliente*, Herder, Barcelona, 2009, p. 81-195).

de esta forma que, en general, el organismo preste a la persona su servicio, que es doble según su función expresiva e instrumental? Incluso esta contradicción, por un lado, el carácter cerrado del sistema neurofisiológico y, por otro, el carácter abierto frente a todo lo existente transfisiológicamente, incluso esta contradicción resulta ser simple apariencia y superable en cuanto consideramos al hombre de forma dimensional. Pues si tomo el plano horizontal de un vaso, o sea, su proyección en el plano de la mesa, se muestra este plano horizontal como un círculo cerrado en sí mismo; sin embargo, este mismo vaso en la dimensión inmediatamente superior, en la tercera dimensión en el espacio, es a la vez «abierto» y «dispuesto» a integrar algo en sí; sin embargo, a pesar del carácter cerrado simultáneo, este carácter abierto se nos revela en aquella dimensión en la que pueden existir algo así como vasos para beber. Vasos que por sí son formas espaciales, tridimensionales. Lo mismo ocurre en el hombre. Solo que hoy, desgraciadamente, todavía no es tan evidente que lo espiritual forme también parte de la totalidad del hombre, incluso que la dimensión de lo espiritual en definitiva sea lo que constituye el espacio de lo humano.

Antes de continuar, quisiéramos observar que entre la libertad existencial del hombre, por un lado, y la necesidad más elevada, por otro, es decir, la necesidad providencial, puede existir una relación semejante a la que existe entre necesidad y libertad (véase lo que se ha dicho antes): incluso la contradicción entre estas dos resulta ser aparente en una consideración dimensional y lo que a los hombres nos parece una decisión libre —y en el ámbito de lo humano es una decisión libre también— sin duda será querido y previsto por Dios, a pesar de su libertad, incluso hasta en esta su libertad. Finalmente, también el animal domesticado (digamos un buey) no sospecha —a partir de su «medio ambiente»— para qué fines «más elevados» el hombre «unce» literalmente hablando sus instintos, incorporándolo en el mundo del hombre, por ejemplo, del campesino. Pero el medio ambiente del animal no se relaciona con el mundo humano de forma diferente a como este último se relaciona con el super-mundo: una relación análoga a la de la sección áurea.

Sigamos hablando de lo humano y volvamos a la tesis que hemos planteado poco ha: que es ante todo la dimensión de lo espiritual la que constituye el ámbito de lo humano —¡decimos expresamente «ante todo» y no «solamente»!— Y esto porque lo espiritual ciertamente no significa una dimensión sino la dimensión del hombre, pero de ningún modo la única. Y si en una ocasión Paracelso afirmó: «Solamente la alteza del hombre es el hombre», nosotros quisiéramos sustituir precisamente este «solamente» por «ante todo», afirmando con una variación: no «solamente» en la alteza, en la dimensión de alteza, en la dimensión del espíritu «es» el hombre, sino que es «ante todo» en el ámbito de lo corporal-psíquico-espiritual, como ámbito de lo humano, donde se vislumbra antes que nada algo así como el hombre. Por consiguiente, no solamente en la «tercera» dimensión, la de lo espiritual, sino ante todo en la tridimensionalidad de cuerpo, alma y espíritu: el *homo humanus* está en su patria en esta tri-unidad, allí su *humanitas* está en su tierra natal. Frente a esto, aceptar la tesis de Paracelso significaría volver a proyectar, es decir, volver a considerar todo de forma solamente lineal y caer en un monismo, aunque un monismo desde arriba, a saber, un monismo espiritualista, en oposición a un monismo materialista, desde abajo.

Aunque lo espiritual es una forma de ser propia del hombre, desde el punto de vista ontológico, y una forma de ser específica, desde un punto de vista antropológico, sin embargo esto es válido solo con dos limitaciones: por de pronto, lo espiritual no es en modo alguno la única región ontológica a la que pertenece el hombre (afirmar esto significaría caer en un espiritualismo); pues el hombre —por más que sea un ser espiritual, un ser espiritual en su esencia— es una unidad y totalidad corporal-psíquico-espiritual. Además es válido que dentro del espíritu, desde un punto de vista noológico, lo racional y lo intelectual ni siquiera representan lo que es específico en el hombre; más bien lo emocional y lo existencial les disputan este rango. (Gracias al reconocimiento de este orden de rango, el análisis existencial se encuentra inmune contra estos tres peligros que amenazan a toda antropología en cuanto se dispone a incluir lo espiritual en su esquema de una concepción del hombre: contra el espiritualismo, el racionalismo y el intelectualismo).

No se pretende negar que no siempre podemos renunciar a las proyecciones. Si, por ejemplo, quiero examinar a un paciente desde la perspectiva neurológica, entonces tengo que hacer como si el hombre solo perteneciese a la dimensión fisiológica; solo que no me debo creer que sigo tratando al *homo humanus*. Por lo menos durante el examen estoy obligado a actuar como si el enfermo sentado frente a mí fuera «un caso de...», en una palabra, como si tuviera que vérmelas con un «enfermo» adjetivado y no más bien con un «hombre» enfermo substantivado, como el *homo patiens*.

Por consiguiente, en cada caso tengo que actuar «como si...»; pues los reflejos del tendón patelar no me es posible examinarlos en el hombre omnidimensional, sino solo en un organismo, por no decir en un sistema nervioso central que representa una simple proyección del *homo humanus*.

Del mismo modo puede ser legítimo proyectar al hombre, desde el espacio noológico a él adecuado, no en el plano fisiológico como en el caso del examen neurológico, sino en el plano psicológico como se hace en el ámbito de la investigación psicodinámica. Pero si no se produce con plena conciencia del método, entonces puede fácilmente llevar a error. Sobre todo, no tendría que perder de vista todo lo que saco en limpio con esto; pues en el sistema de coordenadas de una consideración parcial y exclusivamente psicodinámica, de antemano no puedo llegar a ver del hombre nada más ni nada diferente a un ser que en apariencia solo es movido por los instintos y que los satisface. Lo específicamente humano, sin embargo, se representa necesariamente en tal sistema de referencia solo de manera deformada; incluso se me escaparán ciertos fenómenos humanos. Pensemos solo en algo como el sentido y los valores: ¡deben desaparecer de mi campo de visión tan pronto como acepto solo impulsos e instintos, es decir, deben desaparecer por la sencilla razón de que los valores no me mueven sino que me arrastran! Y entre ambos existe una enorme diferencia a cuyo conocimiento no debemos cerrarnos, si por el contrario buscamos, en el sentido de un análisis fenómenológico, un acceso a la realidad total e íntegra del hombre.

Por consiguiente, existen proyecciones necesarias; es más, ninguna ciencia óntica, como tal —en oposición a cualquier saber ontológico—, puede prescindir de realizar proyecciones; no puede prescindir de hacer caso omiso del carácter dimensional de su objeto, de suprimir dimensiones. Pero precisamente esto no quiere decir nada más que: proyectar cada objeto en cuestión. Así pues, la ciencia es una anulación obligada de la estructura omnidimensional de la realidad: la ciencia debe enmascarar y excluir, debe fingir y hacer «como si...».

¡Sin embargo, también la ciencia debe saber lo que hace! Y que no haga creer a nadie que no es ella la que está fingiendo sino que es el «sentido común» o, como preferiríamos decir, la autocomprensión directa del hombre; para esta autocomprensión del hombre sencillo cosas como espíritu, libertad y responsabilidad no son ni mucho menos puras «ficciones» —tal como le gustaría al naturalismo hacer creer, reduciéndolas de manera biologicista a procesos cerebrales de algún tipo o incluso identificándose con ellas o deduciéndolas de manera psicologicista—. Pero el hombre sencillo no se entiende a sí mismo como «mecanismo psíquico». Sino que el hombre sencillo ha entendido desde siempre lo que pasa con su espiritualidad, libertad y responsabilidad —ya hace mucho que lo descubrió, incluso antes de llegar a ver algo como el cerebro o de que llegasen a sus oídos aquellos conflictos de los instintos a partir de los que parece que inexplicablemente surge el espíritu—. De esta forma vemos que no existen solo proyecciones obligadas y ficciones necesarias de la ciencia, sino también innecesarias. La psicología deber ser también propiamente noología, llámese así o de otra manera. Solo como tal es capaz de aproximarse o de llegar solo a las cercanías de algo como «persona» —«existencia»— «lo espiritual» (según que nos acerquemos a este algo de manera fenómenológica, antropológica u ontológica).

De las realidades existenciales del hombre forman parte: la espiritualidad, la libertad y la responsabilidad del hombre. Estas tres realidades existenciales no caracterizan solo la existencia humana como tal, como humana, sino que más bien la constituyen. En este sentido, la espiritualidad del hombre no es solo un *caracteristicum* sino un *constituens*: lo espiritual no es algo que solo caracteriza al hombre, igual que lo hacen lo corporal y lo psíquico que son también propios del animal; sino que lo espiritual es algo que distingue al hombre, que le corresponde solo a él y ante todo a él.

Naturalmente, un avión no deja de ser un avión, aunque solo se mueva en el suelo: ¡puede, es más, debe volver a moverse continuamente en el suelo! Pero el hecho de que es un avión lo demuestra solo en cuanto se eleva por los aires. De forma análoga el hombre empieza a comportarse como hombre solo si puede salir del plano de la facticidad psicofísico-organísmica y puede ir al encuentro de sí mismo, sin por ello tener que hacerse frente a sí mismo.

Este poder es lo que quiere decir existir y existir significa: estar por encima de sí mismo siempre.

1. El carácter espiritual del hombre

El ente espiritual «está junto a» otro ente. Solo que este «existir junto a» no se debe imaginar de manera espacial, precisamente porque no es un «existir junto a» espacial sino un existir «real»; sin embargo, esta «realidad» no es ninguna realidad óntica sino una realidad ontológica. Por consiguiente, ¡el espíritu nunca está «afuera» en sentido óntico, sino que en cada caso está *casi* afuera en sentido ontológico!

Ahora bien, nunca insistiremos bastante en afirmar que entendemos todo solo «en sentido figurado»; pues, sin más, también se podría decir al contrario que el «existir junto a» corporal (por ejemplo, el estar juntas dos personas) es un existir junto a en sentido restringido, a saber, en un sentido restringido a lo espacial —¡o si se quiere: en un sentido restringido a lo corporal!—. Pues no es más primordial el sentido no espacial y no material, el no corporal, sino el sentido relativo al ser.

¡La cuestión que caracteriza a cualquier teoría del conocimiento ya está mal planteada en un principio! Pues preguntar cómo puede el sujeto acercarse al objeto carece de sentido porque esta cuestión es ya el resultado de una espacialización inadmisible y por tanto representa una ontización de los hechos reales; es inútil preguntar cómo puede el sujeto acercarse «saliendo» de sí mismo al objeto que está «fuera» de él, que se encuentra «afuera», simplemente porque este objeto, en sentido ontológico, nunca estuvo «afuera». Sin embargo, si esta cuestión se entiende ontológicamente y si se dice «afuera» solo en el sentido «como si», entonces nuestra respuesta debería ser: el llamado sujeto ya ha estado siempre afuera por así decir, junto al llamado objeto.

Dicho de otra forma: no debemos en absoluto participar ni siquiera introducir esa flagrante distancia, esa ruptura y ese desdoblamiento entre sujeto y objeto que la teoría del conocimiento provoca debido a su no justificada espacialización; solo entonces conseguimos el planteamiento de una auténtica ontología del conocimiento, solo entonces ya no se abre el abismo entre el ente espiritual cognoscente, por un lado, y el otro ente conocido, por el otro. Cualquier distancia entre «fuera de» y «dentro de», «afuera» y «adentro», cualquier lejanía y cercanía la debe la teoría del conocimiento ontizante, no ontológica, solo al hecho de considerar espacialmente estas expresiones.

Esta posición de la teoría del conocimiento significa auténticamente un «pecado original» filosófico, significa precisamente el «fruto» del «árbol» de la teoría «del conocimiento». Pues, una vez que se ha establecido esta escisión, ya no hay posibilidad de atravesar este «abismo»: ¡pues no es posible retroceder! Por consiguiente, en el caso de que se quiera intentar evitar esta fatal escisión entre sujeto y objeto, tenemos que volver hasta antes de esta división de la existencia en sujeto y objeto.

La posibilidad que tiene el ente espiritual de «estar junto a» otro ente, representa una capacidad primordial, representa la esencia del ser espiritual, de la realidad espiritual, y una vez reconocida, nos evita la tradicional problemática de «sujeto» y «objeto» de la teoría del conocimiento; nos libra del *onus probandi* del problema de cómo uno puede acercarse a otro. Sin embargo, debemos comprar este alivio al precio de renunciar a formular más preguntas, incluso a la pregunta de qué está detrás de esta última extrema posibilidad del espíritu de «estar junto a» otro ser.

En efecto, una ontología del conocimiento no es capaz de mostrar ni de expresar más que el hecho de que el ente espiritual está «de alguna forma» junto a otro ente: ontológicamente solo se puede alcanzar esta «queidad» *(Dass-heit)* pero no la «quididad» *(Was-heit)*, la esencia del «estar junto a».

El ente nunca está «afuera» frente al ente espiritual que le conoce, sino que sencillamente está «ahí». Ahora bien, solo con esta actitud reflexiva, propia de cualquier psicología, este simple estar «ahí» se rompe en un sujeto y un objeto. Sin embargo, esta actitud reflexiva como tal ya no es ninguna actitud ontológica sino más bien una actitud óntica, precisamente la actitud psicológica. Entonces el ente espiritual se ha convertido en una cosa entre cosas[6] y su «estar junto a» se ha convertido en una relación dentro del mundo.

¿Qué es, pues, en última instancia este «estar junto a» del ente espiritual? Es la intencionalidad de este ente espiritual. Sin embargo, el ente espiritual es intencional en lo profundo de su esencia y de este modo se puede decir que el ente espiritual es ente espiritualmente, es ser consciente, está «junto a sí», mientras «está junto a» otro ente, mientras «tiene conciencia» de otro ente. De esta forma el ser espiritual se realiza en el «estar junto a» y este «estar junto a» del ser espiritual constituye su posibilidad más propia, su capacidad primordial específica.

El ente espiritual no solo es capaz de «estar junto a» otro ente, sino que también puede, en especial, «estar junto a» un ente de la misma clase, es decir, junto a un ente igualmente espiritual, es decir, del mismo tipo. Este «estar junto a» del ente espiritual junto a otro ente espiritual, este «estar junto a» entre entes espirituales, lo llamamos «estar uno junto al otro». Así, el pleno «estar junto a» se hace posible solamente y ante todo en semejante «estar uno junto al otro», por consiguiente solo entre existentes de la misma clase.

---

6. Compárese con la *res* (!) *cogitans* de Descartes.

Pero esto solo es posible en aquel «estar entregado uno al otro» enteramente que llamamos amor.

Se puede definir el amor como poder llamar tú a alguien y además poder aceptarlo positivamente; en otras palabras: comprender a una persona en su esencia, tal como es, en su singularidad y peculiaridad, pero no solo en su esencia y tal como es sino también en su valor, en su deber ser, y esto quiere decir aceptarle positivamente. Y así se vuelve a mostrar que no es en absoluto correcto afirmar que el amor es ciego, al contrario, el amor devuelve la vista; es más, incluso es profético; puesto que el valor que el amor hace ver y resplandecer no es todavía realidad sino una mera posibilidad; algo que todavía no existe, sino que se desarrolla, puede y debe desarrollarse. Es propia del amor una función cognitiva.

Por consiguiente, en la medida en que el «estar uno junto al otro» constituye el «ser» de una persona «junto a» la otra como tal, y esto quiere decir lo mismo que «junto a» esta otra persona en su absoluta «alteridad» (frente a todas las demás personas), la cual «alteridad» comprende de forma amorosa semejante «estar junto a» —y únicamente semejante «estar junto a»— en la medida en que esto es así, se puede decir que el amor representa la forma de ser personal por antonomasia.

Ahora bien, dentro de la espiritualidad humana existe algo así como la espiritualidad inconsciente. Sin embargo, hay que añadir que entendemos por espiritualidad inconsciente una espiritualidad cuyo carácter inconsciente consiste en la carencia de la autoconciencia reflexiva —mientras que se conserva la autocomprensión[7] implícita de la existencia humana; pues tal autocomprensión corresponde a toda existencia, a todo hombre.

La espiritualidad inconsciente es la fuente y raíz de toda espiritualidad consciente. En otras palabras: conocemos y reconocemos no solo un inconsciente instintivo sino también un inconsciente espiritual y consideramos este como el fundamento sustentador de toda espiritualidad consciente. El yo no es dominado por el ello; sin embargo, el espíritu es sustentado por el inconsciente.

Para explicar más de cerca lo que hemos presentado como lo «inconsciente espiritual», nos vamos a servir del fenómeno «conciencia» como de un modelo.[8]

De hecho, lo que se llama conciencia llega a profundidad inconsciente y arraiga en una base inconsciente: precisamente las decisiones grandes y auténticas —existencialmente auténticas— de la vida humana se toman siempre al fin y al cabo de manera no racional y, por tanto, también inconsciente; en su origen la conciencia se sumerge en el inconsciente.

En este sentido hay que considerar la conciencia como algo irracional; es alógica o, mejor aún, prelógica. Pues, así como existe una comprensión de ser precientífica y otra prelógica antepuesta a esta ontológicamente, de la misma

7. La autocomprensión de la existencia es un fenómeno originario irreducible. Pues la existencia se puede comprender a sí misma pero no su propia autocomprensión. A saber, esta comprensión, esta autocomprensión potenciada, debería desarrollarse en una dimensión superior como dimensión de la autocomprensión originaria.
8. Viktor E. Frankl, *Der unbewusste Gott,* Viena 1948, p. 37-47; trad. cast.: *La presencia ignorada de Dios.* Herder, Barcelona, 2006.

forma existe una comprensión de valores premoral que precede esencialmente a toda moral explícita, precisamente la conciencia.

Si nos preguntamos por qué razón la conciencia es activa necesariamente de forma irracional, entonces habría que tener en cuenta los siguientes hechos: lo existente se abre a la conciencia *(Bewusstsein)*, sin embargo, a la conciencia moral *(Gewissen)* no se abre un existente, sino más bien un no existente: algo que debe llegar a ser. Este algo que debe llegar a ser no es por tanto nada real, es algo que hay que realizar todavía, no es nada real sino algo meramente posible (sin embargo, no sin que esta mera posibilidad represente una necesidad en un sentido superior, precisamente en el sentido moral). En la medida en que aquello a lo que nos abre la conciencia moral es algo que hay que realizar todavía, en la medida en que debe realizarse aún, surge enseguida la cuestión de cómo se debería realizar de otra forma, si no se anticipa, de alguna manera, espiritualmente. Este anticiparse, esta anticipación espiritual se lleva a cabo por lo que se llama intuición: la anticipación espiritual acontece por un acto de visión.

De este modo, la conciencia resulta ser una función esencialmente intuitiva: para anticipar lo que se ha de realizar, la conciencia primero debe intuirlo; y en este sentido, la conciencia, el *ethos*, es de hecho irracional y solo posteriormente se puede hacer racional. Pero, ¿no conocemos un análogo?, ¿el *eros* no es igualmente irracional, igualmente intuitivo? En efecto, también el amor intuye; a saber, contempla algo que no existe todavía; sin embargo, no es, como la conciencia, un «algo que debe llegar a ser», sino que este algo que no existe todavía a lo que abre el amor es algo que solo puede llegar a ser. Pues el amor contempla y abre posibilidades de valor en el tú amado. Entonces, incluso el amor en su contemplación espiritual anticipa algo; a saber, lo que una persona concreta, precisamente la persona amada, puede albergar en sí de posibilidades personales aún no realizadas.

Pero no solo se parecen en que, tanto la conciencia como el amor, tienen que ver igualmente con simples posibilidades y no con realidades; no es solo esto lo que pone en evidencia de antemano que ambos pueden proceder únicamente de forma intuitiva. Más bien se puede indicar una segunda razón por lo que se refiere a su funcionamiento necesariamente intuitivo e irracional, por su esencia, y, por tanto, nunca totalmente racionalizable: es decir, ambos, tanto la conciencia como el amor, tienen que ver con el ser absolutamente individual.

Precisamente el cometido de la conciencia es abrir al hombre a «aquello que es necesario». Esto, sin embargo, es algo único en cada caso particular. Se trata, por tanto, de algo absolutamente individual, de un «deber ser» individual, que por tanto no puede ser captado por ninguna ley general, por ninguna «ley moral» formulada de forma universal (por ejemplo, en el sentido del imperativo kantiano), sino que es prescrito por una «ley individual» (Georg Simmel); en modo alguno se puede reconocer racionalmente, sino que solo se puede captar de forma intuitiva. Y precisamente es la conciencia la que proporciona esta capacidad intuitiva.

Solo la conciencia es capaz de armonizar, por así decir, la ley moral «eterna», expresada universalmente, con cada situación concreta de una persona concreta. Pues una vida a partir de la conciencia es siempre una vida absolutamente personal orientada a una situación absolutamente concreta, a lo que puede importar en nuestra existencia *(Dasein)* singular y peculiar: la conciencia incluye siempre el «aquí» *(Da)* concreto de mi «ser» *(Sein)* personal.

Ahora vamos a mostrar que incluso en esta relación, también por lo que se refiere a la intención esencialmente individual de la conciencia, hay un cierto paralelismo en el amor: no solo el *ethos* aspira a una posibilidad completamente individual sino también el *eros;* pues como la conciencia abre a «algo que es necesario», asimismo el amor abre a lo peculiar que es posible: las posibilidades peculiares de cada persona amada. Es más, el amor, y solo él, es capaz de contemplar a una persona en su peculiaridad como el individuo absoluto que es.

Pero no solo lo ético y lo erótico, no solo la conciencia y el amor arraigan en una profundidad emocional y no racional, en una profundidad intuitiva de lo inconsciente espiritual: también lo pático tiene sus raíces aquí en cierto modo, es decir, en la medida en que dentro de lo inconsciente espiritual, además de lo inconsciente ético, de la conciencia moral, existe por así decir un inconsciente estético: la conciencia artística. Tanto por lo que se refiere a la producción artística[9] como por lo que se refiere a la reproducción, el artista no puede prescindir en este sentido de una espiritualidad inconsciente. En el artista, la inspiración corresponde a la intuición, en sí irracional, de la conciencia y, por tanto, no

---

9. Compárese con el anexo «Psychotherapie, Kunst und Religion» en: Viktor E. Frankl, *Die Psychotherapie in der Praxis. Eine kasuistische Einführung für Ärzte,* Viena, 1947.

racionalizable completamente e incluso tiene sus raíces en una esfera de espiritualidad inconsciente. A partir de ella el artista crea y por consiguiente las fuentes, a partir de las cuales crea, se encuentran y permanecen en una oscuridad que nunca se puede aclarar completamente mediante la conciencia. Continuamente se vuelve a mostrar que por lo menos la conciencia excesiva puede interferir tal producción «a partir de lo inconsciente»; a menudo la autoobservación forzada, la voluntad de «hacer» conscientemente lo que se debería realizar automáticamente en una profundidad inconsciente, se convierte en un obstáculo para el artista creador. Cualquier reflexión innecesaria lo único que hace es perjudicar.

Anteriormente insinuamos que, siempre que se habla de espiritualidad inconsciente, por inconsciente no se debe entender nada más que no reflexivo. Sin embargo, se pretende decir algo más: se pretende decir también no reflexionable. No obstante, la espiritualidad del hombre no solo es inconsciente sin más, sino que es también obligadamente inconsciente.

De hecho, el espíritu se muestra no reflexionable por lo menos a través de sí mismo, precisamente en la medida en que, en última instancia, es ciego frente a cualquier autoobservación que intenta captarlo en su origen, en su lugar de origen. En mi libro *La presencia ignorada de Dios* he presentado un símil respecto a esto: precisamente en el lugar de origen de la retina, el lugar de entrada del nervio óptico en el globo ocular, se encuentra el llamado punto ciego de esta misma retina. Pero también se ofrece otro símil: es decir, también se puede producir tal punto ciego frente a cualquier autorreflejo y esto ocurre siempre que alguien intenta «verse en los ojos» a sí mismo: en el mismo momento se cegaría a sí mismo. Por otra parte, la retina genéticamente forma parte del cerebro y, mira por dónde, el mismo cerebro, por su lado —el órgano de cualquier sensación de dolor—, no es en lo más mínimo sensible al dolor: una analogía más...; así pues, la misma persona, por su parte —según Max Scheler, el centro de los actos espirituales y, por consiguiente, el centro de toda conciencia—, no es capaz de conciencia.

Con la ayuda de un telescopio se pueden observar todos los planetas del sol, con una excepción: queda excluido el mismo planeta tierra. Algo semejante nos pasa a los hombres con todo conocimiento: todo conocimiento, en cuanto es conocimiento humano, está vinculado a una situación. Sin embargo, donde está la situación, no puede haber objeto y así el sujeto nunca puede convertirse en su propio objeto de forma completa.

Pero no solo no se puede hacer una autorreflexión completa, sino que tampoco se debe hacer; pues no es la tarea del espíritu el observarse a sí mismo y el mirarse a sí mismo en el espejo. ¡Forma parte de la esencia del hombre su ser orientado hacia, sea hacia alguna cosa, sea hacia alguien, sea hacia una obra, sea hacia un hombre, hacia una idea o hacia una persona! Y solo en la medida en la que somos intencionales, somos existenciales; solo en la medida en que el hombre está espiritualmente con algo o con alguien, junto a otro ente espiritual así como junto a un ente no espiritual, solo en la medida de tal «estar junto a», el hombre está consigo mismo. El hombre no existe para observarse a sí mismo ni para mirarse a sí mismo en el espejo; sino que existe para entregarse, para sacrificarse y para abandonarse conociendo y amando.

La persona se revela en su biografía, se abre a sí misma, su esencia, su carácter inconfundible solo a una explicación biográfica, mientras que se niega a un análisis directo. En última instancia, la biografía no es otra cosa que la explicación temporal de la persona: en este sentido se atribuye naturalmente a cada fecha biográfica, incluso a cada detalle de la vida, una importancia biográfica y con ello también un valor de expresión personal, pero solo hasta un cierto grado y solo dentro de ciertos límites. Es decir, este carácter limitado corresponde al carácter condicionado del hombre que solo es incondicionado de forma facultativa mientras que de hecho queda condicionado; pero por mucho que en su esencia sea un ser espiritual, él sigue siendo un ser limitado. De aquí ya resulta que la persona espiritual no es capaz de imponerse absolutamente a través de los estratos psicofísicos. La persona espiritual a través de los estratos psicofísicos no es siempre visible ni siempre activa. En todo caso, no se puede decir que el organismo psicofísico o cualquier enfermedad de este sea representativo respecto a la persona espiritual que está detrás y que se sirve de él de una u otra forma; pues de esto no es capaz en ningún caso en todas las condiciones y en todas las circunstancias. Puesto que la persona espiritual no es activa en todas las circunstancias a través del organismo psicofísico, por esta misma razón tampoco es visible en todas las circunstancias a través del organismo psicofísico; precisamente porque este medio es inerte, por eso mismo es borroso. En la medida en que el organismo —no en último lugar en caso de enfermedad— es un espejo en el que la persona se refleja, este espejo no es limpio. Con otras palabras: no cualquier mancha de este es imputable a la persona que se refleja en él. De ningún modo el cuerpo del hombre es una imagen reflejo fiel de su espíritu: esto sería válido de un cuerpo «transfigurado»; solo un cuerpo transfigurado sería representativo de la persona espiritual; el cuerpo del hombre «caído», sin embargo, representa un espejo roto y por eso deformador. En ningún caso se puede atribuir cualquier *insanitas corporis* a una *mens insana* o derivar de una *insanitas mentis*. No toda enfermedad es noógena; quien esto afirma es espiritualista o —por lo que se refiere a la enfermedad corporal— noosomático. Mientras nos demos cuenta de que el hombre no es capaz de realizar en sí mismo en cuanto organismo psicofísico todo lo que pretende en cuanto persona espiritual, nos guardaremos —frente a tal *impotentia oboedientialis*— de achacar cualquier enfermedad del cuerpo a un fallo del espíritu. Ciertamente, cualquier enfermedad tiene su «sentido»; pero el sentido real de una enfermedad no consiste en el qué de la enfermedad, sino más bien en el cómo del sufrimiento y de esta forma, en cada caso, se debe dar este sentido a la enfermedad y esto acontece siempre que el hombre que sufre, el *homo patiens,* cumple el sentido posible del sufrimiento fatalmente necesario, en el sufrimiento justo, llevado con dignidad, en la confrontación de sí mismo, en cuanto persona espiritual, con la enfermedad, en cuanto afección del organismo psicofísico. En la confrontación con el destino de la enfermedad, en la actitud respecto a este su destino, el hombre enfermo cumple no un sentido, sino el sentido más profundo y realiza no un valor, sino el valor supremo. La enfermedad tiene tanto un sentido en sí como un sentido para mí; pero el sentido en sí es un metasentido, es decir, va más allá de toda comprensión humana de sentido. Con mayor razón se puede decir que está más allá de las fronteras de la temática psicoterapéutica legítima. La transgresión de estas fronteras se venga bajo la forma de la situación embarazosa en la que se llega a encontrar tanto el médico como aquel hombre que respondió a su hijo, que le preguntaba en qué medida Dios era el amor, con este ejemplo: «Él te liberó del sarampión», para dar la callada por respuesta ante la objeción de su hijo: «¡Sí, pero primero me hizo venir el sarampión!»

La impotencia del espíritu humano en una psicosis consiste o se limita al hecho de que este espíritu no puede expresarse a sí mismo y, por consiguiente, tampoco puede expresar su confrontación con la psicosis, sea que esta confrontación consista en una rebelión contra la enfermedad o en una reconciliación con la enfermedad. No debemos confundir, sin embargo, esta imposibilidad de expresión con una imposibilidad de la misma confrontación. Esta última sigue siendo posible y siempre vuelve a realizarse en virtud de lo que llamamos el poder de obstinación del espíritu. Precisamente el neuropsiquiatra es un conocedor de la limitación psicofísica de la persona espiritual; pero precisamente él es el testigo del poder de obstinación de esta.

El espíritu humano es limitado, no menos pero tampoco más. El cuerpo no origina nada; él solo limita; pero esta limitación del espíritu humano consiste, no en último lugar, en la dependencia del espíritu humano de su cuerpo —incluso los llamados mecanismos apersonales (V.E. von Gebsattel) no se encuentran en lo espiritual sino en lo psicofísico—, en la supeditación del espíritu humano a la integridad de la función instrumental y expresiva de su organismo psicofísico.[10] Esta doble función —¡en la que se basa toda capacidad de acción o de expresión de la persona espiritual!— se puede perturbar; pero no por esto se pueda destruir la persona espiritual, y sería una conclusión errónea si de la incapacidad de la persona espiritual de expresarse a sí misma y de expresar su confrontación con la psicosis, se dedujese su incapacidad de confrontarse en general con la psicosis de alguna forma, de uno u otro modo, por muy discreta que sea esta confrontación y por mucho que permanezca oculta a nuestra vista, no por eso se produce menos, incluso en el caso en que uno lleve y soporte su sufrimiento de forma callada.

Pero en general, es evidente que sigue existiendo, tanto antes como después, el hecho de que un organismo psicofísico funcional es la condición para que se despliegue la espiritualidad humana. Solo que no debería olvidarse que lo psicofísico, por mucho que condicione dicha espiritualidad, no puede originar nada ni puede producir tal espiritualidad; que el *bios* nunca origina sino que solo condiciona al *logos* y que la *physis* o el *soma* nunca origina sino que solo condiciona la *psyche*.[11] Además no se debería hacer caso omiso del hecho de que solo es el organismo psicofísico el que está afectado —por ejemplo, en el caso de una enfermedad psicótica; pues la persona es una persona espiritual y como tal está por encima del estar sana o enferma. Una perturba-

---

10. El espíritu instrumentaliza lo psicofísico; la persona espiritual organiza al organismo psicofísico; es más, en resumidas cuentas, lo hace suyo convirtiéndolo en útil, en *organon*, en *instrumentum* (V.E. Frankl, *Der unbedingte Mensch. Melaklinische Vorlesungen*, Viena, 1949, p. 53).
11. Ibíd., p. 39.

ción funcional psicofísica puede, al menos, originar que la persona espiritual, que se encuentra detrás del organismo psicofísico y, de alguna forma, por encima de él, no se pueda expresar ni liberar: es esto —ni más ni menos que esto— lo que la psicosis significa para la persona.

Mientras yo no puedo percibir la persona espiritual porque la psicosis la bloquea y la sustrae a mi vista, naturalmente no puedo acercarme a ella terapéuticamente y debe fracasar un llamamiento. De aquí se deriva que un procedimiento logoterapéutico solo se debe tomar en consideración en casos de psicosis clínicamente fáciles hasta de mediana dificultad.[12]

La logoterapia en casos de psicosis (puesto que no existe una logoterapia de las psicosis) es esencialmente una terapia que se aplica a lo que quedó sano, es, propiamente hablando, un tratamiento de la actitud de lo que ha quedado sano en el enfermo frente a lo que se ha vuelto enfermo en el hombre; pues lo sano no puede enfermar y lo enfermo no se puede tratar (más bien es asequible solo a una somatoterapia) en el sentido de la psicoterapia (¡no solo de la logoterapia!).

Ahora se muestra que el destino, llamado psicosis, está siempre configurado; pues la persona estuvo siempre activa; participó siempre en el juego; siempre ha configurado también la enfermedad; pues esto sucede y acontece a un hombre: un animal tendría que dejarse sumergir en la afectividad morbosa, un animal tendría que dejarse llevar por los impulsos morbosos; solo el hombre puede —y debe— confi-

---

12. Véase V.E. Frankl, «Psychagogische Betreuung endogen Depressiver», en: *Theorie und Therapie der Neurosen*, Múnich-Basilea, 1983, p. 67ss; trad. cast.: *Teoría y terapia de las neurosis*, Herder, Barcelona, 2016.

Elementos del análisis existencial y de la logoterapia

gurarse con todo esto. Y mira por dónde, ya desde siempre se ha configurado, sin darse cuenta conscientemente en lo más mínimo de lo que ocurre. En una palabra: la confrontación entre lo humano en el enfermo y lo morboso en el hombre no se produce de forma reflexiva; más bien acontece de forma implícita; la confrontación es una confrontación absolutamente silenciosa.

Solo que semejante patoplástica implícita no debería confundirse con la afirmación corriente según la cual la locura representa la reacción psíquica a un proceso somático; pues por nuestra parte no se trata de reacciones psíquicas sino de actos espirituales, a saber, de actitud personal frente a la psicosis.[13]

Hacer ver y aparecer lo personal en la psicosis es el objetivo del análisis existencial. Este intenta hacer transparente el caso en relación con el hombre y hacer trascender la imagen de la enfermedad en relación con una imagen del hombre. Es decir, la imagen de la enfermedad es simplemente una imagen deformada, sombría del hombre auténtico, su simple proyección al nivel clínico, es decir, desde una dimensión del hombre, la cual se encuentra por encima de neurosis

13. El hecho de que un enfermo paranoico —como en un caso concreto que conocemos— no se deje arrastrar a cometer un asesinato a causa de su locura de celos, sino que coge y empieza a mimar y a hacer caricias a su mujer que se había puesto repentinamente enferma: esto es una conversión espiritual plenamente imputable a la persona espiritual, que a este respecto es plenamente responsable de sus actos. En esta realización que consiste en que no se deriven consecuencias de la locura, se pone de manifiesto, y no en último lugar, el poder de obstinación del espíritu; en el caso que nos ocupa esta se pone de manifiesto única y exclusivamente de esta forma y naturalmente no en una comprensión de la locura como una locura o de los celos como una enfermedad, es decir, no en la llamada comprensión de la enfermedad.

y psicosis, y dentro de este espacio metaclínico el análisis existencial se ocupa de las manifestaciones y síntomas de la enfermedad neurótica y psicótica.

En este espacio descubre ahora una humanidad indemne e invulnerable.

Y si no fuera así, no habría razones en favor de ser psiquiatra; pues no se justificaría ser psiquiatra tratándose de un «aparato» psíquicamente arruinado y de una máquina rota, sino solo pensando en lo humano en el enfermo que está detrás de todo esto y en lo espiritual en el hombre que está por encima.

El análisis existencial extiende su análisis a la totalidad del hombre que no es solo psicofísico-organísmico sino también espiritual-personal. Y este sería la auténtica psicología profunda, en la medida en que desciende no solo a lo inconsciente instintivo sino también a lo inconsciente espiritual. Si comprendiésemos lo espiritual en el hombre, en oposición a lo psicofísico en el hombre, como la dimensión de lo alto, entonces admitiríamos que el análisis existencial es lo contrario de la llamada, y que ella misma se llama, psicología profunda. La psicología profunda olvida entonces que lo contrario de psicología profunda no es en absoluto una psicología de lo superficial sino una psicología de lo alto; pero no somos tan altivos como para utilizar esta expresión, por mucho que esta se refiera a una psicología cuya aplicación médico-práctica no se olvida de lo espiritual en el hombre al tiempo que se ocupa de lo somático y de lo psíquico del hombre, sino que pretende ser psicoterapia a partir de lo espiritual y en este sentido conoce la dimensión espiritual, la dimensión de lo «alto» propia del hombre: pues, con todos los respetos debidos a la psicología profunda, «solo lo alto del hombre constituye al hombre» (Paracelso).

Pero el hombre de hoy está hastiado de lo espiritual y este hastío de lo espiritual constituye la esencia del nihilismo contemporáneo.

Se debería enfrentar una psicoterapia colectiva a este hastío de lo espiritual. Ciertamente Freud dijo en una ocasión que la humanidad sabía que tenía espíritu y que él había tenido que hacerle ver que tiene instintos. Sin embargo, hoy en día parece ser más importante dar al hombre fuerza para lo espiritual, recordarle que tiene espíritu, que es un ser espiritual. ¡Y la psicoterapia, sobre todo frente a la neurosis colectiva, tiene que recordárselo a sí misma!

2. Libertad

Nuestra autocomprensión nos dice que somos libres. Sin embargo, esta autocomprensión, la naturalidad de este estado originario de nuestra libertad, muy bien se puede enmascarar. Lo debe enmascarar, por ejemplo, la psicología en su forma científica: esta no conoce ninguna libertad, no puede conocerla de la misma forma que la fisiología no podría reconocer o ver algo como el libre albedrío. La psicofisiología termina a este lado del libre albedrío como la teología empieza del otro lado del libre albedrío, a saber, donde una divina providencia está por encima de la libertad humana. El científico como tal solo puede ser determinista. Pero, ¿quién al fin de cuentas es «únicamente» científico? También el científico es un hombre —un hombre entero y verdadero— más allá de cualquier postura científica. Sin embargo, también el objeto al que se acerca científicamente, el hombre, es más de lo que la ciencia es capaz de ver en él. La ciencia ve únicamente el organismo psicofísico y no la persona espiritual. De ahí que tampoco es capaz de llegar a ver aquella autonomía espiritual del hombre que le es propia a pesar de la dependencia psicofísica. De la «autonomía a pesar de la dependencia» (N. Hartmann), la ciencia, incluso la psicología científica, ve solo el momento de la dependencia: en lugar de la autonomía de la existencia espiritual ve el automatismo de un aparato psíquico. Solo ve las necesidades.

No obstante, el hombre como tal está siempre del otro lado de las necesidades, si bien también de este lado de las posibilidades. El hombre es esencialmente un ser que trasciende las necesidades. Ciertamente «existe» solo en relación con las necesidades pero en una relación libre respecto a ellas.

Ahora bien, la necesidad y la libertad no se encuentran en modo alguno en un mismo plano. Nunca se podrá constatar su autonomía, en el plano en el que se encuentra la dependencia del hombre. Por ello, al abordar el problema del libre albedrío nunca debemos arriesgar una contaminación de los planos del ser. Donde no se da una contaminación de los planos del ser, tampoco puede haber ningún compromiso de los puntos de vista. Así pues, tampoco es imaginable ningún compromiso entre el determinismo y el indeterminismo. La necesidad y la libertad no están en un mismo plano, más bien la libertad está y se construye por encima de cualquier necesidad. De acuerdo con esto, las cadenas causales permanecen cerradas siempre y en todo momento. Solo que en

Elementos del análisis existencial y de la logoterapia

una dimensión más elevada, estas están al mismo tiempo abiertas, abiertas a una «causalidad» más elevada. El ser es siempre, a pesar de toda causalidad en el sentido más estricto, precisamente en su causalidad, un recipiente abierto, preparado para acoger lo significativo. En el ser condicionante se introduce un sentido causante.

Por lo que se refiere ahora a la libertad, es una libertad frente a tres cosas, a saber: 1) frente a los instintos, 2) frente a la herencia, 3) frente al medio ambiente.

1) El hombre posee instintos, pero los instintos no lo poseen a él. Él hace algo a partir de los instintos, pero los instintos no lo constituyen a él. Por consiguiente, no negamos los instintos en sí; pero realmente no puedo afirmar algo sin que se me hubiera dado antes también la libertad de negarlo.

Entonces, la afirmación de los instintos no solo no está en contradicción con la libertad sino que incluso tiene como presupuesto la libertad de decir no. Pues la libertad esencialmente es libertad frente a algo: «libertad de» algo y «libertad para» algo (también en el caso en que me dejara determinar no por los instintos sino por los valores, tendría la libertad de decir no incluso a las exigencias éticas: solo me *dejo* determinar).

Ahora bien, la realidad psicológica evidencia que «los instintos en sí» en el hombre nunca salen a la luz. Los instintos siempre están ya afirmados o negados; siempre están configurados de alguna forma —de esta o de aquella—. La toma de posición espiritual está ya superpuesta a toda instintividad en el hombre, de forma que esta marca a partir de lo espiritual desde siempre se adhiere a la instintividad humana casi como un *a priori* espiritual. Desde siempre, los instintos son dirigidos y marcados desde la persona: los instintos desde siempre están personalizados.[14]

Pues a partir de su espiritualidad, los instintos del hombre —en contraposición a los del animal— desde siempre son dominados y guiados, la instintividad del hombre ya desde siempre está incluida en esta espiritualidad, de tal forma que no solo cuando los instintos están inhibidos, sino también cuando se desinhiben, el espíritu ha estado actuando desde siempre, desde siempre ha estado entrometiéndose, o bien ha estado dentro callándose.

El hombre es un ser que siempre puede decir no a los instintos y en modo alguno debe decirles sí y amén. Si dice sí a los instintos, esto se produce siempre mediante el camino de una identificación con ellos. Pues es todo esto lo que le distingue de la especie animal. Mientras el hombre, en cada caso, primero debe identificarse con los instintos (en la medida en que los afirma), el animal es idéntico a sus instintos. El hombre tiene instintos, el animal «es» sus instintos. Lo que el hombre «es» frente a ellos, constituye su libertad, a saber, en la medida en que le es propia *a priori* y que no se puede perder: yo podría perder algo que simplemente «tengo».

En el hombre no hay instintos sin libertad ni libertad sin instintos. Más bien, como hemos acabado de mostrar, toda instintividad ha traspasado siempre, por así decir, una zona de la libertad, antes de que esta jamás se vuelva manifiesta y, por otro lado, la libertad humana necesita de la instin-

---

14. Véase V.E. Frankl, *Der unbewusste Gott*, Viena, 1948, p. 74; *Logos und Existenz*, Viena 1951, p. 70; *Theorie und Therapie der Neurosen*, Viena, 1956, p. 23.

tividad, por así decir, como del suelo en que se debe apoyar, por supuesto al mismo tiempo un suelo por encima del cual se puede elevar, del que se puede lanzar. En cualquier caso, los instintos y la libertad están en una correlación recíproca.

Esta correlación recíproca es, sin embargo, una relación muy diferente de la que se da entre la *psykhe* y la *physis*. En oposición al paralelismo psicofísico obligado existe, pues, algo que llamamos el antagonismo noopsíquico facultativo.

2) Por lo que se refiere a la herencia, precisamente la investigación genética seria ha mostrado hasta qué punto el hombre posee libertad, en última instancia, incluso frente a su disposición genética. En particular, la investigación con gemelos pudo mostrar lo distinta que puede ser la vida que se construye sobre una disposición genética idéntica. Simplemente recuerdo aquella pareja de gemelos monocigóticos de Lange, de los que uno fue un astuto criminal mientras que su hermano gemelo llegó a ser un criminalista igual de astuto. La característica innata «astucia» fue idéntica en los dos, pero en sí neutra respecto al valor, esto es, ni un vicio ni una virtud. Vemos, pues, hasta qué punto Goethe tenía razón cuando dijo en una ocasión que no habría virtud que no se pudiese transformar en defecto, ni defecto que no se pudiese convertir en virtud. Nosotros mismos nos encontramos en posesión de la carta de una psicóloga residente en el extranjero que nos escribió que había una concordancia en sus características con su hermana gemela hasta en el mínimo detalle: les gustaban los mismos vestidos, los mismos compositores y los mismos... hombres. Existe entre ambas

solo una única diferencia: una hermana es dinámica y la otra es neurótica.[15]

3) Finalmente, por lo que se refiere al medio ambiente, se vuelve a mostrar que este tampoco constituye todo el hombre, que más bien todo depende de lo que el hombre hace de él, de qué actitud toma frente a él. Robert J. Lifton escribe en el *American Journal of Psychiatry* (110 [1954] 733) sobre los soldados estadounidenses que habían sido prisioneros de guerra en Corea del Norte: «Hubo bastantes ejemplos entre ellos tanto de un comportamiento extremadamente altruista como también de las formas más primitivas de la lucha por la sobrevivencia».

Por consiguiente, el hombre es algo más que un producto de la herencia y del medio ambiente. *Tertium datur*: la decisión —¡al fin y al cabo el hombre decide sobre sí mismo!

Intentemos ahora perfilar las dimensiones más importantes del hombre entre las posibles. Una de estas dimensiones sería lo que se podría denominar la disposición vital; de ella se ocupa tanto la biología como la psicología. Por otro lado, habría que señalar la situación social respectiva de cada hombre; esta constituye el tema de su consideración sociológica. Ambas, tanto la disposición vital como la situación social, representan la posición natural del hombre. Esta posición se puede determinar y fijar siempre a través de las tres ciencias de la biología, la psicología y la sociología. Solo

---

15. Kallmann, entre 2500 pares de gemelos, encontró once (ocho con dos cigotos y tres monocigóticos) en los que uno de los dos se había suicidado, por termino medio, antes de los 17 años. En ningún caso se habían suicidado ambos. De este hecho y apoyándose en la literatura a este respecto, el autor concluye que no se da el suicidio de los dos gemelos, ni siquiera en los que crecieron en el mismo medio y que muestran caracteres y psicosis parecidas.

que no debemos pasar por alto el hecho de que ser realmente hombre empieza solo donde acaba toda posibilidad de determinar y de fijar dicha posición, donde acaba la posibilidad de comprobarla de forma clara y definitiva; lo que empieza allí, lo que se añade en este momento, lo que se une a la posición natural de un hombre es su actitud personal, su toma de posición personal respecto a todo esto, respecto a todo tipo de disposición y de cualquier situación. Ahora bien, esta actitud *eo ipso* ya no puede ser objeto de una de las ciencias indicadas; se sustrae a cualquier acercamiento de este tipo. Esta se realiza en una dimensión aparte. Además, esta actitud es esencialmente una actitud libre; en última instancia, es decisión. Y si ampliamos este sistema de coordenadas con la última dimensión posible, entonces esta consistiría en lo que siempre es posible gracias a la libertad de la actitud personal: es el cambio existencial.

Todas las manifestaciones sobre el hombre, en cada una de sus dimensiones, consideradas separadamente, tienen derecho a existir. Pero hay que estar siempre conscientes de la validez limitada, es decir, del carácter dimensional de tales manifestaciones.

El biologismo y el psicologismo enfocan la limitación vital del hombre y el sociologismo, la limitación social. Ahora bien: el sociologismo ve únicamente esta limitación social, ve todo lo humano circunscrito y encerrado por esta limitación, de tal forma que detrás de él lo realmente humano acaba por desaparecer completamente de su vista.

Entre otras cosas, también el conocimiento, la comprensión de algo está condicionado socialmente; pero al considerarlo más en detalle, pronto queda de manifiesto que lo que es limitado socialmente, es solo el sujeto cognoscente y el proceso de conocer. Sin embargo, lo que se sustrae a cualquier limitación social es lo conocido o lo que se debe conocer. No obstante, el sociologismo está predispuesto e incluso intenta hacer desaparecer su objeto detrás de la multitud de limitaciones, del sujeto del conocimiento continuamente realzadas.

De esta forma, se ha sacrificado incluso la objetividad del objeto: el sociologismo se convierte en subjetivismo.

El error que comete el sociologismo en todo esto consiste en la confusión de objeto y contenido: el contenido de un conocimiento es inmanente a la conciencia y se halla sometido a la limitación del sujeto; en cambio, el objeto de conocimiento es trascendente a la conciencia y en modo alguno está sometido a la limitación del sujeto.

Sabemos también por qué razón toda comprensión está condicionada subjetivamente en grado extremo: cualquier contenido representa de antemano un sector del ámbito del objeto. Sabemos, por ejemplo, sobre los órganos de los sentidos que les es propia una función de filtro: un órgano de sentido está sintonizado con la frecuencia de una energía específica del sentido. Pero también el organismo global capta del mundo una parte y esta parte constituye su medio ambiente (específico a la especie). Cada medio ambiente, por tanto, presenta un aspecto del mundo y cada aspecto, una selección del espectro del mundo.[16]

Lo que ahora nos importa es la prueba de que toda limitación, toda subjetividad y relatividad del conocimiento se

---

16. V.E. Frankl, *Homo patiens*, Viena 1950, p. 36-37; trad. cast. en *El hombre doliente*, Herder, Barcelona, 2009, pp. 197-297.

Elementos del análisis existencial y de la logoterapia

extiende solo a lo que es elegido en el proceso de conocer, pero de ninguna manera se extiende a aquello entre lo que se ha hecho la selección. En otras palabras: todo conocimiento es selectivo pero no productivo; nunca produce el mundo —ni siquiera un medio ambiente—, lo único que hace es seleccionarlo.[17]

Evidentemente, del mundo solo poseemos en cada caso una parte, es decir, una parte subjetiva; pero por lo que se refiere a esta parte subjetiva se trata de una parte subjetiva captada de un mundo objetivo.

Todo lo humano es limitado. Y es realmente humano solo en la medida en que se eleva sobre su propia limitación, superándola y, por tanto, «trascendiéndola». Así que un hombre en general es solo un hombre en la medida en que —como ser espiritual— está por encima de su ser corporal y psíquico.

Ahora bien, todas las circunstancias externas así como todos los estados internos de mi existencia,[18] y según esto en especial también cualquier competencia psíquica, forman parte de aquello dentro de lo que existo y de aquello por encima de lo cual al mismo tiempo existo: incluso me puedo mantener en principio al margen de dicha competencia, a saber, en virtud de aquel antagonismo noopsíquico y que

17. Sea lo que sea lo que percibimos: percibimos nuestro propio eco; pero el llamado radar muestra que multitud de estructuras del mundo se nos abren en cuanto un eco se entiende y se interpreta correctamente.
18. Pues la renuncia a la personalidad y a la existencialidad en favor de la facticidad —¡la *epokhe* del acto existencial!— forma parte de la esencia de la neurosis (véase más adelante). Las condiciones externas y los estados internos llegan a tener «el carácter de un chivo expiatorio al que se le echa la culpa por la existencia fracasada» (V.E. Frankl: «Sozialärztliche Rundschau» 3 [1933] 43).

hemos opuesto heurísticamente al paralelismo psicofísico o en virtud de aquel poder de obstinación del espíritu que capacita al hombre para imponer su carácter humano a pesar de los estados somato-psíquicos y de las circunstancias sociales. Es otra historia el hecho de que este poder de obstinación no siempre es necesaria; en la página 112 decimos de manera explícita que afortunadamente el hombre no debe en absoluto utilizar siempre este poder de obstinación; pues por lo menos tantas veces como el hombre se impone, a pesar de sus instintos, a pesar de su herencia y a pesar de su medio ambiente, también se impone en virtud de sus instintos, gracias a su herencia y gracias a su medio ambiente.

Sin embargo, lo que nosotros destacamos es el hecho de que el hombre, como ser espiritual, no solo se encuentra confrontado con el mundo —tanto con el medio ambiente como con su mundo interior— sino que también toma posición frente a él, siempre se puede «disponer» y «comportar» de alguna forma frente a él y este comportamiento es precisamente un comportamiento libre. En cualquier momento de su existencia, el hombre toma posición tanto respecto al medio ambiente natural y social, al entorno externo, como respecto al mundo interior psicofísico vital, al entorno interno. Y precisamente designamos como espiritual en el hombre aquello que puede confrontarse con todo lo social, lo corporal e incluso lo psíquico en él. Lo espiritual es ya por definición solo lo libre en el hombre. Desde un principio, llamamos «persona» solo aquello que puede comportarse libremente, cualesquiera que sean las circunstancias. La persona espiritual es aquella parte del hombre que puede confrontarse siempre y en cualquier momento.

De la capacidad del hombre de estar por encima de las cosas, forma parte también la posibilidad de estar por encima de sí mismo. Dicho de forma más sencilla, de la misma forma como a veces lo expresamos frente a nuestros pacientes: no tengo necesidad de tolerarlo todo de mí mismo. Puedo apartarme de aquello que se encuentra en mí, no solo de lo psíquico normal, sino también, hasta cierto punto —dentro de límites flexibles— de lo psíquico anormal que existe en mí. Así, pues, no soy dependiente categóricamente de cosas como, por ejemplo, el tipo biológico que represento, o el carácter psicológico. Pues un tipo o un carácter simplemente lo «tengo», lo que en cambio «soy» es la persona. Y este mi ser persona significa libertad, libertad para «convertirme en» personalidad. Esta es libertad de la propia facticidad y libertad para la propia existencialidad. Es libertad de ser así y libertad para convertirse en algo diferente.

Esto es especialmente significativo en relación con el fatalismo neurótico: siempre que un neurótico habla de su persona, de su ser así personal tiende a hacer de él una hipóstasis y a hacer como si este ser así contuviera un no poder ser de otra forma. En realidad, es válido, sin embargo, que la existencia no se agota en cualquier ser así. La existencia «está dentro de» su facticidad respectiva, pero no se consume en la propia facticidad. Es que «ex-siste» y esto quiere decir que siempre está por encima de su propia facticidad.

Al fin y al cabo, esto constituye la extraña marca dialéctica del hombre: «existencia y facticidad», dos momentos que se exigen mutuamente, y la interdependencia de los mismos. Siempre están ensamblados uno en otro y por eso solo se pueden separar uno de otro por la fuerza.

Frente a esta unidad y totalidad dialéctica, a la que la facticidad psicofísica y la existencia espiritual están soldadas en la existencia humana, se muestra que la separación clara entre lo espiritual y lo psicofísico, en última instancia, solo puede ser una separación heurística. Tiene que ser una segregación heurística simplemente porque lo espiritual no es ninguna sustancia en sentido habitual. Representa más bien una entidad ontológica y nunca se debería hablar de una entidad ontológica como de una realidad óntica. Por esta razón, hablamos de «lo espiritual» siempre con la expresión pseudo-sustantiva, con un adjetivo sustantivado y evitamos el sustantivo «el espíritu»: pues con un auténtico sustantivo solo se puede designar una sustancia.

Sin embargo, sí que es necesario establecer límites claros entre lo espiritual y lo psicofísico; simplemente porque lo espiritual es en esencia algo que se limita y se destaca a sí mismo, destacándose como existencia desde la facticidad y como persona desde el carácter, algo así como una figura se destaca del fondo.

Según el punto de vista desde el que abordamos al hombre, tendremos a la vista, en unos casos, más la unidad-totalidad y, en otros, más la fragmentación en lo espiritual y lo psicofísico. Nos parece como si la orientación de investigación del análisis de la existencia *(Dasein)* resaltara más la unidad —mientras que nuestro propio modo de ver analítico-existencial *(Existenz)* subraya más una diversidad—. Ahora bien, es cierto que con una intención analítica (de la existencia *[Dasein]* o existencial *[Existenz]*) se debe resaltar la unidad de la existencia humana así como con una orientación (psico- o logo-) terapéutica se debe resaltar la diversidad.

Pues una cosa es pretender entender una enfermedad y otra cosa muy distinta es pretender tratar a un enfermo: para este último fin, el enfermo debe poder apartarse interiormente de alguna forma de su enfermedad —por no decir, apartarse *(abrücken)* de su «locura» *(Ver-rücktheit)*—. Pero si considero desde un principio la enfermedad como algo que atraviesa y configura uniformemente, que por así decir infiltra de forma difusa, a todo el hombre, entonces nunca podré captar ni aferrar al enfermo «mismo», a la persona (espiritual) que está detrás y por encima de toda enfermedad (incluso psíquica) —y sobre todo entonces solo tengo ante mí la enfermedad, pero nada de lo que pueda servirme en contra de la enfermedad, en contra de la fuerza del destino de un deber ser en el mundo así (melancólico, maníaco, esquizofrénico, etcétera) y no de otra forma.

Ojalá pudiera ayudar a crear entonces aquella distancia fructífera que hace que el enfermo, como persona espiritual en virtud de su antagonismo noopsíquico facultativo, tome posición frente a la enfermedad psicofísica, a saber, una posición muy significativa terapéuticamente. Pues aquella dehiscencia interna del hombre, aquella distancia de lo espiritual frente a lo psicofísico, esta distancia que fundamenta el antagonismo noopsíquico nos parece extremadamente fecunda desde el punto de vista terapéutico. Al fin y al cabo, toda psicoterapia debe comenzar en el antagonismo noopsíquico.

Continuamente escuchamos cómo nuestros pacientes apelan a su carácter; pero el carácter al que apelo, se transforma en ese mismo instante en un chivo expiatorio; en el momento en que hablo de él, lo empleo como una excusa. La disposición del carácter, por consiguiente, no es en ningún caso lo decisivo; lo decisivo en última instancia, es siempre la toma de posición de la persona. Por tanto, «en última instancia», decide siempre la persona (espiritual) por encima del carácter (psíquico) y en ese sentido se puede decir:

El hombre «se» decide: toda decisión es autodecisión y la autodecisión en todos los casos es autoconfiguración. Mientras configuro el destino, la persona que soy configura el carácter que tengo, «se» configura la personalidad en la que me convierto.

Todo esto no significa otra cosa que: yo actúo no solamente en consonancia con lo que soy, sino que también me transformo en consonancia con lo que actúo.[19]

Al fin y al cabo, uno llega a ser bueno, a fuerza de hacer cosas buenas.

Sabemos que una acción, en última instancia, consiste en trasladar una posibilidad a la realidad, una *potentia* al *actus*. Por lo que concierne en especial a la acción ética, quien actúa éticamente no se da por satisfecho de la unicidad de una acción ética: él hace más transformando un *actus* en un *habitus*. Lo que era acción ética es ahora actitud ética.

Se podría decir, entonces, que la decisión de hoy es el instinto de mañana.

---

19. La tesis *agere sequitur esse* es una verdad a medias; la segunda mitad de la verdad sería: *esse sequitur agere*.

3. Responsabilidad

El análisis existencial absuelve al hombre, pero esta «absolución» se caracteriza por dos cosas: por una limitación y por una ampliación; pues

1) el análisis existencial absuelve al hombre solo de forma limitada, es decir, en la medida en que el hombre no puede hacer todo lo que quiere hacer: la libertad humana, por consiguiente, no se identifica con la omnipotencia. Y

2) el análisis existencial no absuelve al hombre sin responsabilizarle al mismo tiempo. Y esto quiere decir que la libertad humana no solamente no se identifica con la omnipotencia sino que tampoco se identifica con la arbitrariedad.

Por lo que se refiere al primer punto, el análisis existencial absuelve al hombre; sin embargo esta absolución es limitada. El hombre mismo es limitado. «Solamente de forma limitada el hombre es un ser no limitado».[20] A saber, el ser libre del hombre no es un hecho sino un simple *facultativum*. Sin embargo, siempre que el hombre se deja llevar, es que se deja llevar y esto quiere decir que abdica como ser libre, para ser exculpado como ser no libre; con lo cual ya está caracterizado aquello en lo que precisamente consiste la esencia de la neurosis: ¡la abdicación del yo en favor de un ello, la renuncia a la personalidad y existencialidad en favor de la facticidad, la *epokhe* del acto existencial! Con anterioridad habíamos definido al neurótico como aquella persona que cambia la interpretación de su existencia como

---

20. V.E. Frankl, *Der unbedingte Mensch. Metaklinische Vorlesungen*, Viena, 1949, p. VII.

un poder llegar a ser siempre también de otra forma en un deber ser así y no de otra forma. Y si debiera existir no solo un «humor involuntario» sino también algo como un «saber involuntario», entonces esto se puede encontrar en la manifestación de una de mis pacientes que en una ocasión dijo: «Mi voluntad es libre si quiero y si no quiero mi voluntad no es libre».

Naturalmente, el neurótico no es libre en el sentido de ser responsable de su neurosis; pero sin duda es responsable de la actitud respecto a su neurosis y en esta medida también le es propio un cierto grado de libertad.

Por lo que se refiere al punto segundo, el análisis existencial absuelve al hombre, pero no solamente lo absuelve, sino que también lo responsabiliza. Y en esto precisamente se distingue de manera esencial el análisis existencial de cualquier filosofía existencial, sobre todo del existencialismo francés; pues la responsabilidad ya implica un «de qué uno es responsable», y, según la teoría del análisis existencial, aquello de lo que el hombre es responsable constituye la realización de sentido y de valores. Así pues, el análisis existencial considera al hombre como un ser con orientación de sentido y que aspira a valores, en contraposición a la concepción psicoanalítica-psicodinámica habitual que considera al hombre como un ser que, en primer lugar, es determinado por los instintos y que aspira al placer.

Una imagen del hombre como un ser ciertamente libre pero no responsable está no menos lejos de nuestra concepción antropológica del hombre como un ser que decide, que la «teoría» (es decir, «visión») analítico-dinámica que considera al hombre como un ser simplemente arrastrado y

Elementos del análisis existencial y de la logoterapia

que incluso se siente satisfecho en ello. Es arrastrado por el ello y por el superyó; pero también se puede decir que este ser se presenta como un ser que se esfuerza en satisfacer las pretensiones instintivas del ello o del superyó. Si se sustituye el superyó por la conciencia, no cambia nada respecto al estado de cosas fundamental; pues, en primer lugar, también investigadores con orientación psicoanalítica han descubierto recientemente que el superyó en modo alguno se identifica con la conciencia (Frederick Weiss, Gregory Zilboorg). Por otro lado, el hombre, en primera instancia y habitualmente, no tiende en absoluto a satisfacer cualesquiera pretensiones de su conciencia, debido en general a su conciencia o incluso para que no le moleste la espina de un superyó al «que le remuerde la conciencia» para que sea o actúe de una forma u otra; más bien sucede que, en el caso normal —y no solo en el caso ideal—, el hombre en la medida en que tenga una actitud ética, la tiene por amor a una persona, a un hombre o en aras de una cosa «buena», pero no precisamente en aras de la «buena» conciencia.[21]

Continuamente se reprocha y critica a la logoterapia el hecho de que afirme y resalte lo mismo que la psicología individual, es decir, la responsabilidad del hombre; sin embargo, esto significa confundir dos cosas: 1) la responsabilidad del paciente neurótico respecto a su síntoma (en el sentido del *arrangement,* según Alfred Adler); 2) el ser

---

21. Tener una buena conciencia no puede ser nunca la razón de mi ser bueno, sino solo la consecuencia. Ciertamente como dice el proverbio, quien tiene buena conciencia, descansa tranquilo; sin embargo, tenemos que guardarnos de hacer de la moral un somnífero y del *ethos,* un tranquilizante. *Peace of mind* (la paz del espíritu, la tranquilidad del alma) no es una meta sino la consecuencia de nuestro comportamiento ético.

responsable del hombre como tal, es decir, no del enfermo y no respecto a su síntoma sino respecto a su existencia en su totalidad. Ciertamente, esto último implica también la responsabilidad de la persona enferma, pero no precisamente respecto a su enfermedad sino mucho más respecto a su actitud frente a ella. En este sentido, el análisis existencial es una terapia «dentro de lo sano».

Como ser libre, el hombre es un ser que decide libremente, con lo cual volvemos a apartarnos de la concepción existencialista habitual del hombre como un ser simplemente libre; pues en el hecho de ser libre no está contenido ningún para qué de la libertad, mientras que en el acto de decidir aparece como dado previamente el de qué y el contra qué de la decisión: precisamente un mundo objetivo del sentido y de los valores es decir, este mundo como un mundo ordenado, lo que significa como un *kosmos*.[22]

a) El de qué de la responsabilidad humana
1. *Placer y valor*. El primer punto débil de una antropología, orientada unilateral y exclusivamente de forma psicodinámica y psicogenética, lo constituye la estipulación de una aspiración al placer en lugar de la aspiración a los valores, como de hecho le es propio al hombre, en una palabra: el diagnóstico de un principio de placer; pero en el fondo el principio de placer se contradice a sí mismo, se anula a sí mismo.

---

22. El sentido es objetivo por lo menos en la medida en que se trata de «encontrarlo» y en modo alguno de «darlo». Por consiguiente, solo puede depender de la objetividad del sentido el hecho de que en cada caso se debe descubrir y de que no se puede inventar.

Elementos del análisis existencial y de la logoterapia

Quien sitúa el placer como principio, quien lo convierte en el objeto de una intención forzada o incluso en el objeto de una reflexión forzada, de la llamada por nosotros hiperreflexión, no permite que se convierta en lo que tiene que seguir siendo: un efecto. Precisamente esta inversión del placer, en cuanto efecto, en placer, en cuanto objeto de intención, lleva acto seguido a malograr el placer mismo: el principio de placer fracasa en sí mismo. Cuanto más le importa al hombre el placer, tanto menos le apetece; al revés: cuanto más el hombre se esfuerza en evitar el desagrado, el sufrimiento, tanto más se entrega a un sufrimiento adicional y su escapismo se venga en él.

¿Cuál es la condición y el presupuesto de la aspiración a los valores que el psicoanálisis entiende e interpreta mal como aspiración al placer? El placer es el residuo después de un acercamiento psicologístico; el placer es lo que queda tan pronto como se priva a un acto de su intencionalidad.

Está en la esencia del psicologismo analítico el privar a la actividad psíquica de su objeto, subjetivándola de esta forma. A esto se añade, además, que por otro lado se objetiva al sujeto de esta actividad: la persona espiritual; esta es convertida en una simple cosa. De esta forma, el psicologismo analítico peca doblemente contra lo espiritual en el hombre: contra lo espiritual subjetivo, la persona espiritual, y contra lo espiritual objetivo, los valores objetivos. En una palabra: se hace culpable no solo de una despersonalización sino también de una desrealización, es decir, de tal forma que, junto con la falsificación del ser hombre propiamente dicho, se llega a perder de vista la posesión primordial del mundo propio del hombre y, junto con la subjetivización del objeto, se llega a una inmanentización de la totalidad de los objetos, del mundo. En una palabra, se llega a aquel carácter cerrado de lo psíquico del que acusa Philipp Lersch.

Por medio de un caso concreto explicaremos esta pérdida del mundo como consecuencia de una inmanentización del mundo de los objetos que tan a menudo se da después de un tratamiento psicoanalítico: un diplomático estadounidense, que estuvo a tratamiento psicoanalítico en Nueva York durante no menos de cinco años se dirigió a nosotros. Su único deseo era abandonar su carrera diplomática y cambiar a una rama industrial. No obstante, el analista que lo trató había intentado durante todo el tiempo de inducirlo, aunque en vano, a reconciliarse finalmente con su padre: a saber, su jefe no era «nada más que» una imagen del padre y todo el resentimiento y todo el rencor contra su puesto procedía de la lucha irreconciliable del paciente contra la *imago* que tenía de su padre. La cuestión de si tal vez el jefe no merecía que el paciente lo rechazara y de si no había que recomendar realmente al paciente que abandonara su carrera diplomática o que cambiara su profesión no había surgido ni una sola vez a lo largo de estos años que duraba la lucha ilusoria del analista con el paciente contra las *imagines*. Como si a todo el mundo le sentase bien ser un hombre de la rutina burocrática y como si no hubiera nada digno de ser hecho ni realizado, aunque no se haga ni se realice por amor —o por despecho— a personas imaginarias sino por cosas reales... Sin embargo, debido a tantas *imagines* ya no se podía ver ninguna realidad; hacía mucho que esta se le había esfumado al equipo «analista-paciente»: no existía ni el jefe real ni el puesto real ni el mundo más allá de todas las

Elementos del análisis existencial y de la logoterapia

imagines, un mundo al que nuestro paciente debía mucho, un mundo cuyo cometido y cuyas exigencias esperaban una solución: el análisis había llevado al paciente a una forma de autointerpretación y de autocomprensión sin mundo; me atrevería a decir: a una imagen monadologista del hombre; pues el único tema del análisis era la obstinación irreconciliable del paciente frente a su *imago* del padre; sin embargo, no era difícil imaginarse que el servicio diplomático y la carrera del paciente, si así se puede decir, habían frustrado su voluntad de sentido.

Por lo que se refiere en especial al mundo del sentido y de los valores, la subjetivización del objeto y la inmanentización del mundo objetivo van acompañadas de relativización de los valores; pues el mundo, en el transcurso de la desrealización que acompaña a la despersonalización, no solo pierde realidad sino incluso valor: la desrealización consiste especialmente en una desvalorización. El mundo pierde su relieve de mundo; pues los valores son víctimas de una homogeneización.

Una consideración del problema de los valores, con base y orientación psicodinámica y psicogenética, no conduce nunca ni en ningún momento a su solución, sino más bien solo a una subjetivización y relativización de los mismos valores. Entendemos por psicodinámica una consideración que reduce todo y cualquier cosa a los acontecimientos instintivos y por psicogenética, una consideración que deduce todo y cualquier cosa a partir de la historia de los instintos; los valores son subjetivizados en la medida en que ya no pueden ser independientes del sujeto y son relativizados en la medida en que ya no pueden ser válidos de manera ilimitada.

Desde el punto de vista psicologista parece como si el objeto de un acto intencional —cuando este objeto, por ejemplo, un valor, desaparece de la imagen monadologista del hombre— no fuera otra cosa que un medio para el fin de la simple satisfacción de necesidades, mientras que en realidad es más bien al revés, a saber, que las necesidades existen para orientar y ordenar al sujeto hacia un ámbito de objetos. Si esto no fuera así, entonces cualquier acto humano sería, en última instancia y en el fondo, un acto de la satisfacción de las propias necesidades, de la satisfacción del mismo sujeto, es decir, cualquier acto vendría a ser un acto de «autosatisfacción». Sin embargo, no es así. ¡Qué atractivo resulta el discurso corriente sobre la autorrealización y el autodesempeño! Como si el hombre solo existiera para satisfacer su propias necesidades o incluso solo para satisfacerse a sí mismo; si es que en general en la existencia humana importan la autorrealización y el autodesempeño, solo se pueden alcanzar *per effectum* pero no *per intentionem*. Solo en la medida en que nos entregamos, nos sacrificamos y nos abandonamos al mundo y a los cometidos y exigencias que desde él se introducen en nuestra vida, solo en la medida en que nos importa el mundo de ahí fuera y los objetos, pero no nosotros mismos o nuestras propias necesidades, solo en la medida en que cumplimos con cometidos y exigencias y realizamos sentido y valores, en esa medida nos realizamos a nosotros mismos.

Si quiero llegar a ser lo que puedo, tengo que hacer lo que debo. Si quiero llegar a ser yo mismo, tengo que cumplir con cometidos y exigencias concretos y personales. Si el hombre quiere llegar a su yo, a su sí mismo, el camino es el mundo.

Elementos del análisis existencial y de la logoterapia

Con otras palabras: la existencia que no tiende hacia el logos sino hacia sí misma, fracasa; pero fracasa igualmente, si al tender hacia el logos no se trasciende, en una palabra: la intencionalidad forma parte de la esencia de la existencia humana, y la trascendentalidad forma parte de la esencia de algo así como el sentido y los valores.

No se puede concebir el desempeño, la realización de las propias posibilidades como un fin absoluto y sobre todo un hombre que ha fallado el sentido real de su vida está amenazado de ver la realización de sí mismo no como un efecto sino como una finalidad; pero el volver hacia sí mismo, la reflexión, es no solo un modo derivado sino incluso un modo deficiente de la intención: solo un *boomerang* que ha fallado su blanco vuelve al lugar del que había sido lanzado; pues su fin originario es encontrar la presa y en modo alguno volver al cazador que lo había lanzado.

Recordemos: solo si la orientación objetiva primaria falla y ha fracasado, surge aquel interés por los estados que tanto caracteriza la existencia neurótica. Sin embargo, la consideración psicologista hace como si, por lo que se refiere a la psique del hombre, se tratara de un sistema cerrado y como si el hombre mismo tuviera que dedicarse al restablecimiento de estados intrapsíquicos, por ejemplo, por medio de la reconciliación y de la satisfacción de las pretensiones de los instintos, del ello y del superyó. Pero de esta forma la antropología se ve implicada en una monadología; pues al hombre auténtico no le importan cualesquiera estados de su psique sino los objetos existentes en el mundo: en primer lugar, está ordenado y orientado hacia ellos y solo el hombre neurótico ya no está orientado, como el hombre normal, hacia los objetos sino más bien se interesa por los estados.

Lo que, en última instancia y en el fondo, constituye la base de esto es la concepción o, mejor dicho, la mala interpretación de la psique humana como una cosa que es dominada esencialmente por un principio de equilibrio y de compensación, en una palabra, la estipulación del principio de homeóstasis como un regulador. «Las principales orientaciones de la motivación supuestas por Freud se conciben de forma homeostática, es decir, Freud explica toda acción como acción que sirve para el restablecimiento del equilibrio perturbado. Sin embargo, la suposición de Freud basada en la física de su tiempo, según la cual la relajación es la única tendencia básica primaria del ser viviente, simplemente no es cierta. El crecimiento y la reproducción son procesos que se resisten a la explicación solo mediante el principio de la homeóstasis» (Charlotte Bühler, «Psychologische Rundschau», vol. VIII/1, 1956). Por consiguiente, ni siquiera dentro de la dimensión biológica tiene validez el principio de la homeóstasis y mucho menos en la dimensión psicológiconoológica: «El que obra», por ejemplo, «sitúa su producto y su obra en una realidad concebida positivamente, mientras que en la aspiración al equilibrio por parte de la persona que se adapta, la realidad se concibe negativamente» (ibíd.). También Gordon W. Allport asume una posición polémica y crítica respecto al principio de la homeóstasis: «La motivación es considerada como un estado de tensión que nos impele a procurar equilibrio, reposo, ajuste, satisfacción u homeóstasis. Desde este punto de vista la personalidad no es nada más que nuestro modo habitual de reducir la tensión.

Esta formulación, naturalmente, corresponde por completo al presupuesto inicial del empirismo de que el hombre es por naturaleza un ser pasivo, capaz únicamente de percibir impresiones provenientes de estímulos y de responder a ellas. Esta fórmula, aplicable a algunos ajustes oportunistas, es enteramente incapaz de representar la naturaleza de los esfuerzos del *proprium*. El aspecto característico de estos esfuerzos es la resistencia al equilibrio: se trata más bien de mantener la tensión que de reducirla» (*Becoming. Basic Considerations for a Psychology of Personality*, New Haven 1955, p. 48-49).

2. *Instinto y sentido*. El segundo punto débil de una antropología, orientada unilateral y exclusivamente de forma psicodinámica y psicogenética —junto a la estipulación de una aspiración al placer en lugar de la aspiración a los valores, como de hecho es propio del hombre—, consiste en ignorar la orientación humana hacia el sentido como aparente determinismo de los instintos. Para el análisis existencial antes del querer existe un deber que se ha hecho consciente, para la psicodinámica existe detrás del querer consciente una necesidad inconsciente. Para el análisis existencial el hombre tiene valores ante sí, para la psicodinámica tiene los instintos, el ello, a su espalda; para la psicodinámica, toda energía es energía originada por los instintos, es fuerza propulsora, para esta cualquier fuerza es *vis a tergo*.

En realidad, sin embargo, el hombre no es empujado por lo instintivo sino que es arrastrado por lo que tiene valor. Solo una violación de la lengua permite que en relación con los valores se hable de un ser empujado o de un ser propulsado. Los valores me atraen pero no me empujan. En situación de libertad y de responsabilidad me decido por la realización de valores, me determino por la realización de valores, me abro al mundo de los valores; pero en todo esto no se puede hablar de carácter instintivo. Ciertamente no solo lo psíquico sino también lo espiritual tiene su dinámica; sin embargo, la dinámica de lo espiritual no se fundamenta partiendo de lo instintivo sino partiendo de la aspiración a los valores. El carácter instintivo psíquico, los instintos, se introducen en esta aspiración espiritual hacia los valores como una energía «alimentadora».

Intentemos clarificar con la ayuda de un símil qué fallo comete la psicología dinámica por lo que se refiere a la energía instintiva que alimenta la vida espiritual, pero que solo la alimenta: ¿qué ve de la ciudad una persona que trabaja en los alcantarillados como tal trabajador de los alcantarillados? No ve nada más que tubos de gas y agua así como cables de electricidad. Eso es todo lo que ve de la ciudad, mientras se encuentra en el mundo de sus alcantarillas. Si no conociera las universidades, las iglesias y templos, los teatros y museos de la ciudad, no sabría nada de su vida cultural. Pero todo esto lo llega a conocer en su tiempo libre tan pronto como va a la ciudad: mientras se encuentra en las alcantarillas, mientras permanece en la infraestructura de la ciudad, se mueve solo en el mundo de las energías que alimentan su vida cultural.

Sin embargo, la vida cultural no consiste en gas, electricidad y agua.

Al analista psicodinámico le pasa igual. Él también ve solamente la infraestructura, solamente la infraestructura psíquica de la vida espiritual.[23] Él ve solo la dinámica de los estados afectivos (aspiración al placer) y la energética de los instintos (carácter instintivo). Pero la vida espiritual no consiste en el placer y en los instintos. Las dos cosas no son lo auténtico, no son lo que realmente importa.

Sin embargo, también el analista psicodinámico presupone esta realidad auténtica de una manera tácita. Pues si un tratamiento psicodinámico en alguna ocasión es realmente eficaz, lo es mediante una desviación que pasa por una conversión existencial[24] y que se basa en un giro existencial. Pues el analista psicodinámico nunca es solo analista psicodinámico, siempre es al mismo tiempo hombre.

Anteriormente se ha dicho que, desde una perspectiva psicodinámica, detrás del querer consciente existe una necesidad inconsciente. Desde este punto de vista, las metas que el yo se propone son solamente medios para un fin que el ello impone a espaldas del yo: ¡prescindiendo de él! En una concepción semejante, todos los motivos humanos deben parecer no auténticos: es más, el hombre en su globalidad se convierte aquí en no auténtico. Todas las aspiraciones culturales, sean de naturaleza teórica o práctica, estética, ética o religiosa, en una palabra, toda aspiración espiritual parece ser nada más que una sublimación.

23. El mismo Freud entendió el psicoanálisis de esta forma: «Yo mismo he estado siempre nada más que en el bajo y en el sótano del edificio», escribió a Ludwig Binswanger.
24. Es evidente que una conversión existencial —como pretende el análisis existencial de forma directa y consciente de su método— como tal, es decir, en cuanto existencial, destruye los límites de los acontecimientos meramente intelectuales y racionales por lo menos tanto como una así llamada transferencia, visto que arraiga en lo emocional, o sea, que pone en funcionamiento un proceso total y plenamente humano.

Si esto es así y no de otra forma, entonces lo espiritual en el hombre tampoco es nada más que una mentira de por vida, un autoengaño.[25] Para la psicodinámica siempre hay algo detrás, detrás de todo y de cualquier cosa; de ahí viene el hecho de que la psicodinámica siempre aspire a desenmascarar: es esencialmente una psicoterapia «desenmascaradora».

El desenmascarar lo no auténtico debe seguir siendo un medio para un fin, para hacer resaltar mucho más lo auténtico mediante la omisión de lo no auténtico. Si el desenmascarar se convierte en fin absoluto y no se detiene ante nada, ni siquiera ante lo auténtico, entonces no es un fin absoluto sino que ya se ha convertido de nuevo en un medio para un fin, a saber, el mismo psicólogo lo ha puesto al servicio de una tendencia de desvalorización y es por lo mismo expresión de una actitud cínica, nihilista.

b) El ante qué de la responsabilidad humana

Antes dije que el ser responsable, que el análisis existencial sitúa precisamente en el centro de la perspectiva de su investigación, sobrepasa el mero ser libre en la medida

---

25. Compárese con Arnold Gehlen: «Nadie adquiere el autosentimiento de la acción que es necesario en el caso en que debiera asumir responsabilidad cuando está bajo la sugestión: la propia motivación considerada interiormente sería un autoengaño que esconde un simple proceso material funcional que acontece "realmente": un proceso de consecución de placer o cualquier otro mecanismo simplemente funcional para el *ego*. Uno mismo no puede identificarse con tales opiniones y luego tomar en serio sus decisiones... Pues es imposible que, cuando uno se tiene que constituir como persona, pueda entenderse como víctima de un autoengaño, en la que "realmente" acontece algo muy distinto, para lo que este autoengaño es funcional» (*Die Seele im technischen Zeilaller. Sozialpsychologische Probleme in der industriellen Gesellschaft*, Hamburgo, 1957, pp. 101-102).

en que el ser responsable siempre incluye en sí el correspondiente «de qué es responsable la persona». Como se muestra, la responsabilidad (otra vez en contraposición a la mera libertad), sin embargo, implica todavía más que esto, a saber, el «ante qué es responsable la persona». Pero, para empezar, nos encontramos ante la cuestión de si en general la responsabilidad humana implica un ante qué. Entonces, mientras no haya incluido en la consideración el ante qué de la responsabilidad humana, podría hablar con razón solo del hecho de que alguien está en el pleno de sus facultades o de que se le puede imputar algo; pero no del hecho de que es responsable; pues uno es responsable no solo de algo sino siempre también ante algo.

1. *Algo ante lo que alguien es responsable.* Este algo es la conciencia. Proyectada desde la dimensión noológica en la psicológica, la conciencia se representa como superyó; sin embargo, el superyó no es «nada más que» la *imago* del padre introyectada y Dios no es «nada más que» el superyó proyectado.

Como en el cuento del barón Münchhausen: el yo se saca a sí mismo del pantano del ello, cogiéndose por el moño del superyó. De esta forma, la psicodinámica falsifica, por un lado, la existencialidad convirtiéndola en facticidad y, por otro lado, niega la trascendentalidad: la disposición y la orientación del hombre hacia la trascendencia.

La responsabilidad forma parte de los fenómenos irreducibles e indeducibles del hombre; la responsabilidad, igual que la espiritualidad y la libertad, es un fenómeno originario y no es un epifenómeno. Frente a esto, la psicodinámica intenta reducir los fenómenos primarios a instintos y la psicogenética intenta deducirlos de instintos, como si no solo se pudiera derivar el yo del ello sino que también se pudiera reducir el superyó al yo; de esta forma se derivaría primero la voluntad de los instintos, el querer de la necesidad y luego el deber del querer, sin tener en cuenta que la conciencia remite a algo que trasciende al hombre.

El deber ontológicamente está antepuesto al querer. Pues así como solo puedo contestar si me preguntan, dicho de otra forma, como cualquier respuesta requiere su «a qué» y como este «a qué» debe ser anterior a la misma pregunta, de esta misma forma el «ante qué» de cualquier responsabilidad es anterior a la misma responsabilidad.[26]

Una realidad instintiva nunca puede obligar por sí misma a otra realidad instintiva a transformarse y a proponerse otros objetos y metas instintivas. Esto, sin embargo, no excluye el hecho de que en toda aspiración a los valores haya siempre integrada también instintividad, a saber, en la medida en que, como hemos dicho, los instintos se introducen en la aspiración a los valores como energía alimentadora; y por mucho que se trate, desde un punto de vista meramente biológico, de energía instintiva, que se emplea con el fin de la reducción de la instintividad, esta misma no puede derivarse de nuevo de la instintividad.[27]

La instancia directriz de los instintos, que la psicodinámica siempre ha presupuesto, aunque de manera tácita, es algo originario. A. Portmann no titubea en afirmar categóricamente: «En nuestro proceso de desarrollo, no se pue-

---

26. V.E. Frankl, *Der unbewusste Gott,* Viena, 1948, p. 84.
27. Ibíd., p. 83.

de encontrar ningún estadio en el que tardíamente surjan aquellas características que nosotros resaltamos como "espirituales"» (*Biologie und Geist*, Zúrich, 1956, p. 36). Es muy propio del hombre biológica e incluso anatómicamente el *constituens* de la espiritualidad: de la libertad y espiritualidad constitutivas de todo hombre; pues, por citar una segunda vez a A. Portmann: «El hombre es el ser especial que posee continua libertad de decisión a pesar de todos los vínculos vitales. En esta libertad se contiene la posibilidad tanto del monstruo como del santo» (ibíd., p. 63).

El hombre no debe ser solo propulsado por el ello, puede también ser propulsado por el superyó sin que por ello sea un ser menos propulsado: en este caso tampoco es una persona que decide y mucho menos una persona que decide éticamente. Es decir, quien se decide éticamente, no lo hace para apaciguar su superyó que le remuerde la conciencia.

No existe un instinto moral en el mismo sentido de la palabra que un instinto sexual; pues no soy propulsado por una conciencia moral sino que tengo que decidirme ante ella.

Pero en última instancia debe aparecer la cuestión de si el hombre realmente puede ser responsable ante algo, de si la responsabilidad solo se puede concebir ante alguien.

2. *Alguien ante quien el hombre es responsable*. Para explicar la libertad humana es suficiente la existencialidad, sin embargo, para explicar la responsabilidad humana tengo que recurrir a la trascendentalidad de la conciencia.

La instancia ante la que somos responsables es la conciencia. Si la conversación con mi conciencia es un verdadero diálogo, o sea, que más que un simple monólogo, se plantea la cuestión de si esta conciencia es la última instancia y no es solo la penúltima. De hecho, en un análisis fenomenológico más detallado y más concreto este «ante qué» se revela como algo que se puede esclarecer y el algo se convierte en alguien, una instancia de estructura absolutamente personal, incluso más que esto: un *personalissimum;* y nosotros seremos los últimos en recelarnos de llamar a esta instancia, a este *personalissimum* tal como la humanidad al fin y al cabo lo ha llamado: Dios.

Estamos hablando de un *personalissimum* como si el uso del neutro en este contexto estuviese permitido. Sin embargo, de esta forma, esta instancia personal se convertiría en objeto, en cosa. Pero en el fondo no se puede hablar de Dios sino solo a Dios, no de él como de una cosa, de un algo, de un ello ni tampoco propiamente de un él; sino solo a él como un compañero, a un alguien, a un tú.[28]

Detrás del superyó del hombre está el tú de Dios; la conciencia sería la palabra tú de la trascendencia.[29]

Como existe una necesidad metafísica del hombre, de la misma forma es propia del hombre también una necesidad simbólica. Lo profundamente anclado y arraigado que está esta necesidad simbólica innata, se muestra en la vida cotidiana del hombre medio. Cada día y cada hora realiza gestos simbólicos. Los realiza cuando saluda a alguien y los realiza cuando desea algo a alguien. Desde un punto de

---

28. Solo la oración es capaz de hacer resplandecer momentáneamente a Dios en su carácter de tú —el tú divino como tú—: es el único acto del espíritu humano que es capaz de hacer presente a Dios como tú (V.E. Frankl, *Homo patiens*, Viena, 1950, p. 108).
29. V.E. Frankl, *Der unbewusste Gott*, Viena, 1948, p. 85.

vista utilitarista, racionalista, todos estos gestos simbólicos carecen completamente de sentido, porque son inútiles y sin finalidad. En realidad no carecen en absoluto de sentido: simplemente son inútiles y sin finalidad o, mejor dicho: son inútiles para un fin.[30] Recordemos la frase de Pascal: «El corazón tiene sus razones que la razón no conoce», razones de las que el racionalismo y el utilitarismo no saben nada.[31] El resultado del símbolo se podría comparar con el resultado de la perspectiva. Así como la perspectiva en la doble dimensión capta la tercera y hace barruntar el espacio en el plano, de la misma forma el símbolo, el símil simbólico, hace comprensible de alguna forma lo incomprensible. Solo que tenemos que seguir siendo conscientes de lo que acabamos de decir: que la analogía entre perspectiva y símil por su parte no es nada más que un símil. Por esto Jaspers tiene razón y ha dicho la última palabra sobre este asunto cuando dice: el mismo ser símil no es más que un símil.[32]

A través del contenido inmanente del símbolo siempre se puede volver a tender hacia el objeto trascendente. Solo existe el presupuesto de que este contenido inmanente permanezca permeable, deje traslucir el objeto trascendente. Para permanecer transparente hacia este, es necesario que el símbolo nunca se tome literalmente y al pie de la letra. Solo si está impregnado por el acto intencional, resplandece entonces en él lo trascendente. El símbolo se debe conquistar en cada nuevo acto.

30. V.E. Frankl, *Homo patiens*, Viena, 1950, p. 110.
31. Ibíd.
32. Ibíd., p. 109.

Lo absoluto no se capta «con» el símbolo, sino «en» el símbolo. Expliquemos esto con un ejemplo: no podemos ver el cielo, aunque lo iluminemos con el faro más potente. En el caso de que veamos algo, por ejemplo, una nube, esto demuestra que precisamente no es el cielo lo que ahí vemos. Sin embargo, las nubes —visibles— son justamente el símbolo del cielo —invisible.[33]

Si la intención se detiene en el símbolo visible, en ese momento ya no acierta la trascendencia invisible. Así, pues, el símbolo debe quedar en suspenso: siempre es menos que la cosa que se simboliza y al mismo tiempo es más que mera imagen. Si en algún momento y en algún lugar la afirmación de Klages sobre «la realidad de las imágenes» es válida con razón, lo es respecto al símbolo, pero solamente porque el símbolo —real— es el símbolo de algo trascendental. Si solo fuese imagen, no se le podría atribuir el mismo grado de realidad que a la misma cosa.

En todo caso, para el análisis existencial Dios no es la simple *imago* del padre; más bien es al revés: el padre es una *imago*, es decir, la primera imagen concreta que el niño se hace de Dios.

Para nosotros, el padre no es la imagen originaria de toda divinidad, sino que precisamente es correcto lo contrario: Dios es la imagen originaria de toda paternidad. El padre es el primero solo desde un punto de vista ontogenético, biológico y biográfico —sin embargo, desde un punto de vista ontológico, Dios es el primero—. Psicológicamente, la relación hijo-padre es entonces anterior a la relación hom-

---

33. Ibíd.

bre-Dios, sin embargo, ontológicamente no es un modelo sino una copia.

¿Qué importa el hecho de que Dios sea un testigo y un espectador invisible? El actor que está en el escenario, tampoco ve delante de quién está actuando: está deslumbrado por la luz de las candilejas y del proscenio y la sala de butacas está a oscuras. No obstante, el actor sabe con certeza que ahí abajo, en la sala oscura, hay espectadores —que él está actuando ante alguien—. Lo mismo sucede con el hombre: actuando en el escenario de la vida, pero deslumbrado por la cotidianidad superficial, vislumbra, a pesar de ello y desde siempre —desde la sabiduría de su corazón— la presencia del testigo, del gran espectador, aunque invisible, ante el que es responsable de la realización, que se le exige, de un sentido concreto y personal de la vida.

El hecho de que la moralidad del hombre le pueda resultar a él mismo inconsciente, es sabido desde Freud, quien una vez dijo que el hombre a menudo es no solo mucho más inmoral de lo que piensa, sino también mucho más moral de lo que cree; ahora bien, el análisis existencial da un paso más cuando defiende la opinión de que el hombre a menudo es además mucho más religioso de lo que se imagina. Solo que no podemos poner a un mismo nivel tal religiosidad inconsciente y la sexualidad reprimida o, como en una ocasión hizo un discípulo de C.G. Jung, hablar de un instinto religioso de la misma forma que se habla de un instinto agresivo.

Antes se dijo que el hombre frecuentemente es mucho más religioso de lo que se imagina. En nuestra opinión, tal creencia se da bastante a menudo de manera inconsciente en el sentido de religiosidad reprimida; con el mismo derecho se le podría denominar como religiosidad avergonzada. Pues el intelectual de hoy que ha crecido dentro del naturalismo, de la imagen naturalista del hombre y del mundo tiende a avergonzarse de sus sentimientos religiosos. Solo que tal religiosidad, sea reprimida sea consciente, pero en todo caso avergonzada, no necesita recurrir a cualesquiera arquetipos; pues el parecido respecto a los contenidos (queremos decir: respecto a las concepciones de Dios) no se puede atribuir a la igualdad de cualesquiera formas (se quiere decir: de los arquetipos), sino a la identidad del objeto (es decir: del único Dios). Finalmente, tampoco se le ocurrirá a nadie afirmar, frente a fotografías parecidas entre sí, que se debe tratar de una copia del mismo negativo: incluso los negativos solo eran parecidos o incluso idénticos porque se trataba de tomas de un mismo e idéntico objeto.

II. ANÁLISIS EXISTENCIAL COMO TERAPIA DE NEUROSIS COLECTIVAS

Hemos definido la neurosis *stricto sensu* como una enfermedad psicógena (véase V.E. Frankl, «Zur Definition und Klassifikation der Neurosen»).[34] Además de estas neurosis, en el sentido más restringido de la palabra, conocemos neurosis en el sentido mas amplio del término, por ejemplo, (pseudo) neurosis somatógenas, noógenas y sociógenas. En todas ellas tenemos que vérnoslas con neurosis en sentido clínico. Pero también existen neurosis en un sentido meta-

---

34. En *Theorie und Therapie der Neurosen. Einführung in Logotherapie und Existenzanalyse*, Múnich-Basilea ⁵2007, p. 43ss.

Elementos del análisis existencial y de la logoterapia

clínico y neurosis en un sentido paraclínico. De las últimas forman parte las neurosis colectivas. Estas son cuasineurosis, neurosis en el sentido figurado. Esto quiere decir que las neurosis clínicas no han crecido de manera tal que se hayan hecho colectivas. Sin embargo, en la medida en que tenemos derecho a hablar de neurosis colectivas, en el sentido paraclínico,[35] la neurosis colectiva de la actualidad, según nuestra experiencia, se caracteriza por cuatro síntomas:

1. Actitud provisional ante la existencia. Parece que el hombre de hoy, en general, solo vive teniendo en cuenta y mirando de soslayo a la futura bomba atómica.

2. Actitud fatalista ante la vida. Mientras que el que tiene una actitud provisional, se dice a sí mismo que no es necesario actuar ni tomar las riendas de su propio destino, el que tiene una actitud fatalista se dice a sí mismo: esto no es posible en absoluto.

3. Forma de pensar colectivista. Si en las dos actitudes anteriores ante la existencia el hombre no aferra la situación, en este síntoma y en el siguiente por lo que se refiere a una patología del espíritu de la época, se manifiesta el hecho de que apenas es capaz de comprender a la persona, es decir, a sí mismo y al otro en cuanto persona.

4. Fanatismo. Si el que tiene una actitud colectivista, ignora su propia personalidad, el fanático ignora la personalidad del otro, del que piensa de otra forma.

Parece que los dos primeros síntomas se pueden encontrar más bien en los países occidentales y los dos últimos, más bien en los países del Este.

---

35. Evidentemente esto no quiere decir ni mucho menos que incluso tengamos el derecho a hablar de un colectivo neurótico.

Sabemos que no solo un conflicto psíquico, sino también un conflicto espiritual-ético, por ejemplo, un conflicto de conciencia, puede llevar a una neurosis. Las designamos como neurosis noógenas. Es comprensible que un hombre esté inmunizado frente al fanatismo e incluso frente a la neurosis colectiva, siendo capaz, en general, de un conflicto de conciencia. Por el contrario, quien sufre de una neurosis colectiva, o sea, por ejemplo, un fanático político, en la medida en que vuelve a ser capaz de escuchar la voz de su conciencia e incluso de sufrir a causa de ella, en esta misma medida estará en condiciones de superar su neurosis colectiva.

En una palabra: mientras sea posible una coexistencia entre la neurosis colectiva y la salud clínica, la relación entre neurosis colectiva y neurosis noógena es inversamente proporcional.

Los cuatro síntomas de la neurosis colectiva: la actitud provisional ante la existencia y la actitud fatalista ante la vida, la forma de pensar colectivista y el fanatismo, se puede reducir a la fuga de la responsabilidad y al miedo a la libertad. Sin embargo, la libertad y la responsabilidad constituyen la espiritualidad del hombre. El hombre de hoy está, sin embargo, hastiado del espíritu y en este hastío del espíritu consiste la esencia del nihilismo contemporáneo.

Hoy día es especialmente actual el peligro psicohigiénico del hombre originado por el nihilismo vivido.

El psicoanálisis nos hizo conocer la voluntad de placer que podemos comprender como el principio de placer y la psicología individual nos familiarizó con la voluntad de poder bajo la forma de aspiración al reconocimiento; pero en

Elementos del análisis existencial y de la logoterapia

el hombre está mucho más profundamente arraigado lo que designamos como la voluntad de sentido: su lucha por la realización del sentido de su vida en el mayor grado posible. La psicología individual partió del sentimiento de inferioridad. Ahora bien, el hombre de hoy no sufre tanto del sentimiento de que él tiene menos valor que cualquier otra persona, sino que más bien sufre del sentimiento de que su ser carece de sentido.

El hombre de hoy puede enfermar psíquicamente tanto por el sentimiento de inferioridad como por el sentimiento de carencia de sentido, por la frustración de su necesidad de sentido respecto a la existencia, de su aspiración y lucha por invertir en su existencia tanto sentido como sea posible y por realizar en su vida tantos valores como sean posibles. Ahora bien, por lo que se refiere a la etiología de las enfermedades neuróticas, este sentimiento de carencia de sentido hoy día es más fuerte que el sentimiento de inferioridad. Pensamos que la no satisfacción de la necesidad que tiene el hombre de la realización del sentido de su vida en el mayor grado posible puede ser no menos patógeno que la frustración sexual tan incriminada por parte de los autores psicoanalíticos a este respecto, es decir, la no satisfacción del instinto sexual. Continuamente tenemos ocasión de ver que, incluso en los casos en los que la frustración sexual aparece en un primer plano, existe en el trasfondo una frustración existencial: la pretensión vana del hombre a una existencia tan llena de sentido como sea posible, la única que sería capaz de hacer que su vida fuese digna de ser vivida. La *libido* sexual solo crece con exuberancia en un vacío existencial.

La frustración existencial desempeña hoy en día un papel más importante que nunca. Pensemos solo cómo sufre el hombre actual no solo por su progresiva pérdida de instinto, sino también por una pérdida de tradición: en esta puede residir, al fin y al cabo, una de las causas de la frustración existencial. Sin embargo, vemos su efecto en el vacío interno y en la carencia de contenido, en el sentimiento de haber perdido el sentido de la existencia y el contenido de la vida, que entonces surge.

El vacío existencial

El vacío existencial tanto se puede poner de manifiesto como permanecer latente. Vivimos en una época de creciente automatización y esta lleva consigo un incremento del tiempo libre disponible. Pero no hay solo un tiempo libre de algo sino también un tiempo libre para algo; el hombre existencialmente frustrado, sin embargo, no conoce nada con lo que podría llenarlo, nada con lo que podría rellenar su vacío existencial. Schopenhauer dijo que la humanidad oscilaba entre la necesidad y el aburrimiento.[36] Ahora bien, hoy en día el aburrimiento nos da, incluso a los neurólogos, más trabajo que la necesidad, incluso más que, por ejemplo, la necesidad sexual. El aburrimiento se ha convertido en una causa de enfermedad psíquica de primer orden.

El aburrimiento, como se ve en expresión idiomática alemana, puede ser «mortal»; de hecho, algunos autores

---

36. La existencia del fenómeno del aburrimiento refuta la afirmación de que la total homeóstasis, la satisfacción perfecta de necesidades significaría realización y no más bien lo contrario de realización, es decir, carencia y vacío.

afirman que, en última instancia, los suicidios se pueden atribuir a aquel vacío interno como es el de un aburrimiento abismal.

Pero no solo el tiempo después del trabajo, sino también el tiempo al final de la vida enfrentan al hombre con la pregunta de cómo debe llenar su tiempo: incluso el envejecimiento de la población confronta al hombre, a menudo arrancado de su trabajo profesional, con su vacío existencial. Finalmente, junto con la vejez, es la juventud en la que podemos ver frecuentemente hasta qué punto es frustrada la voluntad de sentido. Pues el abandono de la juventud solo en parte se podrá atribuir a la aceleración corporal: la frustración espiritual simultánea, como se reconoce cada vez más, es igualmente decisiva.

Si mientras tanto nos preguntamos por las formas clínicas principales en las que la frustración existencial se nos presenta, habría que nombrar entre otras a la llamada euroneurosis del domingo, es decir, la depresión que aparece tan pronto como cesa la actividad de los días laborables y el hombre, por no conocer un sentido concreto de su existencia personal, se da cuenta de la supuesta carencia de sentido que tiene su vida. Por otro lado, hay que tener en cuenta que a menudo esta frustración existencial apenas se puede soportar y empuja a una compensación, a un aturdimiento.

El vacío existencial no se pone de manifiesto necesariamente: puede permanecer latente —larvado, enmascarado— y conocemos diferentes máscaras detrás de las que se esconde el vacío existencial; pensemos solo en la enfermedad de los directivos que debido a su manía por el trabajo se lanzan a la actividad con lo que la voluntad de poder, por no decir su forma más primitiva y banal: la «voluntad de dinero», reprime la voluntad de sentido.

Pero así como los mismos directivos tienen demasiado que hacer y por ello tienen muy poco tiempo como para respirar o incluso para detenerse en sí mismos, del mismo modo sus mujeres tienen a menudo muy poco que hacer y por ello tienen demasiado tiempo y no saben hacer nada con todo este tiempo y menos aún consigo mismas y ensordecen su vacío interno con la adición a la bebida (*Cocktail Parties*), con la adición al cotilleo (*Social Parties*) y con la adición al juego (*Bridge Parties*)... Todas estas personas están huyendo de sí mismas, entregándose a una forma de emplear el tiempo libre que nos gustaría designar como centrífuga y contraponerla a aquella que no solo ofrece a las personas la oportunidad de distraerse, sino que también trata de darles la oportunidad para el recogimiento interno.

Consideramos el ritmo acelerado de la vida actual como un intento, aunque vano, de autocuración de la frustración existencial: cuanto menos conoce el hombre la meta de su vida, tanto más acelera el ritmo en su vida. Pero esta frustración existencial —por muy peligrosa que sea en el sentido de la teoría del suicidio anteriormente tratada— en el fondo no representa ninguna enfermedad.

Al contrario, tenemos que guardarnos de un patologismo. Pues dudar del sentido de su vida o de la vida, en general, este dudar del sentido —que en último lugar constituye la base de cualquier desesperación— no es ni mucho menos una enfermedad. Conocemos un caso en el que el paciente, con depresión endógena periódica, dudaba —y estaba desesperado— de la supuesta carencia de sentido de su existencia,

Elementos del análisis existencial y de la logoterapia

pero es de notar que no lo era en sus fases depresivas, o sea, de su enfermedad, sino precisamente en los intervalos respectivos, es decir, en el momento en que él estaba psíquicamente sano. Es que la duda de o la lucha por un sentido de la existencia, la preocupación por la realización del sentido de la existencia humana en el mayor grado posible no es en absoluto enfermizo sino algo humano por antonomasia, es más, es lo más humano que se pueda imaginar y sería caer en el patologismo si se pretendiese desnaturalizar y degradar esta realidad más humana a una realidad simplemente humana, es decir, a una debilidad, a una enfermedad, a una neurosis, a un complejo. Todo lo contrario: por lo que se refiere a la voluntad de sentido —incluso en su frustración— se trata de una enfermedad en una medida tan reducida que hasta podemos movilizarla contra la enfermedad psíquica: tenemos que apelar a ella, en el marco de lo que se podría caracterizar como psicoterapia apelativa; pero es que dicha psicoterapia no solo apela a esta voluntad de sentido: donde la voluntad de sentido está inconsciente, tenemos que empezar por estimularla ofreciéndole oportunidades y posibilidades concretas y personales de la realización del sentido. Donde está incluso reprimida, la logoterapia debe empezar, en general, por evocarla. Sin embargo, por lo que se refiere al objeto, tal logoterapia, en casos de neurosis noógenas, en la medida en que se basan en una frustración de esta misma voluntad de sentido, es decir, en la frustración existencial, siempre deberá intentar hacer emerger posibilidades concretas de la realización personal de sentido, es decir, posibilidades cuya puesta en práctica es exigida e impuesta al paciente en exclusividad personal y valores cuya puesta en práctica sería capaz de realizar la voluntad de sentido frustrada anteriormente y de satisfacer de este modo la exigencia de sentido que el hombre ha de dar a su existencia. En este punto, cualquier logoterapia desemboca en un análisis existencial, de la misma manera que, en el fondo, cualquier análisis existencial culmina en una logoterapia. Mientras que Darwin vio solo la lucha por la sobrevivencia y Kropotkin vio, además, la ayuda mutua, el análisis existencial ve la lucha por el sentido de la existencia y se entiende a sí mismo como ayuda en el hallazgo de sentido.

Frecuentemente se comprueba que el médico, al enfrentarse con esta tarea, deserta. Sea porque se aparta hacia lo somático o hacia lo psíquico. Lo primero sucede siempre que intenta despachar al paciente literalmente con un tranquilizante y ahogar la necesidad metafísica del paciente con un cóctel ataráxico. Mientras que el somatologismo ignora lo espiritual, el psicologismo proyecta lo noético hacia lo meramente psíquico. En realidad, existe verdad a pesar de enfermedad y no solo a pesar de enfermedad neurótica sino también psicótica. 2x2 = 4 aunque lo diga un paranoico. Por tanto, problemas y conflictos en sí no son ni mucho menos algo enfermizo. De la misma forma que existe la verdad a pesar de la enfermedad, existe el sufrimiento a pesar de la salud. El psicologismo olvida lo primero y el patologismo pasa por alto lo último.

Hemos oído no solo que la voluntad de sentido representa el fenómeno más humano que, en general, pueda existir, sino también que su frustración no constituye todavía nada enfermizo. Uno no debe estar enfermo cuando considera su propia existencia como carente de sentido, ni siquiera se debe poner enfermo por esto. La frustración existencial, por tanto, no es ni algo enfermizo ni en cualquier caso algo que hace enfermar; en otras palabras, en sí no es nada patológico, ni siquiera es algo necesariamente patógeno; pues en la medida en que es patógena, solo es facultativamente patógena. Siempre que se vuelve de hecho patógena (patógeno = algo que produce enfermedad), o sea, siempre que de hecho conduce a una enfermedad neurótica, designamos tales neurosis como neurosis noógenas (noógeno = originado de forma espiritual).

Si podemos designar a la frustración existencial solo como facultativamente, y no como obligatoriamente patógena, mucho menos la podemos presentar como patológica.

Sin embargo, la frustración existencial que no se ha convertido en patógena, que, si se puede decir así, permaneció ligera, no precisa menos del análisis existencial que la neurosis noógena. Solo que entonces el análisis existencial no es una terapia de neurosis ni, por tanto, tampoco un ámbito exclusivo del médico, sino que interesa de la misma forma al filósofo y al teólogo, al pedagogo y al psicólogo; pues estos se deben ocupar en la misma medida que el médico de la duda sobre el sentido de la existencia. Así, pues, se constata que, mientras la logoterapia es una terapia tanto específica como inespecífica y la «cura de almas» médica por lo menos sigue siendo médica, el análisis existencial va más allá de estas indicaciones en la medida en que su objetivo en realidad no es solamente médico. En este sentido, en nuestra opinión, es legítimo que la Asociación Argentina de Logoterapia Existencial incluya una sección específica para no médicos. Antes como ahora, la psicoterapia, en el sentido de una psicoterapia de neurosis, sigue siendo asunto exclusivo del médico; pero no es que por esto se deba reservar al médico la psicohigiene, la profilaxis de enfermedades neuróticas, incluyendo las neurosis noógenas. Por el hecho de que la frustración de la voluntad de sentido, la frustración existencial en sí y como tal, como ligera, no sea ninguna enfermedad, no se ha dicho aún que, no obstante, se pueda convertir en un peligro de muerte, puesto que puede conducir al suicidio, a un suicidio precisamente no neurótico. De aquí resulta que el análisis existencial, por muy poco que represente en tales casos un tratamiento médico en el sentido propio de la palabra, puede significar, sin embargo, una medida salvadora. Esto se comprueba siempre que —en casos graves, considerados como situaciones límite (cautividad en tiempo de guerra, campos de concentración y situaciones parecidas)— se quiere apelar a la voluntad de vivir, de continuar viviendo y de sobrevivir a esta misma situación: esto se consigue, como muestra la experiencia, solo cuando este llamamiento se puede dirigir también a la voluntad de sentido, en otras palabras cuando el querer sobrevivir representa un deber sobrevivir e incluso se comprende y se vive como tal, en una palabra, cuando seguir viviendo tiene un sentido.

Con relación a esto existen experiencias que confirman hasta qué punto es correcto e importante lo que Friedrich Nietzsche ha dicho: «Quien tiene un porqué para vivir soporta casi cualquier cómo». En estas palabras vemos un lema para la psicoterapia.

En este sentido, el análisis existencial debe recurrir a la voluntad de sentido si quiere hacer que el hombre se vuelva más capaz de sufrir en situaciones límite de su existencia que no se pueden hacer menos insoportables. En casos semejantes el análisis existencial es búsqueda de sentido.

El sentido que busca es un sentido concreto y esta su concreción se refiere tanto a la peculiaridad de cualquier persona como a la singularidad de cualquier situación. El sentido correspondiente es un sentido *ad personam et ad situationem*. En cada caso se busca el sentido cuya realización es exigida y está reservada a cada individuo; pues solo se puede atribuir una relevancia terapéutica a un sentido concreto y personal semejante.

III. LOGOTERAPIA COMO «CURA DE ALMAS» MÉDICA

La «cura de almas» médica no es en modo alguno una «cura de almas» propia del médico especialista: el cirujano la necesita por lo menos tanto como el neurólogo y el psiquiatra, el cirujano que tiene que ver con casos que no se pueden operar o con casos en los que tiene que realizar una amputación. Un cirujano que quisiera renunciar a cualquier «cura de almas» médica no debería sorprenderse si no encuentra a un paciente antes de la operación en la mesa de operación sino después del suicidio en la mesa de autopsia. Del mismo modo, se enfrentan con la problemática de la «cura de almas» médica el ortopeda, que no tiene que tratar a amputados por operación sino a mutilados originariamente, a minusválidos, el oftalmólogo que tiene que tratar a minusválidos sensoriales, además el dermatólogo, que tiene que tratar a deformados, el ginecólogo que tiene que tratar a mujeres estériles, el internista que tiene que tratar a enfermos incurables y el geriatra que tiene que tratar a personas achacosas. En una palabra: no solamente el especialista sino todos los médicos deben prestar «cura de almas» médica siempre que tengan ante sí a un paciente que se ve enfrentado a un sufrimiento necesario ineludible.

El *homo patiens* reivindica al *medicus humanus*, el hombre que sufre reivindica al médico humano que no solo trata como médico sino que también actúa como hombre. El médico científico pero no humano podría amputar una pierna con la ayuda de la ciencia; pero solo con la ayuda de la ciencia no se podría impedir que se suicide el amputado o la persona a la que hay que amputar, después o antes de la amputación.

El sabio fundador del Hospital General en Viena, el emperador José II, no hizo colocar por casualidad encima de la puerta un letrero con la inscripción: *saluti et solatio aegrorum,* dedicado no solo a la cura sino también a la consolación de los enfermos. El hecho de que incluso lo último forme parte del ámbito de cometidos del médico, se desprende no en último lugar de la recomendación de la American Medical Association: «El médico también debe consolar el alma. No es en modo alguno solo el cometido del psiquiatra. Es sencillamente el cometido de cualquier médico en activo».

De modo que el médico, incluso en el ejercicio de la «cura de almas» médica, sigue siendo médico; sin embargo, su relación con el paciente se transforma en el encuentro de persona a persona. El médico meramente científico se transforma así en el médico también humano. La «cura de almas» médica no es otra cosa que el intento de una técnica de este carácter humano del médico. Y quizá sea la técnica de carácter humano la que sería capaz de preservarnos de la inhumanidad de la técnica tal como se hace valer también en el ámbito de una medicina tecnificada.

Vamos a ejemplificar la necesidad y la posibilidad de la «cura de almas» médica con un caso quirúrgico: se opera a una enfermera de mi estación y de las pruebas resulta como inoperable. En su desesperación la enfermera me llama para hablar con ella. De la conversación resulta que no está desesperada tanto por su enfermedad como por su incapacidad de trabajar: ella ama su profesión por encima de todo, pero ahora ya no puede ejercerla. ¿Qué habría tenido que decir frente a esta desesperación? La situación de esta enfermera no tenía realmente salida. (Murió una semana después.) Sin embargo, intenté explicarle que el hecho de que ella trabajase ocho o Dios sabe cuántas horas al día, no era ningún arte —esto lo puede hacer cualquiera—; pero estar tan dispuesta al trabajo como ella y ser a la vez tan incapaz —sin desesperar a pesar de ello— sería un resultado, le dije, en el que nadie sería capaz de imitarlo tan pronto. Y le seguí preguntando si en el fondo no cometería una injusticia en relación con todos los miles de enfermos a los que ella había dedicado su vida como enfermera: si no cometería ninguna injusticia en relación con ellos si en este momento se comportase como si la vida de un enfermo o de una persona achacosa, o sea, de un hombre incapaz de trabajar, careciera de sentido. Tan pronto como usted desespera en su situación, le dije, hace como si el sentido de una vida humana dependiera del hecho de que una persona pueda trabajar tantas horas; niega con ello a todas las personas enfermas y achacosas cualquier derecho a la vida y cualquier justificación de la existencia. Precisamente ahora tiene usted una oportunidad única: mientras que hasta ahora usted no pudo prestar nada más que asistencia profesional a todos los hombres que le fueron confiados, ahora tiene usted la oportunidad de ser más: un modelo humano.

Estas pocas palabras de alusión deben ser suficientes para mostrar que en casos de desesperación, al fin y al cabo comprensible e incluso aparentemente justificada, se puede superar la depresión: solo se debe saber que, en última instancia, cualquier desesperación es una cosa: la idolatración y la absolutización de un único valor (en el caso anterior, la idolatración del valor de la capacidad de trabajar).

Quisiéramos atrevernos a afirmar que alguien que está desesperado, revela ya con ello que ha idolatrado algo, que algo que es digno de valor limitadamente, que tiene solo un valor relativo, lo ha convertido en un valor absoluto. De este modo vemos que cualquier idolatración no solo se revela a través de la desesperación sino que también se venga.[37] Por supuesto, con todo esto no se pretende decir ni mucho menos que cualquier absolutización de un valor relativo conduce a una neurosis o que cualquier neurosis se debe atribuir a la absolutización de un valor relativo. No toda desesperación es patógena y no toda neurosis es noógena.

La «cura de almas» médica se preocupa de hacer que el hombre sea capaz de soportar un sufrimiento necesario ineludible. Ella no se preocupa por restablecer la capacidad de trabajar y la capacidad de disfrutar (en el caso en cuestión

---

37. V.E. Frankl, *Homo patiens,* Viena, 1950, p. 87-88 y 90.

ambas capacidades se habían perdido irremisiblemente), sino por establecer la capacidad de soportar.

En este momento, para explicar más detalladamente la necesidad de restablecer en los enfermos la capacidad de soportar, quisiéramos mencionar brevemente el caso de un morfinómano: el paciente estaba deprimido desde su infancia. Su resistencia frente a todas las curas de deshabituación tiene su base profunda en el hecho de que un cierto carácter quejumbroso, precisamente su incapacidad de soportar, le aparta de ponerse sano: «En realidad no me curaría en absoluto, sino que caería en una depresión; pero, es que no puedo soportar esa depresión. Y si no fuese la depresión, entonces me vería enfrentado con algún otro tipo de conflicto». Como tantos enfermos de esta clase, también él sufre de un énfasis excesivo, de dar demasiada importancia al hecho de que cualquier experiencia tiene el carácter de placer-desagrado. Lo que, en última instancia constituye la base de esta posición superficial de la facticidad de estados semejantes como placer o desagrado, no es nada más que un abandono de la existencialidad de la existencia: la huida ante el desagrado en la vida es en todos los casos miedo a la no realización de la existencia. Al reprocharle esta realidad profunda de los síntomas psíquicos, de hecho nuestro enfermo exclama: «¡Esta es la raíz! Esto es cierto, esto lo escucho por primera vez». Este paciente también admite: «Continuamente necesito sensaciones; pues toda mi vida fue una búsqueda de algo que no he tenido, quiero abrirme a algo, quiero realizarme en algo que me devuelva el respeto a mí mismo. Solo me importaba esto cuando trabajaba duramente —¡y con gusto!—. Pues todas las tardes me podía decir: he cumplido con mi deber. De esta forma lo pasaba mejor en el frente; sin embargo, ahora que todo está tranquilo después de la guerra, existe un vacío». Pero en este caso no se pudo hacer luz hasta llegar al enraizamiento religioso siempre subyacente de la *inquietas cordis;* el paciente solo admitió haber sido «educado muy religiosamente sin ser un beato». Él dice simplemente: «Creo en algo por encima de mí al que debo tener respeto». Lo que también nos parece notable en este caso es que él busca «incluso en el trabajo solo un aturdimiento»: «Hasta ahora, todos mis jefes se asombraban de que yo pudiera rendir tanto». O sea que nuestro enfermo solo es adicto al trabajo porque precisamente huye del desagrado.

Así, pues, vemos lo incorrecto que sería si se quisiera limitar la meta de la psicoterapia a la recuperación de la capacidad de trabajar y de disfrutar: tal vez solo echaríamos una mano en este caso o a la adicción neurótica al trabajo o al deseo de placer o a la huida del desagrado. Frente a esto importaba, en el caso concreto mencionado, fomentar la disposición a aceptar el desagrado que al fin y al cabo está necesariamente unido a la vida en aras de un sentido de la existencia, en comparación con el cual el desagrado se vuelve insignificante.

Sin embargo, la capacidad de soportar, en última instancia, no es nada más que la capacidad de realizar lo que designamos como valores actitudinales. No solo puede dar sentido a la existencia el producir (que corresponde a la capacidad de trabajar) —en este caso hablamos de la realización de valores creativos— y no solo vivir, encontrarse y amar (que corresponden a la capacidad de disfrutar) pueden dar un sentido a la vida —hablamos entonces de valores experienciales— sino también el sufrimiento; es más, aquí no solo se trata de alguna posibilidad, sino de la posibilidad de realizar el valor supremo, de la oportunidad de realizar el sentido más profundo. *Felix dolor...*

Evidentemente, la realización de valores actitudinales,[38] o sea, dar sentido a la vida a través de un sufrimiento se plantea allí donde el sufrimiento, como hemos dicho, es ineludible (¡por esta razón hablamos explícitamente del sufrimiento de un auténtico destino!).

Aquí se comprueba verdaderamente que la «cura de almas» médica es necesaria allí donde la psicoterapia, en el sentido restringido de la palabra, ya no es posible. Lo que en estos casos hace falta, es: habilitar internamente al enfermo para que aprenda a aceptar lo inevitable, lo que ni somática ni psíquicamente es asequible a un tratamiento, como un auténtico destino, aceptarlo, por tanto, como algo frente a lo que solo puede importar cómo se asume, cómo se soporta, cómo se sufre su sufrimiento.

Si la logoterapia no es un equivalente legítimo de la psicoterapia en todos los ámbitos indicados, sino solo su complemento, la «cura de almas» médica no es en absoluto un sustituto de la «cura de almas» sacerdotal.

---

38. Un mínimo de valores actitudinales es realizado *ipso facto* por la persona que sufre —por el que meramente soporta el sufrimiento—. En el simple hecho del sufrimiento no existe sentido de por sí, pero sí ciertamente dignidad.

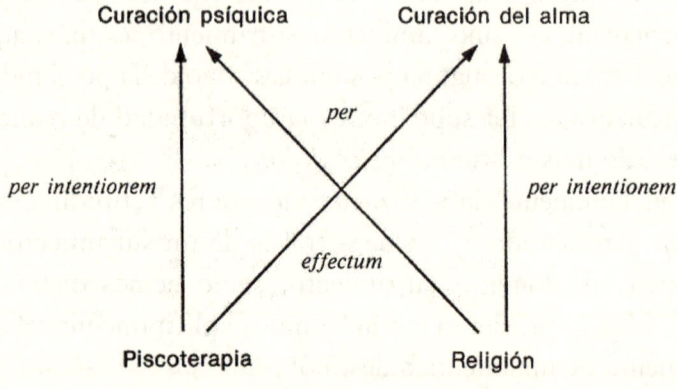

Figura 4

¿Qué relación existe entre la «cura de almas» médica y la sacerdotal? Partamos de sus metas: la meta de la «cura de almas» médica y, en general, la meta de la psicoterapia es la curación psíquica. Frente a esta, la meta de la «cura de almas» sacerdotal y, en general, la meta de la religión es la salvación del alma. Ciertamente, la religión no tiene un motivo psicoterapéutico, pero tiene un efecto psicohigiénico. No cabe duda de que posibilita al hombre una seguridad incomparable y un anclaje espiritual y de esta forma contribuye enormemente a mantener su equilibrio psíquico. Por otro lado, vemos cómo la psicoterapia —sin quererlo, incluso sin poder quererlo— en casos aislados hace que el paciente vuelva a encontrar las fuentes sepultadas de una fe originaria: no *per intentionem* sino *per effectum*.

Como se muestra, el restablecimiento de la capacidad de creer del paciente no es, además de los tres cometidos del restablecimiento de su capacidad de trabajar, de disfrutar y de sufrir, un cuarto cometido del médico sino solo el efecto posible de la psicoterapia. Del mismo modo que la psicoterapia no está al servicio de la religión tampoco la religión es un medio para un fin de la psicoterapia.

Quien intenta convertir la psicoterapia en la sirvienta de la teología, quien pretende convertir la psicoterapia en sirvienta, le priva junto con la libertad de investigación, no solo de la dignidad de una ciencia autónoma, sino que también le quita el posible valor de utilidad que puede tener para la religión. Pues semejante valor de utilidad lo puede tener la psicoterapia solo *per effectum* pero nunca *per intentionem*. Si se quiere que la psicoterapia —sea por lo que se refiere a sus resultados empíricos de investigación, sea por lo que se refiere a sus efectos psicoterapéuticos de tratamiento— pueda servir a la religión en alguna ocasión, lo podrá hacer solo si no camina sobre un itinerario obligatorio, si no ha establecido de antemano sus intenciones; pues, dentro de la ciencia solo tienen valor para la teología los resultados de una investigación independiente libres de influjos.

Y si la psicoterapia algún día ofrece pruebas de que el alma es realmente lo que consideramos: *anima naturaliter religiosa*, esta prueba solo podrá ser aportada por una psicoterapia en cuanto *scientia naturaliter irreligiosa*: precisamente por una ciencia que no está vinculada religiosamente «por naturaleza», que por sí misma no es nada más que ciencia y quiere seguir siéndolo.

Cuanto menos la psicoterapia se presta a ofrecer a la teología los servicios de una sirvienta, tanto más grandes serán los servicios que le prestará realmente.[39]

39. Compárese con el Dr. Adiel de Meyer O.F.M., «Lebensproblematik in Psychotherapie und Seelsorge», en: *Gesprekken over psychotherapie in het*

Pues no es necesario ser sirvienta para poder servir.

Con razón, J.H. Schultz dijo en una ocasión que «de la misma forma que no puede haber una neurosis obsesiva cristiana o budista, tampoco puede haber una psicoterapia científica determinada en alguna medida confesionalmente».

En la actualidad viene gente al psiquiatra con asuntos con los que antes hubieran ido al sacerdote y también hoy tendrían que ir al sacerdote. Tanto menos el médico, que se ve de esta forma en la situación forzada de prestar algo así como «cura de almas» médica, debe acercarse al paciente con consejos que este habría recibido del sacerdote. Solo se heriría la susceptibilidad del paciente si el médico quisiera entrar en la casa psicológica por la puerta teológica. La «cura de almas» médica se mueve más acá de toda religiosidad explícita.

No somos los médicos los que llevamos la filosofía o incluso la teología a la medicina sino que son nuestros pacientes los que nos proponen su problemática filosófica; pues «son los pacientes los que nos colocan ante la obligación de asumir en la misma psicoterapia la tarea de la cura de almas» (Gustav Bally), y ha sido «nuestra época» la que «ha llevado al médico al papel de realizar en una medida creciente tareas que antes eran asunto del sacerdote y del filósofo» (Karl Jaspers). También para Alphons Maeder «esta evolución ha sido impulsada por la misma situación» y «de-

---

licht van godsdienst en moraal, 1985, p. 32: «Sobre todo tenemos que tener en cuenta que la psicoterapia como ciencia debe mantener autonomía siempre y en cualquier lugar» no se debe «abusar de la psicoterapia como una *ancilla theologiae*, que no puede existir por su propia esencia».

masiadas veces la psicoterapia está obligada a desembocar en cura de almas» (W. Schulte).

El así llamado por V.E. Gebsattel «abandono del sacerdote por la humanidad occidental en favor del psiquiatra» es un hecho frente al que el sacerdote no puede cerrar los ojos y una exigencia a la que el psiquiatra no se puede negar; pues es una situación obligada que le exige que preste atención psíquica médica.

Quien menos se puede sustraer a tal reivindicación es el médico creyente. Precisamente él se abstiene de una alegría farisaica del mal ajeno cuando el paciente no se dirige al sacerdote. Sería farisaico si, frente al sufrimiento de un no creyente, sintiera alegría del mal ajeno y pensara: si fuera un creyente, encontraría refugio en el sacerdote. Si una persona que no sabe nadar está en peligro de ahogarse, tampoco nos decimos: ojalá hubiera aprendido a nadar, sino que prestamos ayuda, aunque no seamos profesores de natación. La «cura de almas» médica no es ninguna *hybris*. El médico que presta «cura de almas» médica no usurpa nada. Donde el médico no trata como médico, sino que actúa pastoralmente, este se encuentra en una situación obligada. Si los pacientes no quieren que les manden al sacerdote, lo que «casi siempre rechazan» (G.R. Heyer), el médico no les debe desatender; pues «lo quiera o no, hoy día a menudo se obliga al médico a dar consejos, en lugar del sacerdote, en las situaciones difíciles de la vida sin que se esté enfermo» y «no se puede cambiar el hecho de que los hombres, que hoy se encuentran en situaciones difíciles, no busquen en el médico al sacerdote sino al asesor con experiencia en la vida» (H.J. Weitbrecht). Es que vivimos en un siglo secularizado y no debemos sorprendernos si la «cura de almas» está también secularizada. Pero no nos equivocaremos si suponemos que detrás de esta necesidad psicoterapéutica se encuentra la vieja y eterna necesidad metafísica, es decir, la necesidad del hombre de rendirse cuentas a sí mismo sobre el sentido de la existencia.

Patodicea metaclínica

Después de haber encontrado la voluntad de sentido más allá de la voluntad de placer y de la voluntad de poder, nos topamos —más allá del sentido del producir y del sentido del amar— con el sentido del sufrir.

De esta forma, se habrían originado tres posibilidades de dar sentido a la existencia: realizando valores creativos, realizando valores experienciales y realizando valores actitudinales. La realización y el cumplimiento de tales posibilidades de sentido y de valor es lo que es exigido e impuesto a la persona.

Abordemos ahora la cuestión de qué sentido se debe atribuir en especial al sufrimiento. En mi «intento de una patodicea»[40] he intentado contestar al grito de la pregunta «¿para qué sufrir?» (Nietzsche) declarando lo siguiente: cómo uno asume el sufrimiento que se le impone. En este cómo del sufrimiento está la respuesta al para qué del sufrimiento. Lo que importa es la actitud con la que una persona se sitúa ante la enfermedad, la actitud con la que se enfrenta a la enfermedad. En una palabra: lo que importa

---

40. V.E. Frankl, *Homo patiens*, Viena 1950.

es la actitud adecuada, es el sufrimiento adecuado y digno del auténtico destino. Lo que importa es el soportar —cómo uno soporta el destino, en el momento en que ya no se pueden tomar las riendas del destino sino que solo se le puede aceptar—. Dicho con otras palabras: donde ya no es posible acción alguna —que podría conformar el destino— allí es necesario afrontar el destino con la actitud adecuada.

¿Qué pasa con el caso en el que el sufrimiento no ha sido fatalmente necesario y en este sentido inevitable pero que, sin embargo, ahora es irrevocable? En una palabra: ¿dónde puede residir el sentido en el caso de sufrimiento por culpa propia? Pues bien, el sufrimiento que ha sido provocado por una mala acción, siempre se podrá reparar a través de una buena acción y tal reparación se llama, como se sabe, expiación. Pero, ¿qué pasa cuando algo no se puede reparar, por lo menos no en el sentido de una expiación, dicho de otra forma, no a través de una buena acción? Entonces importa sobre la buena actitud, la postura correcta, pero ahora no frente al sufrimiento en sí y como tal, sino frente a la culpa y la buena actitud frente a la propia culpa es el arrepentimiento. Esta es una actitud y postura frente a uno mismo o frente al yo anteriormente culpable. Max Scheler nos ha mostrado en su artículo a este respecto hasta qué punto el arrepentimiento, si no puede reparar lo que ha ocurrido y de lo que es culpable, por lo menos lo puede anular a nivel moral. Y el hecho de que para esto nunca es demasiado tarde, hasta el último aliento, se muestra de manera impresionante en el relato de Tolstoi, *La muerte de Iván Illich*, de aquel hombre que se supera a sí mismo precisamente en el arrepentimiento de su vida fracasada, que se sobrepasa a sí mismo madurando una gran personalidad interior. Esto quiere decir que hasta el último aliento no hay ninguna omisión definitiva. De manera que de cada biografía es válido incluso lo que dijo G. Gentile: «Nunca en la historia algo está ya hecho, sino que todo está por hacer».

Ahora vemos claramente con cuánta razón Goethe pudo decir: «No existe ninguna situación que no se pueda ennoblecer o por el actuar o por el soportar». Solo que hay que completarlo: el mismo soportar, por lo menos en el sentido del sufrimiento adecuado y digno de la auténtica fatalidad, es por su parte una acción que le está permitida al hombre. Aunque esta acción consistiera solo en que un hombre «realice» renuncia, la renuncia que el destino le exige.

Intentemos responder a la pregunta de por qué el sentido que el sufrimiento ofrece al hombre es el más elevado posible. Los valores actitudinales se revelan como superiores frente a los valores experienciales y creativos en la medida en que el sentido del sufrimiento supera dimensionalmente al sentido del trabajo y al sentido del amor. Queremos partir de que el *homo sapiens* se puede clasificar en *homo faber* que llena el sentido de su existencia produciendo, en *homo amans* que llena su vida de sentido viviendo, encontrándose y amando y en *homo patiens* que, llamado a la capacidad de soportar, arranca un sentido incluso al sufrimiento. El *homo faber* es exactamente lo que se denomina una persona de éxito; solo conoce dos categorías y solo piensa en ellas: éxito y fracaso. Entre estos dos extremos, su vida se desarrolla en la línea de una ética del éxito. Todo lo contrario en el *homo patiens*: sus categorías ya no se designan ni mucho menos éxito y fracaso sino realización y desesperación. Con

Elementos del análisis existencial y de la logoterapia

este par de categorías, sin embargo, se coloca verticalmente respecto a la línea de cualquier ética del éxito; pues realización y desesperación forman parte de otra dimensión. De esta distinción dimensional resulta su superioridad dimensional; pues el *homo patiens* se puede realizar hasta en el descalabro extremo, en el fracaso.[41]

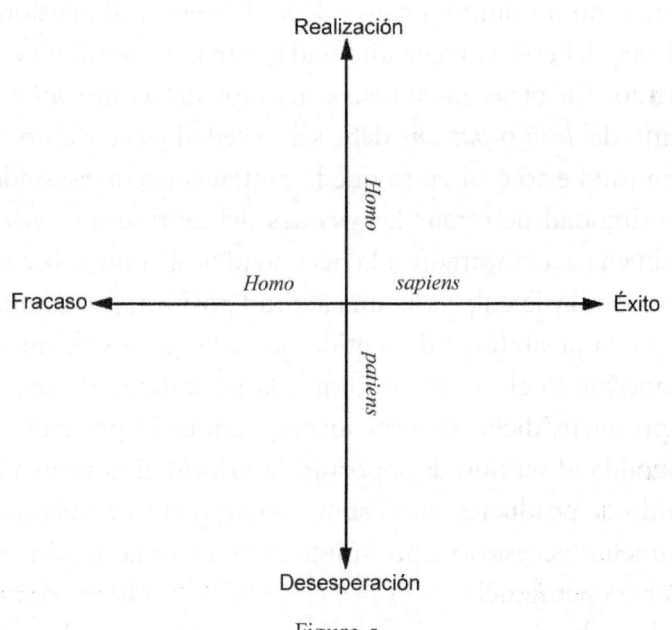

Figura 5

[41]. La jerarquía que domina entre las tres categorías de valor y según la cual los valores actitudinales son superiores a los valores creativos y a los valores experienciales pudo ser confirmada a través del análisis factorial apoyándose en un material de 1 340 personas sometidas a experimentación (Elisabeth S. Lukas). Pues se puso de manifiesto que (a través del análisis factorial) el eje en el que se encuentran los valores actitudinales se sitúa perpendicularmente al eje en el que se encuentran las otras categorías de valores. Por consiguiente, se trata de una dimensión diferente (V.E. Frankl, *Die Sinnfrage in der Psychotherapie*, Múnich, 1985, p. 65).

De esta forma se habría mostrado que la realización es compatible con el fracaso como el éxito lo es con la desesperación. Sin embargo, esto hay que entenderlo solo a partir de la diferencia dimensional de los dos pares de categorías. Por supuesto, si proyectáramos sobre la línea de la ética del éxito el triunfo del *homo patiens,* su realización del sentido y de sí mismo en el sufrimiento, entonces se debería reproducir como un punto a causa de la diferencia dimensional, es decir, debería parecer una nada, dar la impresión de un absurdo. En otras palabras, a los ojos del *homo faber* el triunfo del *homo patiens* debe ser necedad y escándalo.

En todo esto está claro que la preferencia corresponde a la posibilidad de tomar las riendas del destino a través de una buena acción, frente a la necesidad de asumir sobre sí el sufrimiento y la culpa con una actitud positiva. En resumen: aunque la posibilidad de sentido que alberga el sufrimiento es superior en el rango de valor a la posibilidad de sentido del producir, dicho de otra forma, aunque el primado corresponda al sentido de soportar, la prioridad es propia del sentido de producir; pues asumir sobre sí el sufrimiento no fatalmente necesario sino innecesario no sería acción sino más bien petulancia.

Ahora bien, ¿cómo se reflejan estas circunstancias en el ámbito médico práctico, *in clinicis*? Lo dicho significaría que solo una enfermedad incurable alberga una posibilidad de sentido, por muy paradójico que suene. Quien sufre de un carcinoma operable y a pesar de ello no se deja operar, no sufre con sentido;[42] más bien se trataría de un sufrimiento

---

42. El hombre sabe instintivamente hasta qué punto el sufrimiento puede tener sentido y este su saber instintivo se pone de manifiesto en casos como

Elementos del análisis existencial y de la logoterapia

petulante. A la persona en cuestión, a la persona afectada, le faltaría valor, valor para la operación, mientras que a la persona que se rebela furiosamente contra el destino de un carcinoma inoperable le faltaría sumisión.

¿Qué pasa si alguien vive ante nosotros tal como el destino le exige, privándolo primero de la posibilidad de realizar creativamente valores y luego de la posibilidad de forjar un sentido a través de la vida, el encuentro y el amor, de manera que solo le queda la posibilidad de enfrentarse incluso a este destino, la de asumir una postura correcta? Esto se puede ilustrar con un ejemplo concreto muy aleccionador.

En un caso concreto se quiere mostrar cómo se estructura el cambio de rumbo que el paciente en cuestión debe llevar a cabo: el cambio de rumbo desde la posibilidad, que se encuentra en el primer plano de la conciencia cotidiana de la existencia media, de dar un sentido a la vida a través de la producción, hasta la necesidad de forjar un sentido a la existencia a través del sufrimiento, del soportar el duro destino:

Un paciente que sufre de un tumor en la médula espinal no puede seguir ejerciendo su profesión; su profesión era diseñador de publicidad. Por tanto, quedan eliminadas las posibilidades creativas de valor; en el Hospital lee mucho, más de lo que jamás tuvo ocasión de leer; por consiguiente, realiza valores experienciales, es decir, da ahora

---

la llamada «melancolía anestésica» en los que el enfermo sufre precisamente por el hecho de ser incapaz de sufrir, incluso cuando tiene dolores. Ahora bien, una contrapartida de tal apatía (y no precisamente de la analgesia) es la compasión: un sufrimiento sin dolores —y es digno de nota que tal sufrimiento sin dolores es percibido como lleno de sentido— al contrario de los dolores sin sufrimiento como los tiene la persona que es incapaz de sufrir.

un sentido a su vida, acogiendo en sí valores culturales. Pero finalmente progresa tanto su parálisis que ya no es capaz de sujetar un libro con sus manos ni aguanta los auriculares; o sea, que tampoco puede realizar ya valores experienciales y él mismo sabe que su fin está próximo. Pero, ¿qué actitud toma frente a este destino? Entonces yo, como joven médico, por casualidad trabajaba de noche y en la visita de la tarde me ruega que no me deje estropear el descanso nocturno por su causa: su única preocupación era mi descanso nocturno. De modo que este hombre en sus últimas horas de vida no se preocupaba en absoluto de sí mismo sino solo de los demás, por ejemplo, de mí como médico de turno: con esta heroicidad silenciosa, este hombre realizó una acción, convirtió su sufrimiento en una acción, es decir, en una acción que hay que valorar más que cualquier diseño publicitario que pudo llevar a cabo antes, cuando todavía era capaz de trabajar: ahora hizo publicidad de lo que el hombre es capaz incluso en situaciones semejantes.

Con otro caso queremos mostrar cómo no solo la renuncia al trabajo y la posibilidad de sentido que se basa en él, sino también la renuncia al amor puede obligar al hombre a aprovechar la oportunidad para la realización de sentido que yace en el sufrimiento debido a este empobrecimiento ineludible en lo que se refiere a posibilidades de sentido:

Se dirige a nosotros un antiguo médico no especialista; hace un año ha muerto su mujer, a la que quería por encima de todo y no es capaz de superar esta pérdida. Le preguntamos al paciente que está muy deprimido, si se imagina lo que habría pasado si él mismo hubiese muerto antes que su mujer. «No quiero ni pensarlo», contesta, «mi mujer se habría desesperado». Ahora solo nos quedaba llamarle la atención sobre esto: «Mire, a su mujer se le ha ahorrado esto y ha sido usted quien se lo ha ahorrado, por supuesto, al precio de que ahora es usted quien pasa por el duelo de su pérdida». En el mismo instante su sufrimiento adquiere un sentido: el sentido de un sacrificio.

Evidentemente, aquí no se trata de psicoterapia ni, en general, de terapia, puesto que no se pudo cambiar nada en el estado de la situación en cuanto ineludible; ¡sin embargo, había cambiado la actitud! El destino le había exigido que desistiese de la posibilidad de realizar sentido a través del amor; pero le había quedado la posibilidad de enfrentarse incluso a este destino, la de asumir una postura correcta.

El sufrimiento con sentido siempre va más allá de sí mismo. El sufrimiento con sentido remite a un «en aras de qué» sufrimos. En una palabra, el sufrimiento en el sentido propio de la palabra es el sacrificio.

Pero el sufrimiento no tiene solo dignidad ética, tiene también relevancia metafísica. El sufrimiento hace al hombre lúcido y al mundo, transparente. El ser se vuelve transparente hacia una dimensionalidad metafísica.

El ser se hace transparente: el hombre ve a través de él, a la persona que sufre se le descubren perspectivas hasta el fondo.

Situado ante el abismo, el hombre ve la profundidad y lo que percibe en el fondo del abismo es la estructura trágica de la existencia. Lo que se le revela es: que la existencia humana, en última instancia y en lo más profundo, es una pasión, que la esencia del hombre consiste en ser una persona que sufre: *homo patiens*.

¿Cuál era la imagen del hombre en el marco biologicista? ¿El mamífero más altamente desarrollado? ¿El mamífero al que el andar derecho se le subió a la cabeza? Su imperativo consistía en *sapere aude;* ¡atrévete a ser razonable! Pues bien, se ha atrevido. Se ha atrevido a absolutizar la razón; la ilustración convirtió literalmente la *ratio* en la diosa.

A esta imagen biológica del hombre oponemos una imagen noológica. Al *homo sapiens* oponemos el *homo patiens*. Al imperativo *sapere aude* oponemos otro: *pati aude,* ¡atrévete a sufrir!

Esta osadía, la valentía ante el sufrimiento, esto es lo que importa.[43]

De esta forma la realización de valores actitudinales se revela de verdad como la realización del sentido posible del sufrimiento necesario.[44]

43. ¿Se pretende decir con esto que el sufrimiento es necesario para encontrar sentido? Esto sería un tremendo malentendido. Lo que yo quiero decir no es en modo alguno que el sufrimiento sea necesario sino que quiero decir que es posible el sentido a pesar del sufrimiento, por no decir, a través de un sufrimiento, suponiendo que el sufrimiento es necesario, es decir, que no se puede anular ni eliminar la causa del sufrimiento sea que se trate de una causa biológica, psicológica o sociológica; si un carcinoma es operable, evidentemente el paciente será operado; si un paciente viene a nuestra consulta con una neurosis, naturalmente haremos todo lo posible para liberarle de ella; y en el caso en que fuera la sociedad la que está enferma pasaríamos a una acción política tan pronto y durante el tiempo que sea posible (V.E. Frankl, *Der leidende Mensch. Anthropologische Grundlagen der Psychotherapie,* Berna, 1984, p. 59; trad. cast.; *El hombre doliente. Fundamentos antropológicos de la psicoterapia,* Herder, Barcelona, 2009.).

44. Edith Joelson de la Purdue University llamó la atención sobre el hecho de hasta qué punto esta teoría del análisis existencial se encuentra en oposición a la mentalidad corriente de la higiene mental, sobre todo en Estados Unidos —en el sentido de un correctivo saludable—; pues el escapismo del estadounidense típico frente a la indigencia y a la muerte, frente al sufrimiento y al hecho de morir le conduce a un círculo vicioso en el que

Elementos del análisis existencial y de la logoterapia

El escapista huye ante el sufrimiento necesario; el masoquista va en busca del sufrimiento innecesario. ¿En qué consiste, pues, la esencia del masoquismo? ¡Falsifica el desagrado convirtiéndolo en placer! Frente al masoquista se encuentra el hombre que no falsifica el desagrado convirtiéndolo en placer sino que transforma el sufrimiento en acción. Equidistante del escapismo y del masoquismo, este hombre tiende hacia el sufrimiento en oposición al escapista; sin embargo, no tiende hacia él como el masoquista, como un fin en sí; sino que tender hacia el sufrimiento ya lo trasciende, persiguiendo a través del sufrimiento aquello en aras de lo cual sufre, en una palabra: sacrificándose. Con esta donación de sentido del sacrificio él traspone el sufrimiento desde el nivel de lo fáctico al nivel de lo existencial.

Ahora nos encontramos con la cuestión: ¿puede ser interpretado el sentido del sufrimiento? Estamos deslizándonos hacia la problemática de una patodicea que tomamos en lugar de una teodicea, precisamente porque la teodicea está condenada al fracaso; pues si argumenta que el sufrimiento es necesario para purificar al hombre o que Dios permitiría el mal para hacer de esta forma que el bien tenga un efecto tanto más contrastante, etcétera. Entonces, frente a tal argumentación, siempre puede uno seguir preguntando, seguir retrocediendo a través de todos los argumentos o razones y motivos mencionados, de tal forma que uno se pregunta:

---

el hombre que no ve en el sufrimiento una posibilidad de sentido sino solo una inadecuación o un síntoma neurótico lo único que hace es aumentar su sufrimiento fatalmente necesario debido a su ser infeliz por su tener que sufrir fatalmente (*Unhappiness about being unhappy; Some Comments on a Viennese School of Psychiatry:* «The Journal of Abnormal and Social Psychology», vol. 51, n.° 3, noviembre 1955).

¿Dios, el Todopoderoso, no habría podido crear al hombre de forma que este, el hombre, no necesitase en absoluto una purificación a través del sufrimiento y no habría podido también crear un mundo que no necesitase el efecto contrastante?

La única actitud adecuada al hombre frente a la problemática de una patodicea o incluso de una teodicea consiste en la postura de Job: quien se inclinó ante el misterio; y además la actitud de Sócrates quien, por cierto, afirmó saber, pero solo saber que no sabía nada.

Pero nos comportamos como si se tratase únicamente de filósofos y profetas, cuando también puede ser la actitud de hombres sencillos y corrientes, por ejemplo, aquellos dos soldados de la ONU que fueron heridos en Corea y a los que después en el Lazareto fueron entrevistados por un reportero, quisiera decir, metafísicamente petulante, quien les preguntó lo que pensaban sobre el sentido de sus heridas y de su sufrimiento; a lo cual uno contestó: «Se pregunta demasiado», y el otro: «Dios ya sabe lo que quiere hacer con nosotros». A esto llamo yo responder con espíritu socrático-jobiano. Existen, pues, preguntas que se formulan mal y una fe que eclipsa cualquier posible respuesta.

No obstante, es lógico por lo menos proponerse imágenes y símiles. Y como símil de este tipo se nos ofrece el símil de la sección áurea. De acuerdo con esta, como se sabe, la parte menor tiene la misma relación con la mayor como esta con el todo. ¿No es acaso análoga la relación del animal con el hombre y del hombre con Dios? Como es sabido, al animal le es propio el simple medio ambiente, mientras que el hombre «posee mundo» (Max Scheler); pero el mundo humano se relaciona con un supermundo de la misma forma que el

Elementos del análisis existencial y de la logoterapia

medio ambiente animal se relaciona con el mundo humano. Y esto quiere decir lo siguiente: así como el animal sería tan poco capaz de comprender, a partir de su medio ambiente, al hombre y su mundo, del mismo modo es poco probable que el hombre tenga acceso al supermundo, que comprenda a Dios o que sea capaz incluso de comprender sus motivos.

Tomemos el ejemplo del perro que, cuando se le indica alguna cosa, no mira hacia ella, sino que mira al dedo, si es que no salta hacia el dedo: no puede entender la señal en el sentido de un signo. ¿Acaso no le ocurre al hombre algo parecido? ¿No sucede que también el hombre no entiende un «aviso» del destino que le sobreviene, que está descontento con su destino? También él «salta hacia el dedo»...

Los hombres, evidentemente, no podemos captar el sentido del «todo» —para seguir con la idea de la sección áurea—; por lo menos, no lo podemos pensar sino solo creer. De esta forma también entendemos lo que Albert Einstein dijo en el Princeton Theological Seminary: «La simple razón no nos puede revelar el sentido de los fines más elevados y fundamentales». En esto dependemos de la fe y no de «la simple razón»; pero: en última instancia y en el fondo, ¿qué es la fe sino un conocer decisivo, un conocer que hace valer todo el peso de su autoridad? La fe no es una razón a la que se le sustrae la realidad de lo razonado sino una razón a la que se le incrementa la existencialidad del que razona.

Y, ¿para qué sirve semejante decisión? ¿Qué es lo que decide semejante conocimiento? Si el «todo» del ser es un sinsentido o tiene un supersentido:[45] si detrás se encuentra

---

45. «Supersentido» no tiene nada en absoluto que ver con «más allá de los sentidos» o «sobrenatural», sino que quiere decir «dotado de supersentido».

un sentido que va más allá de nuestra capacidad, humanamente limitada, de comprensión, un sentido que incluiría el sufrimiento aparentemente tan carente de sentido. Un sentido que desde luego estaría más allá de todas las palabras, pero, ¿qué significaría esto al fin y al cabo? Donde todas las palabras son pocas, cualquier palabra está de más.

Así como la fisiología, vista desde la perspectiva de nuestra concepción dimensional de la existencia humana, está abierta a una psicología y esta última, a una noología, como consideración de la existencia humana, en cuanto existencia espiritual, del mismo modo esta forma de pensar y, junto a ella, un análisis existencial se deben mantener abiertos frente a aquella dimensión que abarca las dimensiones hasta ahora consideradas.

Solo desde el supermundo, el sufrimiento humano recibe su última dotación de sentido, recibe aquel supersentido que va más allá de toda capacidad humana de comprensión.

No es que los hombres tengamos que asumir sobre nosotros la carencia de sentido de la existencia, como lo preconiza el existencialismo francés; más bien es solo la imposibilidad de probar el supersentido al que tenemos que enfrentarnos.[46]

En la medida en que es posible, en general, preguntar por el sentido, hay que preguntar por el sentido de una persona

---

46. Hay que prevenir contra una referencia en cortocircuito a la revelación que le ahorra a uno cualquier necesidad de prueba; pues el hecho de que yo reconozca en general la revelación como tal, presupone siempre una decisión de fe. Esta decisión es la condición que debe cumplirse en primer lugar en el caso de que crea. Por consiguiente, no surte efecto alguno que alguien, ante un no creyente, remita al hecho de que existe una revelación; si le valiese esta palabra, ya sería creyente.

Elementos del análisis existencial y de la logoterapia

concreta y de una situación concreta. La pregunta por el sentido de la vida solo se puede plantear de forma concreta y solo se puede contestar de forma activa: si arrancamos reflexionando retroactivamente sobre la estructura originaria de la vivencia del mundo, entonces tenemos que dar a la cuestión sobre el sentido de la vida un giro copernicano: es la misma vida la que plantea preguntas al hombre. Él no tiene que preguntar, más bien es el preguntado por la vida, el que tiene que responder a la vida, el que tiene que asumir la vida responsablemente. Pero las respuestas que da el hombre solo pueden ser respuestas concretas a «preguntas vitales» concretas.

En la responsabilidad de la existencia tiene lugar su respuesta, en la misma existencia el hombre «lleva a cabo» el responder a las preguntas que esta le plantea.

El primado, aparentemente paradójico, de la respuesta frente a la pregunta se basa en la experiencia que el hombre tiene de sí como una persona a la que ya se le ha preguntado. Pero el hombre religioso vive la existencia no solo como tarea concreta sino como encargo personal que se le encomienda de parte de un ser personal, incluso suprapersonal. Así, pues, el hombre ve la tarea de forma transparente, a saber, hacia la trascendencia; solo él puede «decir sí a la vida a pesar de ello» bajo cualesquiera condiciones y circunstancias, a pesar de todo esto: a pesar de la indigencia y de la muerte.

Si se plantea la cuestión de sentido de forma concreta, entonces se plantea *ad hoc*, es decir, se pregunta por un sentido simplemente relativo. Pero, tan pronto como la cuestión de sentido se dirige al todo, esta se vuelve carente de sentido. El hombre es incapaz de contestar a la pregunta por el sentido absoluto. Pues el todo *eo ipso* no se puede abarcar y por tanto el sentido del todo supera necesariamente nuestra capacidad de comprensión. De aquí que el sentido del todo no se puede describir ni indicar más detalladamente, a no ser en el sentido de un término límite, por ejemplo, a no ser que digamos que el todo no tiene sentido, tiene un supersentido.

La realización de un sentido, que me imagino, depende de mi acción y omisión: según lo que hago y omito, o sucede algo o no sucede nada; pero el supersentido se impone independiente de mi acción u omisión: con mi intervención o sin ella, con mi colaboración o sin ella. En una palabra: la historia en la que se cumple el supersentido, tiene lugar o bien a través de mis intervenciones o bien pasando por alto mis omisiones.

Pero no solamente tenemos que creer —necesariamente respecto a la razón— en un supersentido, sino también en un superser: un ser en el que se alberga lo pasado de modo que por su carácter pasado está a salvo del carácter perecedero; pues lo pasado se conserva y se guarda en el pasado —en el pasado se mantiene a salvo del carácter perecedero— lo salvamos introduciéndolo en el pasado. Ahora se vuelven comprensibles las palabras de Lao-Tse: haber cumplido un deber quiere decir ser eterno. Pero esto no solo es válido para los valores creativos sino también para los valores experienciales que hayamos tenido la suerte de poder realizar; como dice el poeta: lo que vives, no te lo puede robar ningún poder del mundo. Finalmente, es válido un consuelo análogo incluso desde el sufrimiento.

Habitualmente, el hombre ve solo el rastrojo del carácter perecedero; lo que él no ve son los graneros llenos del pasado. A saber, en el carácter pasado nada está perdido irreversiblemente sino que todo está puesto a salvo de manera que no se puede perder. Pero no solamente llenamos los graneros de nuestro pasado, no solo cumplimos y realizamos sentido y valores produciendo, sino también viviendo y sufriendo. El sufrimiento es acción. La muerte quiere decir cosecha. En realidad, ni el sufrimiento ni la culpa ni la muerte —toda esta tríada trágica— pueden privar a la vida de su sentido.[47]

Si fuéramos inmortales, entonces podríamos aplazar con razón cualquier acción hasta el infinito, nunca importaría ejecutarla precisamente ahora. Pero así frente a la muerte como límite insuperable de nuestro futuro y limitación de nuestras posibilidades, nos encontramos obligados a aprovechar el tiempo de nuestra vida y a no dejar pasar inútilmente las oportunidades únicas, cuya suma «limitada» representa entonces toda la vida.

El carácter finito, la temporalidad, por consiguiente, no es solo un rasgo esencial de la vida humana, sino que incluso es un rasgo constitutivo para su sentido. El sentido de la existencia humana se basa en su carácter irreversible. En general, se podría expresar la máxima del análisis existencial con el siguiente imperativo: vive como si vivieras por segunda vez y como si la primera vez hubieras hecho todo tan mal

---

47. Lo que importa es: transformar el sufrimiento en realización, la culpa en conversión, la muerte en un estímulo para la acción responsable (V.E. Frankl, *Der leidende Mensch. Anthropologische Grundlagen der Psychotherapie*, Berna, 1984, p. 51).

como estás a punto de hacerlo. Si uno consigue consagrarse a esta representación de la fantasía, en ese mismo momento se da cuenta de la inmensa responsabilidad que el hombre tiene en cualquier momento de su vida.

Nada se puede eliminar del mundo una vez que ha acontecido. ¿Pero no importa mucho más que se introduzca algo en el mundo?

¿Qué pasa cuando los graneros están vacíos, qué pasa cuando toda la vida no fue otra cosa que una cosecha tremendamente mala?

Diariamente y en cada momento de la consulta, los médicos nos enfrentamos con personas que tuvieron que aceptar tales cosechas malas de su existencia: vemos a personas que se vuelven seniles y vemos a mujeres que permanecen estériles. Sin conocer bien las implicaciones metaclínicas de nuestra acción médica servimos de muy poco a estas personas en su desesperación. Tenemos que mostrarles, y por esta razón nosotros mismos tenemos que ver, hasta qué punto se puede atribuir su desesperación a una ceguera, es decir, a la sobrevaloración de un único valor, al hacer como si este valor fuera el único. De manera que este resplandece más que los demás valores, impidiéndonos verlos. Así, para seguir con el ejemplo de la mujer estéril, se hace como si el sentido de la vida de una mujer dependiera del hecho de si tiene marido e hijos. Como si la vida de una mujer que quedó soltera y sin hijos no contuviese en sí otras posibilidades diferentes de sentido y valor. Como si, en general, el sentido de la vida dependiera del hecho de procrear. Entonces, procrear una vida, si esta carece de sentido, sería lo más carente de sentido.

Elementos del análisis existencial y de la logoterapia

Conocemos a una persona que fue llevada a un campo de concentración y que intentaba introducir furtivamente el manuscrito de un libro, listo para imprimir, la obra de su vida, con el fin de salvarlo para tiempos mejores. Cuando parecía que su muerte sería inmediata, estaba desesperado sobre todo porque ya no se habría podido publicar. Así que se le exigía renunciar a la oportunidad de una segunda redacción y esto quiso decir en la situación concreta luchar hasta convencerse de qué tipo de vida sería esta cuyo sentido dependía de que alguien tuviese o no ocasión de publicar un libro. Ciertamente le dolía, pero —por muy doloroso que fuera— se dio cuenta de que el sentido de la vida es tal que este sentido se cumple incluso en el fracaso, en el estar vacíos los graneros, y de esta forma también en el estar vacíos los cajones en los que solemos colocar y guardar nuestros manuscritos...

En el campo de concentración encontré una vez a dos personas que se quejaban de que ya no esperaban nada más de la vida; yo en cambio intenté hacerles comprender que, en el fondo, uno no debería preguntar lo que yo me espero de la vida, sino más bien: ¿quién o qué me espera: un hombre o una obra, una persona o una cosa? Y: ¿quién espera algo de mí? Por ejemplo, en una situación realmente sin salida, que vaya con dignidad hacia el martirio que se me exige... Pues es que se dan situaciones en las que se está seguro de que ya no se volverá sobre una obra ni se volverá a ver a una persona de modo que nada ni nadie esperan a uno. Ahora bien, desde una ética del éxito cualquier heroísmo en una situación semejante carecería de sentido; debe parecer carente de sentido ser heroico si nadie se aprovecha de ello, si ni siquiera nadie sabe nada de ello. Incluso entonces, el hombre religioso está inmunizado contra la desesperación; pues sabe que, incluso entonces, Dios espera algo de él. Mantenerse firme, a pesar de toda inutilidad, tiene un sentido únicamente si se vislumbra que existe un testigo y un espectador invisible.

Solo en la presencia de Dios, solo pensando en que es él ante quien el hombre es responsable de la realización que se le exige, da un sentido concreto y personal de la vida que incluye en sí hasta el sentido del sufrimiento, la existencia humana se coloca en una dimensión en la que es incondicionalmente digna de ser vivida bajo cualesquiera condiciones y circunstancias.

Y esto incluso bajo condiciones y circunstancias como la enfermedad, hasta la enfermedad incurable, hasta la enfermedad mental incurable, y esto quiere decir que la existencia humana es digna de ser vivida, incluso cuando parece que más bien mereciera la denominación de «vida no digna de ser vivida».

Sin duda, el lector estará desconcertado; pero por mucho que el enfermo psicótico más infausto desde la perspectiva del pronóstico haya perdido todo valor de utilidad, sigue teniendo su dignidad y merece nuestro profundo respeto.[48]

48. «Que uno no haya nacido aún, que sea un niño o que viva en la enajenación mental, incapaz de una manifestación humana: su esencia humana, su personalidad como algo dado ónticamente, igualmente sigue persistiendo siempre. La posibilidad de la decisión interna ética en favor del bien en sí no tiene nada que ver con un nivel especialmente elevado de inteligencia y de la voluntad» (Josef Fulko Groner, «Hochland» 48 [1955] 42). Todo esto va orientado al «respeto al espíritu que existe en cualquier hombre, incluso en el loco» (A.F. Utz, en: *Deutsche Thomasausgabe*, vol. 18, comentario p. 484).

Elementos del análisis existencial y de la logoterapia

Y tanto más cuanto precisamente está enfermo, «psíquicamente» enfermo; pues el rango de valor del *homo patiens* es más elevado que el del *homo faber*. El hombre que sufre está más alto que el hombre hábil. Y a pesar de toda ineptitud su vida es precisamente lo contrario de «no digna de ser vivida»: ¡de manera misteriosa y arcana, esta está impregnada de sentido y es digna de ser vivida en sumo grado!

Nos trajeron un hombre de unos 60 años en un estado de deterioro y de decadencia tras una *dementia praecocissima*. Oye voces, es decir, sufre alucinación acústica, es autista, durante todo el día no hace más que rasgar papeles y de esta forma lleva una vida en apariencia total y absolutamente carente de sentido. Si siguiéramos la catalogación de las tareas vitales según Alfred Adler, este paciente —este «idiota», como se le llama— no cumple ni una sola de las tareas vitales: no se dedica a ningún trabajo, está casi excluido de la comunidad y se le niega la vida sexual, ni hablar de amor y matrimonio. Y sin embargo: qué encanto extraño y asombroso emana de este hombre, del núcleo de su humanidad —que no ha sido tocado por la psicosis—: ¡tenemos ante nosotros a todo un caballero! De la conversación resulta que a veces se encoleriza, sin embargo, es capaz de dominarse en el último instante. Entonces le pregunto por azar: —«¿por amor a quién, pues, se domina usted?»— y él me contesta: «por amor a Dios...». Entonces me acuerdo de las palabras de Kierkegaard: «Aunque la locura me ponga ante la vista el vestido de bufón, puedo salvar mi alma: si mi amor a Dios vence en mí». Solo si uno se encuentra en la situación desde la que puede soportar el destino más desesperante y sin salida alguna, a saber, solo por amor a Dios, como nos ha puesto de manifiesto nuestro paciente «idiota»: solo entonces se puede decir sí a la vida, a pesar de cualesquiera condiciones y circunstancias, incluso bajo las más desagradables y más desfavorables.

Lo han vivido ante nosotros pacientes y lo han vivido antes que nosotros profetas. Las condiciones de vida de los campesinos palestinos en los tiempos bíblicos eran muy distintas a las de un caso de *dementia praecocissima,* a las de un hombre prisionero de guerra o en un campo de concentración y las dificultades, las crisis y las catástrofes de estos campesinos eran muy distintas a las situaciones límite de la primera mitad de nuestro siglo. Para aquellos hombres no se trataba de psicosis incurables o de manuscritos no publicados: sus graneros vacíos y las malas cosechas lo eran en el sentido literal de la palabra; a pesar de ello Habacuc —por amor a Dios— dijo sí al sufrimiento: «Las higueras no florecen, y los viñedos no producen nada, los olivos no tienen frutos, el campo no produce alimento. No hay ovejas en el redil ni bueyes en los establos. Pero yo lanzo gritos de júbilo al Eterno, exulto en el Dios de mi salvación».

IV. LOGOTERAPIA COMO TERAPIA ESPECÍFICA DE NEUROSIS NOÓGENAS

Las neurosis no tienen que tener su raíz en el ámbito psíquico, también la pueden tener en un ámbito que esencialmente supera el ámbito psíquico: en el ámbito noético, en el ámbito de lo espiritual. Hablamos de neurosis noógena en los casos en que, en última instancia, un problema espiritual, un conflicto moral o una crisis existencial se basan etiológicamente en la neurosis correspondiente.

Al llegar a este punto de nuestras reflexiones vemos otro peligro —además del peligro del psicologismo— : el de un noologismo.

Además del Escila del psicologismo nos acecha el Caribdis del noologismo. Mientras que el psicologista proyecta lo espiritual desde el espacio de lo humano, que al fin y al cabo está constituido, en general, por la dimensión de lo espiritual, en el plano de lo simplemente psíquico, el noologista interpreta Lo corporal de manera unilateral y exclusiva en el sentido de una expresión de lo espiritual. Mientras que el psicologismo diagnostica mal cualquier neurosis, y por tanto también la neurosis noógena, como neurosis psicógena, el noologismo considera cualquier neurosis, y por tanto también la neurosis psicógena (así como la pseudoneurosis somatógena), como una neurosis noógena. Significaría caer en el error del noologismo si se pretendiese afirmar que cualquier neurosis es noógena; por el contrario, significaría caer en el error del patologismo si se pretendiese afirmar que cualquier frustración existencial ya es algo neurótico. Así como cualquier neurosis tiene en muy poca medida su raíz en la frustración existencial, cualquier frustración existencial es patógena en esa misma medida reducida. Ahora queda de manifiesto que en modo alguno sostenemos que solo existen neurosis noógenas, que todas las neurosis son noógenas. Si esto se junta con lo dicho anteriormente, resulta que no cualquier frustración existencial se convierte en patógena, y no cualquier enfermedad neurótica es noógena. De una estadística del Ambulatorio psicoterapéutico del Manicomio de la Universidad de Tubinga se puede deducir que casi el 12 % de los casos de neurosis que se presentan allí se pueden considerar como casos de neurosis noógenas (Langen y Volhard); de una estadística de la Clínica ginecológica de la Universidad de Würzburgo se podría deducir que hay que contar con el 21 % de neurosis noógenas (Prill), mientras que la Directora del Ambulatorio psicoterapéutico del policlínico de Viena, en su informe estadístico sobre las neurosis señala el 14 % de neurosis noógenas y, además, 7 % de casos ligeros de frustración existencial (Niebauer). Por consiguiente, no solo tenemos que guardarnos de un patologismo, sino también, de la misma forma, de un noologismo y sería noologismo el ver en lo espiritual el único ámbito de la existencia humana y por tanto también la única causa de la enfermedad neurótica. Esto quiere decir que no toda neurosis es noógena, que no toda neurosis surgió debido a un conflicto de conciencia o a un problema de valores.

Ni hay que atribuir siempre la neurosis a una absolutización de valores relativos, ni este absolutismo de valores conduce necesariamente a una neurosis. J.H. van der Veldt de la Catholic University of América en Washington confirma nuestra propia opinión en la medida en que declara de manera explícita que a la base de cualquier neurosis no se encuentra un conflicto, ni mucho menos un conflicto moral o religioso.

Basándose en la casuística se podría probar fácilmente que los traumas, complejos, conflictos y problemas psíquicos, tantas veces citados y tan a menudo incriminados como patógenos, no son en absoluto tan patógenos como habitualmente se supone. El hecho de que realmente aparezcan, es a veces el efecto y no la causa de la enfermedad neurótica.

Algo análogo se puede emplear en el ámbito (no de la patogénesis en general, sino) de la noogénesis (en especial): pues, es válido incluso de las neurosis noógenas que la frustración existencial, que posiblemente constituye su base, es tan corriente que en sí y como tal no puede ser patógena.

Preguntémonos ahora: ¿Cuándo se vuelve patógena la frustración existencial? Pues bien, para ello, a la frustración existencial le debe salir al encuentro una afección somatopsíquica. A ciertos órganos les corresponde, más allá de cualquier «salida al encuentro somática» condicionada orgánicamente, una calidad de significado determinada y específica; por esto, nos gustaría designar este tipo de «salida al encuentro somática» como salida al encuentro simbólica. Es sabido, por ejemplo, la importancia simbólica especial que tiene el aparato digestivo para ciertas actitudes psíquicas básicas: baste solo recordar las conexiones resaltadas por el psicoanálisis, y recientemente también por orientaciones psicoterapéuticas más nuevas, entre el estreñimiento, por un lado, y la avaricia o la actitud interna de no querer soltar nada (como cualificación antropológica, por así decir, de un cierto modo de estar en el mundo), por otro. Está claro que en todos aquellos casos en los que el síntoma neurótico es elegido en base a una determinada finalidad, la neurosis afectará a aquel órgano cuya enfermedad ofrece la mayor posibilidad de cumplir el fin neurótico. Lo que, en una constelación muy concreta de las circunstancias vitales, puede conseguir la neurosis mediante un trastorno de la vejiga y solo mediante este, conducirá a una enfermedad neurótica de la vejiga aun cuando, precisamente en el ámbito urológico, una minusvalía orgánica no «salga al encuentro somáticamente».

Por tanto, para que se produzca una neurosis noógena debe desencadenarse una afección somatopsíquica en la frustración existencial. En el fondo, tampoco se puede imaginar de otra forma, de acuerdo precisamente con la logoterapia; pues, de acuerdo precisamente con esta, solo puede haber una enfermedad desde el principio en el ámbito del organismo psicofísico, pero no en cambio en el ámbito de la persona espiritual: la persona espiritual no puede ponerse enferma.[49] Sin embargo, el hombre bien puede ponerse enfermo. Pero siempre que esto ocurra, debe estar involucrado el organismo psicofísico. Si, en general, se quiere hablar de neurosis, debe existir necesariamente una afección psicofísica. Es más, cualquier enfermedad es, ya de antemano y como tal, una enfermedad psicofísica. En este sentido hablamos, conscientemente, únicamente de neurosis noógenas y no de neurosis noéticas: neurosis noógenas son enfermedades «que provienen del espíritu», en cambio no son enfermedades «que se encuentran en el espíritu»: no existen «noosis»; algo noético no puede ser en sí y como tal algo patológico ni, por consiguiente, tampoco algo neurótico. La neurosis no es una enfermedad noética, una enfermedad espiritual, una enfermedad del hombre únicamente en su espiritualidad; sino que siempre es la enfermedad de un hombre en su unidad y totalidad. Asimismo resulta de todo lo dicho que hay que preferir la designación de neurosis noógenas al término de neurosis existenciales: existencial solo lo puede ser propiamente una frustración;

---

49. Ya *ex definitione,* lo espiritual es precisamente solo lo libre en el hombre. De antemano, llamamos «persona» en general solo lo que se puede comportar de forma libre, frente a cualquier circunstancia (véase p. 344).

Elementos del análisis existencial y de la logoterapia

esta, sin embargo, no es una neurosis, ni siquiera es algo patológico.

Está claro que en casos de neurosis noógenas que provienen de lo espiritual es indicada una psicoterapia que provenga también de lo espiritual, y como tal se entiende a sí misma la logoterapia. En lo que ahora sigue se pretende presentar el caso concreto de una neurosis noógena.

Se trata de una mujer joven que se dirige a nosotros con una depresión reactiva bajo el cuadro de una neurosis vegetativa grave. Un conflicto de conciencia entre matrimonio y fe se encuentra a la base de todo esto: ¿debe sacrificar una cosa por otra o al revés? Ella da una importancia muy grande a una educación religiosa para sus hijos, mientras que su marido, un ateo declarado, está decididamente en contra. En sí el conflicto es humano y no enfermizo; solamente es enfermedad el efecto del conflicto, la neurosis. Pero no se deja tratar sin antes discutir la cuestión del valor y del sentido. La misma paciente afirma que podría tener la vida más hermosa, su tranquilidad *(emotional balance!)* y su paz *(peace of mind!)* si se adaptara a su marido —en general, a su entorno social *(social adjustment!)*—. El problema consiste en: ¿debe uno, puede uno adaptarse a cualquier precio, tanto más a este marido, a esta sociedad...? Ella dice que no es capaz de ello. En primer lugar, se trataba de reducir los efectos psicofísicos del conflicto ético-espiritual mediante la amortiguación de la resonancia afectiva del organismo a través de fármacos e iniciar, luego, una terapia causal desaconsejando por cierto a la paciente el adaptarse a su marido en cuestión de principios, de los principios de su visión del mundo, recomendándole, sin embargo, vivamente, en una perspectiva táctica, evitar cualquier provocación de su marido, precisamente por su convicción religiosa y prepararle y allanarle el camino hacia una mejor comprensión de su propia convicción.

No obstante, según ella, no podría adaptarse a la concepción de la vida de su marido, puesto que esto significaría sacrificar su «yo». Ahora bien, si la paciente no hubiese hecho esta observación, entonces el tratamiento psicoterapéutico —en el caso concreto, logoterapéutico— de la neurosis, aparentemente noógena, surgida de un conflicto ético-espiritual y que por tanto hay que tratarla desde lo espiritual, no hubiera podido en modo alguno reforzar a la paciente en una u otra dirección: sea en la de la adaptación a su marido sea en la de la autoafirmación de su propia concepción del mundo. Así, pues, el médico se tendrá que guardar de toda imposición de una visión del mundo, de su visión del mundo. ¡No se debe «transferir» al paciente la visión personal del mundo, la propia visión del mundo! El logoterapeuta se guardará mucho de que el paciente cargue sobre él la responsabilidad porque la logoterapia esencialmente es educación a la responsabilidad.[50] Desde esta responsabilidad, el enfermo debe penetrar autónomamente hasta el sentido concreto de su existencia personal. «De este modo, se dota de sentido al espacio concreto de la existencia en el que el hombre se encuentra "arrojado"» (Paul Polak).[51] El análisis existencial

---

50. Compárese con Karl Dienelt, *Erziehung zur Verantwortlichkeit* (*Die Existenzanalyse V.E. Frankls und ihre Bedeutung für die Erziehung*), Viena, 1955.
51. *Frankls Existenzanalyse in ihrer Bedeutung für Anthropologie und Psychotherapie*, Innsbruck-Viena, 1949.

Elementos del análisis existencial y de la logoterapia

debe llevar al hombre a la conciencia de su responsabilidad; pero, además de esto, no se le deben proporcionar valores concretos de ningún tipo, sino que más bien se debe limitar a hacer que el paciente encuentre de manera autónoma los valores que de él esperan su realización y el sentido que de él aguarda un cumplimiento. Lo que, en cambio, en ningún caso se puede hacer es una imposición al paciente del orden de rango de los valores y de la visión del mundo del terapeuta, una transferencia cosmovisiva. La paciente dio a entender de manera explícita que renunciar a su convicción religiosa o a la transformación de esta en práctica significaría sacrificar su yo —y esto terapéuticamente nos autoriza a ponerle de manifiesto que su enfermedad neurótica no representa nada más que el resultado de la violación espiritual de sí misma que le amenaza o que ya ha tenido lugar.

Otra prueba casuística: el señor Stefan V., de 58 años, llega del extranjero solo por amor a sus amigos, a los que ha dado su palabra de no quitarse la vida sin haber venido a Viena y haber hablado conmigo. Su mujer había muerto hacía ocho meses de un carcinoma. Después de esto, intentó quitarse la vida, estuvo internado durante varias semanas y contesta a mi pregunta de por qué no había vuelto a intentar el suicidio: «Solo porque tenía algo que hacer». A saber, tenía que cuidar la tumba de su mujer. Le pregunto: «¿Y aparte de esto, no tiene ninguna otra tarea que cumplir?». A esto responde: «Todo me parece carente de sentido, vano». Yo: «¿Importa el hecho de que a usted le parezca vano o no vano? ¿No importa más bien solo si es importante o no? ¿Es impensable que su sentimiento de carencia de sentido lo engañe? Usted tiene el derecho de tener el sentimiento de que nada ni nadie puede reemplazar a su mujer; pero usted tiene la obligación de darse la oportunidad de cambiar sus sentimientos y de vivir el momento en el que usted lo hará». Él: «Ya no puedo encontrar ningún aliciente en la vida». Le hago ver que exigir esto de él, sería exigir demasiado y que la cuestión es saber si tiene la obligación de seguir viviendo a pesar de todo. A esto replica: «¿Deber, obligación...? Son simples palabras. Todo es inútil». A lo que yo contesto: «¿Es que algo como la amistad y la palabra de honor, es que algo como erigir una lápida —para personas muertas, es decir, para personas que ya no existen realmente— es que todo esto no supera cualquier utilidad y finalidad inmediatas? Si usted se siente obligado a erigir una lápida por amor a la persona muerta, ¿no se siente usted más obligado a llevar una vida por amor a ella, a seguir viviendo?». De hecho, él había reconocido la obligación, más allá de las consideraciones utilitaristas, de una manera inconsciente e implícita. No había sido suficiente tomar al paciente por la palabra como lo habían hecho sus amigos: lo que importaba era tomarlo por la acción y forma parte de la esencia del análisis existencial proceder de esta forma. De hecho se había comportado como una persona que cree en la obligación, es más: en un sentido más elevado de la existencia: en algo que en cualquier momento le da sentido, hasta después del último aliento de la persona que ama, incluso hasta el último momento de su existencia.[52]

---

52. Coger a uno *in fraganti* quiere decir hacer de una *quaestio iuris* una *quaestio facti* (de lo ejecutado) —en lo que veo el secreto del trascendentalismo (desde Kant pasando por Husserl hasta Heidegger)—. Véase Viktor E. Frankl, *Psychotherapie und Weltanschauung*, en «Internationale Zeitschrift

La logoterapia intenta ordenar y orientar al paciente hacia un sentido concreto y personal. Sin embargo, no sirve para dar un sentido a la existencia del paciente. Al fin y al cabo nadie esperaría, o incluso ni tampoco exigiría, del psicoanálisis que tanto se ocupa de la sexualidad que facilite bodas o de la psicología individual que tanto se ocupa de la sociedad que facilite puestos de trabajo; de la misma forma, la logoterapia no facilita valores. Pues no se trata de dar al paciente un sentido de la existencia: como si una psicoterapia, como la logoterapia, que trata los valores de forma tan explícita, apuntara a una cosa diferente de esta: por así decir, ampliar el horizonte de valores del paciente, de modo que perciba todo el espectro de posibilidades personales y concretas del sentido y de los valores. Pero la logoterapia solo hace consciente al paciente de su responsabilidad con el fin de que después él mismo decida en favor de qué: en favor del cumplimiento de qué sentido concreto y en favor de la realización de qué valores personales, y ante qué: si ante algo, en general (ante la conciencia o ante la sociedad), y no más bien ante alguien (ante Dios), interpreta él su propia existencia como responsabilidad. De una u otra manera: no se trata de que demos al paciente un sentido de la existencia, sino que única y exclusivamente se trata de que lo pongamos en condiciones de que encuentre el sentido de su existencia.

El logoterapeuta será la última persona que, por lo que se refiere a tal decisión, sustraiga al paciente la responsabi-

---

für Individualpsychologie», septiembre 1925: «Así podemos probar que los valores no se pueden probar, sino que solo se les puede querer, y también que cada uno los quiere profundamente».

lidad o que ni siquiera permita que el paciente cargue sobre el psicoterapeuta su responsabilidad: la logoterapia se revela como una educación a la responsabilidad y como tal es la que está más inmunizada contra el peligro de superación de límites evaluadores —¡qué amenaza a todas las escuelas y orientaciones de la psicoterapia!

V. LOGOTERAPIA COMO TERAPIA NO ESPECÍFICA

De lo que hemos dicho resulta que en las neurosis noógenas la logoterapia representa una terapia específica: las neurosis noógenas como neurosis que surgen de lo espiritual, han requerido que la logoterapia sea una terapia desde lo espiritual. En las neurosis noógenas la logoterapia es indicada en la medida en que estas neurosis representan el ámbito restringido en que esta es indicada. Dentro de estos límites, la logoterapia es efectivamente un sustituto de la psicoterapia. Sin embargo, existe también un ámbito más amplio en el que la logoterapia está indicada y este lo representan las neurosis en sentido restringido, es decir, no las neurosis noógenas sino las psicógenas.

Hemos visto que precisamente en la psicoterapia puede ser peligroso hacer caso omiso de la independencia y de la autonomía de la esfera espiritual; pero así como no debemos hacer caso omiso de lo noético, tampoco debemos sobreestimarlo. Hacer caso omiso de lo espiritual o proyectarlo desde su propio espacio al plano de lo meramente psíquico significaría caer en el psicologismo; en cambio, sobreestimar lo espiritual significa, a su vez, rendir homenaje a un noologismo. Esto no lo hacemos en modo alguno; todo lo contrario: resaltamos continuamente hasta qué punto las neurosis tienen sus raíces no solo en lo espiritual sino también en estratos psicofísicos. Es más, no, titubeamos en afirmar que habría que definir la neurosis, en el sentido restringido de la palabra, como una enfermedad (precisamente no noógena, sino) psicógena.

Así pues, psicógeno quiere decir: causado desde lo psíquico. Frente a esto, conocemos también enfermedades que no han sido realmente causadas desde lo psíquico, sino simplemente desencadenadas; las denominamos psicosomáticas.

Frente a la medicina psicosomática, sin embargo, no consideramos que se trate en cada caso de complejos, conflictos, problemas y traumas específicos, que se convirtieron en patógenos. Más bien, colaboradores míos pudieron probar sin dificultad en el curso de unas pesquisas estadísticas que una serie de casos de nuestra sección neurológica elegidos al azar habían sufrido muchos más complejos, conflictos y traumas que una serie de casos del Ambulatorio psicoterapéutico[53] igualmente elegidos al azar y hemos de explicar esto teniendo en cuenta la carga problemática adicional de enfermos neurológicos. De una u otra forma: no se puede decir que los complejos, conflictos y traumas son patógenos, por el simple hecho de que son corrientes (véase p. 365). Lo que habitualmente se considera patógeno, en realidad es patognomónico, es decir, que es más bien

---

53. Compárese con Joost A. Meerloo (Nueva York): «Recientemente, los tests de Rorschach aplicados en un hospital grande probaron que los pacientes de estaciones médicas y quirúrgicas estaban precisamente más oprimidos por conflictos que los del departamento psiquiátrico» («American Journal of Psychotherapy» 12 [1958] 42).

signo de la enfermedad que causa de ella. En el marco de comprobaciones anamnésicas, cuando surgen complejos, conflictos y traumas, a menudo se asemejan a un escollo que aunque emerja durante la baja marea, no es, en cambio, su causa. No es que el escollo produjera la baja marea; sino que la baja marea hace aparecer el escollo. De forma análoga, un análisis hace emerger complejos en los que ya hay que vérselas con síntomas de la neurosis, precisamente con signos de enfermedad. El hecho de que en conflictos y traumas se trate de una carga y de un esfuerzo, en una palabra, de un estrés en el sentido de Selye, es un motivo más para advertir del error tan difundido, tanto antes como ahora, que consiste en hacer como si fuera patógena solo la carga y no mucho más que esta la descarga (V.E. Frankl, M. Pflanz y Thure von Uexküll, W. Schulte) o como si fuera «antipatógena» la carga, mientras esta sea dosificada, digamos, el estar cargado y ocupado por una tarea (M. Pflanz y Thure von Uexküll).

De acuerdo con la logoterapia, sin embargo, no solo se separan conceptualmente de las neurosis psicógenas las enfermedades psicosomáticas, sino que también distinguimos pseudoneurosis somatógenas, es decir, enfermedades neuróticas aparentes que, no obstante, no son causadas desde lo psíquico sino por el contrario desde lo somático; también las llamamos enfermedades funcionales porque no se trata de cambios de estructura, sino de simples perturbaciones funcionales, es decir, en primer lugar, de carácter vegetativo y endocrino. A este respecto hemos resaltado especialmente tres grupos de perturbaciones funcionales vegetativas y endocrinas:

1) las pseudoneurosis de Basedow (hipertiroidosis larvadas),
2) las pseudoneurosis de Addison (hipocorticosis larvadas como también las llamamos) y
3) las pseudoneurosis tetanoides.

Todas estas formas a menudo no se reconocen a través de diagnóstico porque con frecuencia se desarrollan de forma monosintomática, es decir, porque el monosíntoma en cuestión es psíquico. Tal como hemos podido comprobar, el único síntoma de una hipertiroidosis larvada es frecuentemente la agorafobia, mientras que, en el mismo sentido, la hipocorticosis larvada puede llevar a un síndrome (designado por nosotros como) psicodinámico en cuyo primer plano sintomatológico se encuentra el trío despersonalización-dificultad de concentración-perturbación de la capacidad de retención. Se entiende por sí mismo que la hipertiroidosis, incluso en casos aparentemente larvados, está acompañada de un alto metabolismo basal, que la hipocorticosis está acompañada de una tensión arterial más baja y que la pseudoneurosis tetanoide lo es de un incremento de la relación potasio-calcio. En la línea de una terapia simultánea somatopsíquica hemos aprendido y enseñado a tratar los casos también a través de una medicación bien calculada en cuyo marco solemos recetar dihidroergotamina a pacientes con pseudoneurosis de Basedow, desoxicorticosteronacetato a los pacientes con pseudoneurosis de Addison y el éter o-metoxifenil-glicerina a los pacientes con pseudoneurosis tetanoide.

Un caso concreto: la médica que lo lleva me llama para consultarme sobre el caso de una joven paciente que se encuentra en un sanatorio obligada a guardar cama. Durante cinco años había sido tratada por una analista profana sin que se notase el menor efecto terapéutico. Cuando finalmente perdió la paciencia y propuso a la psicoanalista interrumpir el tratamiento, la psicoanalista dijo a la paciente que no se podía hablar de una interrupción puesto que no se había empezado aún el tratamiento ya que durante todo el tiempo había fracasado debido a la resistencia de la paciente... Yo mismo receté inyecciones de desoxicorticosteronacetato y pocos meses después supe por la colega que se ocupaba del caso que la paciente había vuelto a recuperar completamente su capacidad de trabajo y que podía continuar su carrera universitaria y realizar su tesis. Se había tratado de una hipofunción de las glándulas suprarrenales bajo el cuadro clínico de un síndrome de despersonalización.

Al mismo tiempo hay que abordar terapéuticamente cualquier caso de este tipo también desde la perspectiva psíquica; pues no es que, por ejemplo, la hipertiroidosis llevase inmediatamente a una agorafobia, sino que más bien no lleva consigo nada más que una simple disposición a la angustia, y de esta disposición vegetativa a la angustia se debe apoderar después una angustia reactiva de espera, cuyo mecanismo conocemos muy bien los psicoterapeutas:

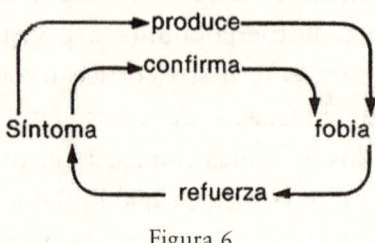

Figura 6

un síntoma en sí inocuo y pasajero produce en el paciente el temor fóbico de su repetición, esta angustia de espera refuerza entonces el síntoma y finalmente el síntoma de esta manera reforzado hace que el paciente se confirme en su fobia. De este modo se cierra el círculo vicioso, el paciente se ha encerrado en este círculo, se ha encapsulado como en un capullo de seda. En tales casos es válido: si el deseo es literalmente el padre del pensamiento, el miedo es la madre del acontecimiento, a saber, de la enfermedad.

Adolf P. (Policlínica neurológica, paciente de ambulatorio 1015/1948): «La angustia de espera es en parte culpable de mi tartamudez: si se suprime esta angustia de espera entonces no tartamudeo. Cuando en una ocasión, con el fin de determinar objetivamente mi tartamudez, fui sujetado a un aparato con tambores manchados de hollín, deposité en estos tambores una imagen gráfica de un lenguaje casi ideal; no existía ni huella de tartamudez y los presentes dijeron que había logrado gráficas de lenguaje casi ideales».

En muchos casos la angustia de espera es lo patógeno propiamente dicho en la medida en que es precisamente lo que fija el síntoma. Nuestra terapia entonces tiene que basarse simultáneamente en el polo psíquico y somático de este acontecimiento circular, dirigiéndose, por un lado, contra la disposición a la angustia —precisamente a través de fármacos bien calculados— y, por otro, también contra la angustia de espera —en el sentido de lo que más adelante tendremos que hablar como el método de la intención paradójica—. De esta forma, el círculo neurótico se coge en una tenaza terapéutica.

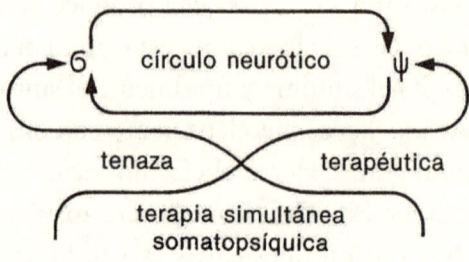

Figura 7

Antes se dijo que la angustia de espera fija el síntoma; ¿qué es, pues, lo que provoca la angustia de espera? Esto:

1) La angustia tan frecuente del paciente ante la misma angustia; a saber, tiene miedo de las posibles consecuencias de la excitación angustiosa respecto a la salud, temiendo que pueda tener un colapso, un infarto o una embolia.

Espera angustiosa
1. Fobia de colapso
2. Fobia de infarto
3. Fobia de insulto

Por angustia ante la angustia huye de la angustia, escapa de ella, paradójicamente, quedando en casa; por tanto, tenemos que ver aquí con el esquema de reacción agorafóbica. En este sentido, es decir, en el sentido de diferentes tipos de reacción, distinguimos en la logoterapia clínica entre esquemas de reacción y neurosis reactivas.

2) De la misma forma que el neurótico ansioso reacciona a sus ataques de angustia con la angustia ante la angustia, el obseso reacciona a sus ideas obsesivas con una angustia

ante la obsesión y la neurosis obsesiva, clínicamente manifiesta y propiamente dicha, solo surge de esta reacción. A saber, los pacientes en cuestión tienen miedo de sus ideas obsesivas porque ven en ellas o indicios o incluso ya signos de una psicosis, o al contrario temen llevar a cabo sus impulsos obsesivos.

Angustia de sí mismo

Angustia del paciente de que:
1) sus estados puedan degenerar y ser
   a) el indicio o incluso   1) Psicotofobia
   b) el signo de una enfermedad mental
2) él mismo puede hacer algo, atentar contra
   a) sí mismo...   *a*) fobia de suicidio   2) Criminofobia
   u
   b) otros...   *b*) fobia de hemicidio

Pero en contraposición al tipo neurótico ansioso, que por temor a la angustia huye de la angustia, el tipo neurótico obsesivo reacciona luchando contra la obsesión por angustia ante la obsesión: mientras que el neurótico ansioso escapa de la angustia, el neurótico obsesivo se lanza contra la obsesión —y en muchos casos de neurosis obsesiva lo patógeno propiamente dicho consiste precisamente en la estructura de este mecanismo.

3) En contraposición al esquema de reacción del neurótico ansioso y del neurótico obsesivo, vemos en el esquema de reacción neurótico-sexual cómo un paciente que se ha vuelto inseguro de su sexualidad por cualquier razón reacciona precisamente a esta inseguridad, volviéndose hipersensible

frente a la exigencia de prestaciones sexuales, pudiendo este carácter de exigencia ajustarse: *a*) a la situación, *b*) al compañero y *c*) provenir del paciente. Lo último acontece siempre que el paciente o bien intenta el placer sexual de manera demasiado forzada o bien reflexiona el acto sexual de modo excesivamente forzado. En el primer caso convierte el acto en un programa; sin embargo, el placer no se deja intentar sino que el placer en el fondo solo puede acontecer en el sentido de un efecto por sí mismo, es decir, sin haber sido intentado. Al contrario, cuanto más importa a uno el placer, tanto más se desvanece.

El principio de placer (véase p. 358), defendido consecuentemente, fracasa en sí mismo, sencillamente porque él mismo se cierra el camino. Cuanto más intensamente añoramos algo, tanto más lo malogramos. Y si anteriormente dijimos que el temor enseguida realiza lo que teme, ahora se podría decir que el deseo intenso imposibilita en el mismo momento lo que tanto añora.

De esto se aprovecha la logoterapia en la medida en que intenta ayudar al paciente a intentar paradójicamente, es decir, a desear o a proponerse precisamente aquello de lo que tiene tanto miedo, aunque solo sea por unas milésimas de segundo.

Por lo menos se consigue entonces quitar fuerza a la angustia de espera.

1. *Intención paradójica*

En lo que sigue no quisiéramos, sin embargo, introducir la intención paradójica mediante la inducción, es decir, partiendo de la terapia de las neurosis, sino derivarlas mediante la deducción, es decir: partiendo de la teoría de las neurosis.

Con este fin volvemos a la neurosis de angustia. Continuamente se puede observar que la angustia del paciente neurótico ansioso se potencia por una angustia ante la angustia.

Esto es distinto en el caso de la neurosis obsesiva: el paciente tiene angustia ante la obsesión. Mientras que el neurótico ansioso huye de la angustia, el neurótico obsesivo lucha contra la obsesión.

De nuevo es distinto en el caso de la neurosis sexual: lo característico en el esquema de reacción neurótico sexual es la lucha por el placer. Tanto en el temor neurótico ansioso ante la angustia como en el temor neurótico obsesivo ante la obsesión tenemos que vérnoslas con el temor ante algo anormal, mientras que la intención forzada de la potencia masculina y del orgasmo femenino que encontramos en algunos casos de neurosis sexual no representa un temor ante algo anormal, sino el deseo forzado de algo normal.

Ahora bien: ¿qué pasaría si relacionáramos el deseo con algo anormal y echásemos de esta forma borrón y cuenta nueva sobre la neurosis? ¿Qué pasaría si dispusiéramos y enseñáramos al paciente fóbico a que intentase desear precisamente aquello que teme (aunque esto ocurriese solo por unos momentos)? Pues si yo, como persona cuya potencia está perturbada, «quiero» expresamente el coito, a saber, lo intento de manera forzada, imposibilitándolo de esta forma: ¿qué pasaría si yo, como persona agorafóbica, quisiera tener el colapso de forma igualmente «expresa»? Si nuestros pacientes logran intentar paradójicamente lo que temen, esta medida psicoterapéutica de tratamiento ejerce una influencia sorprendentemente favorable sobre el paciente fóbico. A saber, en el mismo instante en que el paciente aprende a sustituir la angustia —aunque, por supuesto, solo sea durante unos segundos— por la intención (paradójica), por así decirlo, quita fuerza a su temor. Finalmente la angustia «torpe» es más lista y cede.

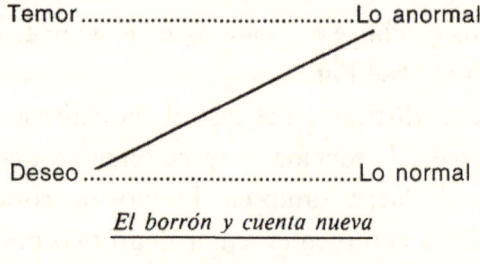

Figura 8

Un caso concreto podría ilustrar todo esto: un joven colega se dirige a nosotros; sufre de una grave hidrofobia. Originariamente es vegetativamente inestable. Un día da la mano a un superior y constata que empieza a sudar de forma llamativa. La siguiente vez, en una ocasión semejante, ya está esperando que aparezca la sudoración y la angustia de espera le llega a provocar el sudor de angustia, con lo que se cierra el círculo vicioso: la hiperhidrosis provoca la hidrofobia,

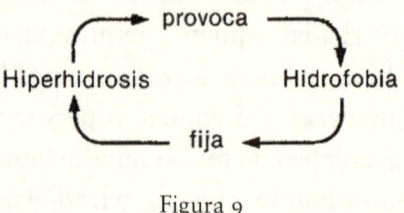

Figura 9

Elementos del análisis existencial y de la logoterapia

y la hidrofobia fija la hiperhidrosis. A nuestro colega hidrofóbico le indicamos que, si se presentaba el caso —en espera ansiosa de una sudoración— incluso se propusiese «sudar» mucho frente a la persona que encuentra. «Hasta ahora solo he sudado un litro», se decía a sí mismo en cada ocasión (como nos confesó posteriormente); «¡pero ahora quiero sudar 10 litros!» ¿Y el resultado? Después de haber sufrido durante cuatro años de su fobia, se pudo librar de ella gracias al camino que le mostramos —después de una sola sesión— en una semana de manera completa y definitiva.

Tomemos el caso de un joven cirujano: cada vez que su jefe entraba en el quirófano temía temblar durante la operación; más tarde este temor era suficiente para que temblase realmente; finalmente solo podía superar esta fobia al temblor o el temblor provocado por ella emborrachándose antes de cada operación. Solo una vez tuvo la mano quieta: viajaba con un colega en un tren que vibraba y traqueteaba, tuvo que dar fuego al colega y, por cierto, habría tenido todo el derecho de temblar, sin embargo, exactamente por esta razón no tembló.

Pues bien, este acto desencadenó una reacción terapéutica en cadena. Pocas semanas después de haber expuesto su historia clínica y mi método de tratamiento en una de mis clases clínicas, recibí la carta de una de mis oyentes, una estudiante de medicina, que me contó el siguiente hecho: hasta este momento ella también había sufrido de una fobia de temblor, que siempre le aparecía cuando el profesor de anatomía entraba en la sala de disección y, de hecho, empezaba a temblar cada vez. Después de haber oído en una de mis clases el caso del cirujano, habría intentado aplicarse a sí misma de forma autónoma la misma terapia; cada vez que el profesor entraba para observar la disección, se proponía: «Pues voy a temblar muchísimo frente a él —¡que vea lo bien que sé temblar!—». A continuación de esto, como me escribió, tanto la fobia de temblor como el mismo temblor habían desaparecido de repente.

El deseo había sustituido al temor, el deseo saludable. Evidentemente, semejante deseo no es, por supuesto, serio ni definitivo, pues lo que importa es solo tenerlo durante un momento; el paciente ríe por lo menos hacia sus adentros, en el mismo instante, y esta risa, como cualquier humor, hace que el paciente se distancie de su neurosis, de los síntomas neuróticos. Y nada podría capacitar a un hombre en semejante medida para crear distancia entre alguna cosa y él mismo como precisamente el humor. A través de él el paciente aprende más fácilmente a ironizar de alguna forma sus síntomas neuróticos. Puede ser que el síntoma fóbico al que la intención paradójica se dirige en primer lugar, represente solo la superficie sintomatológica de una angustia originaria profunda que está detrás de esta llegando hasta lo existencial; sin embargo, incluso la intención paradójica es el medio para una conversión más profunda y existencialmente radical, es decir: para el restablecimiento de una confianza originaria respecto a la existencia.

Nada hace que el paciente se distancie más de sí mismo que el humor. El humor merecería ser llamado un existencial. Igual que la preocupación (*Sorge*, M. Heidegger) y el amor (L. Binswanger).

El paciente debe aprender a mirar a la cara a la angustia, es más, reírse de ella ante sus narices. Para ello es necesario coraje para aguantar el ridículo. El médico no debe avergonzarse de decirle, y de actuar ante el paciente, lo que el paciente debe decirse a sí mismo. Si el paciente sonríe le diremos: «También cuando usted se dirá a sí mismo todo esto, sonreirá y habrá ganado la partida».

¿Acaso no es como si la técnica de la intención paradójica hubiese convertido metódicamente en praxis clínica una asunción teórica de Gordon W. Allport, según la cual: «El neurótico que aprende a reírse de sí mismo, puede que ya se halle en camino de su autodominio, quizás incluso en camino de su curación» (*The Individual and his Religion. A Psychological Interpretation*, Nueva York 1956, p. 92).

La intención paradójica es la logoterapia más auténtica. El paciente debe objetivar la neurosis y distanciarse de ella, a saber, se debe apartar en cuanto persona espiritual de la neurosis en cuanto afección del organismo psicofísico, es decir, lo espiritual en el hombre debe apartarse de lo psíquico en él. En todos los casos en que el antagonismo psiconoético facultativo se convierte, se actualiza y realiza de esta manera en un antagonismo de hecho, tiene lugar la logoterapia en el mejor sentido de la palabra, como pudo probar J.M. David.[54]

En lo que sigue se pretende ejemplificar la aplicabilidad de la intención paradójica:

Marie B. (Policlínica neurológica 394/1955 ó 6264/1955). La paciente fue tratada por el Dr. Kocourek quien también redactó su historia clínica reproducida aquí de forma resu-

---

54. Sobre la intención paradójica, un nuevo método psicoterapéutico y su aplicación en las fobias y las neurosis obsesivas. Conferencia pronunciada en el año 1954 en el Primer Congreso Argentino de Psicología en Tucumán.

mida. La madre de la paciente había sufrido de una obsesión de lavarse. Ella misma estaba desde hacía once años a tratamiento por una distonía vegetativa; a pesar de ello se había vuelto más nerviosa. En el primer plano del cuadro clínico se encuentran palpitaciones esporádicas; le acompañan angustia y «un sentimiento parecido al colapso». Después de las primeras palpitaciones y accesos de angustia había surgido la angustia de que todo esto pudiese repetirse y a continuación la paciente tuvo de hecho las palpitaciones. En especial tenía miedo de desmayarse o de tener un infarto en la calle. El colega Kocourek ordena entonces a la paciente que se diga a sí misma: «El corazón debe palpitar todavía mucho más. Trataré de desmayarme en la calle». Se señala a la paciente que, como entrenamiento, busque todas las situaciones que le resultan desagradables y que no las rehuya. Dos semanas después del ingreso, la paciente cuenta: «Me siento muy bien y apenas tengo palpitaciones. Los estados de angustia han desaparecido completamente». Posteriormente, después de que la paciente había sido dada de alta contó: «Si en alguna ocasión tengo palpitaciones, me digo a mí misma: "El corazón debe palpitar todavía más". A renglón seguido acaban las palpitaciones».

Otro caso: Sr. Karl P. (Policlínica neurológica 901/1956), de 44 años, músico. El paciente fue tratado por la Dra. Niebauer quien redactó su historia clínica. Desde la infancia el paciente había sido meticuloso y correcto. A los 16 años había tenido escarlatina y había estado en un hospital para contagiosos; en aquel entonces otros pacientes que estaban con el paciente en la habitación se habían procurado comida furtivamente y habían hecho salir del hospital a escondidas billetes de dinero. Desde entonces sufre de la idea obsesiva de que cualquier billete podría ser una fuente de contagio. Tiene miedo de bacterias, de enfermedades contagiosas, de enfermedades de la piel y de enfermedades venéreas. Tiene un ritual propio; cuando regresa del trabajo a casa limpia repetidamente la manilla de la puerta y se lava las manos; los amigos que lo vienen a visitar ya lo saben y hacen lo mismo puesto que de lo contrario él estaría intranquilo. No puede ir a ningún comercio donde tendría que aceptar billetes de cambio. Él recibe siempre su sueldo en billetes completamente nuevos, a saber, todo en billetes de 10 chelines; de esta forma cuando paga no le pueden dar la vuelta en billetes. Las monedas que recibe las pone en una bolsa especial para esto y las lava o hierve en casa varias veces. Lleva siempre consigo un frasco de agua y jabón. Después de una visita limpia todo el piso. Cuando su hijo regresa a casa le pasa el cepillo y pasa un paño a los libros escolares y a la cartera. Asimismo lava su coche. Solo entonces está tranquilo. Tiene varios abrigos distintos que le protegen contra las bacterias. Cuando lleva uno de estos abrigos está «inmune» y entonces hasta puede recibir billetes sucios. Durante el trabajo lleva siempre un abrigo blanco de este tipo como protección; en los conciertos, sin embargo, debe vestir traje oscuro. Entonces se encuentra muy ansioso e inseguro. Desde que asistió a la película *El veneno latente* sufre de miedo ante enfermedades venéreas. Diariamente le dan las dos o las tres y media hasta que se va a la cama, dado que siempre le faltan muchas cosas por planificar, por organizar y solo entonces llega a estar tranquilo, mientras que, en contrapartida, siempre se duerme durante el trabajo. Cuando era niño, su madre nunca lo consideraba suficientemente limpio y siempre le habían forzado a lavarse. En la pubertad había oído hablar de un restaurante en el que alguien había tenido la lepra contraída presumiblemente debido a unos plátanos. Desde entonces evita comer plátanos, puesto que cree que estos son siempre cogidos por leprosos y constituyen una fuente especial de contagio. En 1953 había estado en tratamiento en el ambulatorio, pero el psicoterapeuta que lo atendía había perdido la paciencia después de la quinta sesión y le había dicho que no se le podía ayudar. La Dra. Niebauer le recomienda encarecidamente, desde la perspectiva terapéutica en el sentido de la intención paradójica, no huir ante el miedo ni abalanzarse contra la obsesión; cuanto más pretendiese no tener pensamientos obsesivos tanto más le asaltarían. Al paciente se le ponen numerosos ejemplos y se le demuestra con la ayuda de ejemplos prácticos, como la angustia de ponerse colorado y la agorafobia, la forma en que debe y en que no debe comportarse. Solo después la Dra. Niebauer le recomienda que se desee aquello ante lo que tiene angustia y que se diga: «Ahora lo único que hago es aspirar a contraer el mayor número posible de enfermedades contagiosas. Tranquilamente acepto correr el riesgo de contraer una infección, más aún, incluso deseo contraerla». O sea que se le dice que debe meter billetes en cualquier parte, dejarlos tirados en cualquier parte de la casa, tocar varias veces las manillas de la puerta y «hurgar dentro de la masa de bacterias». Se le indica al paciente que al principio todo esto le resultará muy difícil y que tiene que atravesar una especie de purgatorio, pero que solo de esta forma lo superará. Cada vez le resultará más fácil. Ya a la tercera

Elementos del análisis existencial y de la logoterapia

sesión manifiesta a la doctora que lo trata: «Es como un milagro. Desde hace 28 años sufría del temor a las bacterias; estoy completamente cambiado. Cuando salí el sábado de la consulta, enseguida empecé con su propuesta. Simplemente me senté en mi coche y ya no pasé ningún paño por el coche, tiré enseguida dos pequeñas bolsas que siempre tenía en el coche para las llaves y para el dinero que guardaba conmigo y sin más metí la cartera en el traje. Tampoco limpié el garaje ni pasé un papel por la manilla de la puerta del garaje, como acostumbraba. En casa no me lavé las manos, ya no paso el cepillo a mi hijo ni tampoco lavo su cartera sino que le dejo hacer lo que quiera. Además, traje un plátano para mi mujer y para mi hijo y yo mismo comí uno, cuando antes ni siquiera entraba en los comercios en los que se vendían plátanos. Mi familia se alegra mucho de esto. Y lo que he logrado una vez, me quedo con ello y lo mantengo. No me resultó en absoluto tan difícil como me lo habían anunciado, sino que por el contrario me sentí completamente libre». La Dra. Niebauer explica al paciente que el hecho de que se haya logrado todo esto sería la prueba de que el principio es posible; por eso debería seguir siendo posible. Aunque un día no logre nada debería siempre volver a intentar y a aprender a «cambiar el rumbo», puesto que muchos de sus comportamientos obsesivos no eran nada más que reflejos condicionados. Cuarta sesión: el paciente narra que había mantenido lo que había logrado, que antes habría pensado que antes moriría de repente que poder lograr eliminar ciertos comportamientos obsesivos. Sexta sesión: «Lo que hablamos la última vez lo he realizado enseguida, he ido a todas partes con el mismo traje y ya no tengo dos tipos de abrigos, ya no los necesito. Usted no se da cuenta de cuántas cosas puedo hacer ahora. Y lo maravilloso es que mi familia ahora ya no necesita hacer nada. Si yo puedo entrar en el piso con mi traje sin cepillarlo, también lo pueden hacer naturalmente mi hijo y mi mujer. ¡Están encantados! Mi mujer dice que si esto sigue así, todo va de maravilla». Sin embargo, continúa existiendo una cierta inseguridad, un cierto mecanismo de angustia de espera. Séptima sesión: otra conversación más amplia da como resultado que el paciente ya había tenido angustia de vez en cuando ante las enfermedades en su más temprana infancia. Una vecina que lo cuidaba cuando estaba enfermo tenía la costumbre de contarle cientos de historias horrendas sobre el hospital. Los adultos le prohibieron a esta mujer que hablase de enfermedades. De niño, no se atrevía a oponerse a ello, a pesar de que entonces sentía siempre que prefería no oír hablar de tales cosas, es más, que le daba miedo. Sin embargo, solo más tarde (a los 16 años cuando tuvo la escarlatina) aparecieron los mecanismos obsesivos. Octava sesión: sigue mejorando notablemente. El paciente incluso lleva a conocidos en su coche, ya no lava el coche, colabora en la paga de los sueldos. No obstante, alguna vez tiene comportamientos obsesivos de forma completamente mecánica, sin que llegue a tener conciencia de estos; cuando su mujer le llama la atención sobre uno u otro comportamiento consigue eliminarlos fácilmente. Novena sesión: sigue mejorando. El paciente en el Prater de Viena fue a un «local» muy «cochambroso». Pidió una comida y la pagó él mismo. Cosas todas estas a las que nunca le hubieran podido inducir anteriormente. Soñó que paseaba por el tejado de una casa. Después

Elementos del análisis existencial y de la logoterapia

escalaba la fachada subiendo y bajando y se ensuciaba completamente. Finalmente bajó del tejado, se sentó junto a unos albañiles delante de la casa y les pidió un trozo de pan. Disfrutó comiendo este trozo de pan sucio. «Me quedé muy sorprendido de que no tuviese ningún sentimiento desagradable en todos estos comportamientos, me sentía bien tan sucio». La Dra. Niebauer le explicó al paciente que ahora incluso en el sueño intentaba paradójicamente. Tres meses después del inicio del tratamiento, décima sesión: la mejora persiste. Lleva «una vida completamente nueva». Tres semanas más tarde, undécima sesión: tanto ahora como antes le sobrevienen ideas obsesivas, por simple costumbre; sin embargo, consigue eliminar en cualquier momento las ideas obsesivas. Ocho meses después (25-6-1957): «No estoy todavía satisfecho al 100 por ciento: de vez en cuando todavía me atrapa; pero comparado con antes estoy muy bien; se ha ido el 80 por ciento: lo del dinero, lo de pasar el cepillo, ¡todo esto se ha ido!».

Otro caso más de obsesión de lavarse: la señora H. (Policlínica neurológica, paciente de ambulatorio 3578/1953 y paciente hospitalizado 34/1953) sufre de una neurosis obsesiva que se basa en una psicopatía obsesiva. Los primeros síntomas obsesivos aparecieron en una temprana infancia, es decir, la paciente no pudo «hacer nada lo suficientemente bien». Sufre de un persistente sentimiento de suciedad y solo toca lo absolutamente necesario. Tiene miedo de ensuciarse, de tener que lavarse y de no poder dejar de lavarse. Todo debe estar colocado en el orden más grande posible. De esta forma, ella se encuentra cansada y agotada, está muy deprimida y desesperada. Está siempre en casa y la madre y la hermana en el fondo sufren tanto esta enfermedad de la paciente como la paciente misma. «Ya nada me alegra», dice la paciente. Su vida, según ella, carece de sentido y de contenido. El médico de la sección que la trata, el Dr. Kocourek, le señala que ignore el sentimiento de estar sucia, es más: que lo ironice, proponiéndose ensuciarse todo lo más que pueda. Se le educa siempre más para que sea desordenada. Cuando ingresó, necesitaba 6 horas para lavarse y desvestirse, mientras que al tercer día del tratamiento, se aseó solo durante 10 minutos por la mañana y durante otros 10 minutos por la noche. Al quinto día consigue reducir este tiempo a 5 minutos. Pronto la paciente pasa desapercibida, va al cine, está en casa 4 horas y solo se lava una vez. Cuando se le da de alta se siente bien y después del alta está mejor que nunca. Al contrario de lo que hacía antes, ahora va, por ejemplo, en el tranvía sin ponerse los guantes.

Evidentemente la psicopatía obsesiva precisa atenciones psicoterapéuticas continuas, a no ser que se trate de un tratamiento reiterado en el hospital, en cuyo caso el simple cambio de entorno saca al paciente de su medio, el cual impide una corrección de la arraigada ceremonia ritual neurótica obsesiva.

La intención paradójica no está menos indicada en casos de criminofobia. Para aportar un ejemplo (Policlínica neurológica, paciente de ambulatorio, protocolo n.º 1015 del año 1957):

La paciente tiene 23 años y sufre desde los 17 de la idea obsesiva según la cual podría haber matado a alguien accidentalmente sin darse cuenta. Entonces tiene que volver varias veces atrás para cerciorarse de que no hay ninguna mujer muerta en alguna parte del camino. Es tratada (intención paradójica) por la Dra. Niebauer. Se aconseja a la paciente que se diga a sí misma: ayer ya maté a 30, hoy solamente a 10, por tanto tengo que seguir andando rápidamente para cumplir a tiempo con la tasa de hoy. Seis días después (grabación magnetofónica): «Tengo que decir que lo de la intención paradójica funciona, ya no tengo que mirar hacia atrás en absoluto. Con la idea obsesiva de que he matado a alguien me las entiendo bastante bien, ¡puedo evitarla!». La Dra. Niebauer le pregunta: «¿Cómo lo hace usted?». La paciente: «Muy sencillo, me digo, cuando me asalta una de esas ideas obsesivas, que tengo que continuar para cumplir mi tasa a tiempo, puesto que me faltan aún muchos por matar. Pero entonces se va también la obsesión».

Una especial atención merece un subgrupo de obsesiones criminofóbicas: las ideas obsesivas que hacen referencia a la blasfemia. A estas nos enfrentamos mejor, desde un punto de vista terapéutico, cuando intentamos agarrar al paciente en sus ideas obsesivas, a saber, haciéndole notar que, a través de la obsesión persistente por proferir blasfemias, comete una blasfemia; pues considerar a Dios como un diagnosticador tan malo que se le niega la capacidad de diferenciar diagnósticamente entre la blasfemia y la obsesión, representa en sí una blasfemia. Tenemos que asegurar al paciente que en realidad Dios ciertamente no le imputa una idea obsesiva referente a la blasfemia. La psicopatía obsesiva —el sustrato de su neurosis obsesiva— no es imputable de hecho a su persona (espiritual), más bien pertenece a su carácter (psíquico). A este respecto, el paciente no es libre ni responsable; lo es, sin embargo, respecto a su actitud frente a la obsesión y el fin específico de toda intención paradójica consiste en ampliar el margen de tal libertad —creando distancia entre lo humano en el enfermo y lo enfermo en el hombre—, en una palabra: movilizando el antagonismo psiconoético facultativo.

Una terapia semejante no trata solo los síntomas; al contrario: no se preocupa mucho por el síntoma sino que se dirige a la persona del paciente, a saber, que se preocupa por un cambio de su actitud frente al síntoma.[55]

En absoluto consideramos al paciente como responsable de las ideas obsesivas mismas; en nuestra opinión sí que es responsable de la actitud frente a sus ideas obsesivas.

2. Derreflexión

En las neurosis de angustia continuamente hemos podido observar que a la angustia de espera, que es tan frecuente en estas —junto con ella y producido por ella—, se añade una obsesión de observación; incluso, es lo más enmarañado en este círculo vicioso.

En las neurosis sexuales, como vimos, es distinto: a la intención forzada del placer sexual se añade una reflexión forzada del acto sexual; ambas cosas son patógenas: un exceso tanto de intención como de atención; pues de forma análoga al sueño, en el coito, en el acto sexual, se hace notar un exceso de intención tan negativamente como un exceso de atención. Sin embargo, en la base de ambos se encuentra

---

55. En la medida en que la logoterapia no se dirige precisamente al síntoma, sino que intenta provocar un cambio de actitud, una conversión personal frente al síntoma, esta es una psicoterapia personalista auténtica.

Elementos del análisis existencial y de la logoterapia

originariamente aquella angustia de espera, aquella espera ansiosa de una perturbación que, por un lado hace surgir el deseo forzado de un desenvolvimiento tranquilo de la función y, por otro, provoca la autoobservación igualmente forzada orientada a la perturbación temida. Por consiguiente, vemos cómo toda intención, al igual que toda observación, puede perturbar el desenvolvimiento normal de una función.

En las neurosis obsesivas vuelve a ser distinto:

Se puede probar que la obsesión tan típicamente neurótica de repetición se puede atribuir a una insuficiencia del sentimiento de evidencia y que la obsesión de control se puede atribuir a una insuficiencia de la seguridad de los instintos. Con razón ha señalado E. Straus que al neurótico obsesivo lo caracteriza una aversión a cualquier provisionalidad. En nuestra opinión, es no menos característico una intolerancia frente a cualquier carácter ocasional. Cuando se trata de conocimiento nada debe ser ocasional y cuando se trata de decisión nada debe ser provisional. Más bien todo debe definirse y permanecer definitivo.

El neurótico obsesivo intenta compensar esta insuficiencia cognitiva respecto al conocimiento con la exactitud exagerada y el exceso de conciencia e intenta compensar la insuficiencia decisiva respecto a la decisión con escrupulosidad y el esmero excesivo. En el ámbito cognitivo, en las neurosis obsesivas se llega a una hiperreflexión, precisamente a la obsesión de observación, mientras que en el ámbito de la decisión se llega a una, me atrevería a decir, hiperagudización de la conciencia.

Adolf P. (Policlínica neurológica, paciente de ambulatorio 1015/1948): «Nunca he experimentado la realidad del ser; solo puedo hablar de un ser supuesto; y eso que esta realidad del ser es lo más evidente de lo evidente: algo que cualquier persona ignorante sabe, yo lo quiero tener probado al cien por cien. Todo me lo tengo que apropiar primero de forma consciente. Nunca se me ocurre lo correcto. Siempre llego a ello solo después de un proceso largo y difícil de pensamiento: de todo me tengo que convencer primero con la razón. De este modo dependo de lo racional y así se convirtió en mi máxima: saberlo todo, observarlo todo, estar alerta; sin embargo, el simple conocimiento racional no es suficiente. ¿Cómo podría llegar a la realidad evidente de estar envuelto en el ser? Yo quisiera poder enardecerme con los otros. Por supuesto debe haber en el universo algo como un centro incandescente que lo calienta todo. Por otro lado no me las arreglo sin lo racional: cuando abandono la única plataforma segura —la razón y la inteligencia o mi racionalismo excesivo— ya me encuentro en medio de lo absurdo. Cuando quiero prescindir de la escrupulosidad excesiva, ya me encuentro en medio de la falta de conciencia; de la exactitud exagerada caigo enseguida en el desorden; la responsabilidad exagerada se convierte enseguida en irresponsabilidad: ¡No tengo instintos!».

Al neurótico obsesivo lo posee un impulso fáustico, una voluntad a la perfección del cien por cien, la lucha por un conocimiento seguro al cien por cien y por una decisión correcta al cien por cien. Como Fausto, el neurótico obsesivo fracasa al sentir «que la perfección no es propia del hombre».

Todavía no renuncia a la lucha al cien por cien del conocimiento y de la decisión: pues, de la misma forma que en la neurosis de angustia se concretiza la angustia condensándose alrededor del contenido y del objeto, como un núcleo de condensación, en las neurosis obsesivas el absolutismo cognitivo y decisivo se encierra en una *pars pro toto* (R. Bilz). Se limita a algo pseudoabsoluto. El buen alumno se contenta con las manos completamente limpias, la ama de casa diligente está satisfecha con una vivienda completamente limpia y el trabajador intelectual se conforma con el orden perfecto de su despacho.

Tanto el neurótico obsesivo como el neurótico ansioso se caracterizan por el hecho de que su aspiración a la seguridad, por así decir, está desviada, «desviada hacia atrás», es reflexionada y tiene un sello en cierta forma subjetivista, por no decir, psicologista. Sin embargo, para comprender mejor todo esto, tenemos que partir de la aspiración a la seguridad de la persona normal. De esta se puede manifestar que su contenido consiste simplemente en la seguridad. En cambio, la aspiración a la seguridad de la persona neurótica no se conforma en modo alguno con semejante seguridad, con esta seguridad vaga, la seguridad vaga de todo ser creado. En el neurótico ansioso esta tendencia se dirige a la garantía ante catástrofes. Pero como no hay una garantía absoluta frente a ellas, el neurótico ansioso está obligado a limitarse al mero sentimiento de seguridad. Por tanto, ya se aleja del mundo de los objetos y se dirige hacia lo subjetivo: el lugar de la existencia neurótica ansiosa no está ni mucho menos en el mundo que ofrece la tranquilidad cotidiana al hombre normal y corriente, aquella tranquilidad que ya se da por satisfecha con la improbabilidad relativa de una catástrofe; el neurótico ansioso pretende la imposibilidad absoluta de una catástrofe. Sin embargo, esta su tendencia a la garantía absoluta le fuerza a rendir una especie de culto al sentimiento de seguridad, puesto que el alejamiento del mundo que está a su base representa una especie de pecado original y provoca como consecuencia, por así decir, una mala conciencia que por su parte impulsa a una compensación, que el neurótico ansioso solo puede intentar alcanzar mediante una exageración inhumana de su aspiración subjetivo-reflexiva a la seguridad. Mientras que el neurótico ansioso apunta a la garantía absoluta ante una catástrofe —que está obligado a desviar hacia una aspiración forzada al mero sentimiento de seguridad—, el neurótico obsesivo apunta a la seguridad de su conocimiento y de su decisión; pero en él esta aspiración a la seguridad tampoco está incluida en el carácter ocasional ni en la provisionalidad de la existencia de la creatura, más bien incluso su aspiración a la seguridad experimenta un giro subjetivista y termina en una aspiración convulsiva al mero sentimiento de seguridad «al cien por cien». Aquí se revela una futilidad trágica: si su aspiración «fáustica» a la seguridad absoluta ya está en sí condenada al fracaso, lo está mucho más aún la aspiración al sentimiento de seguridad absoluta. Pues en el momento en que se persigue este sentimiento como tal (en lugar de que surja por sí mismo como simple consecuencia de realizaciones objetivas), en ese mismo momento se disipa. Es que al hombre no le corresponde la seguridad perfecta, ni a este respecto ni a aquel otro; ni mucho menos le toca la suerte de aquel sentimiento de seguridad absoluta del que intenta apoderarse el neurótico obsesivo de forma tan convulsiva. Resumiendo, podemos decir: la persona normal pretende estar en un mundo más o menos seguro, mientras que el neurótico aspira a un sentimiento de absoluta seguridad. La persona normal quiere entregarse al tú amado, mientras que el neurótico sexual aspira al orgasmo, lo persigue como tal y por consiguiente ya tiene un trastorno en su potencia. La persona normal pretende conocer «ocasionalmente» una parte del mundo, mientras que el neurótico obsesivo pretende conseguir un sentimiento de evidencia, lo persigue como tal y, por consiguiente, ya es arrastrado por un *progressus in infinitum*. Finalmente, la persona normal pretende responsabilizarse existencialmente de la existencia concreta, mientras que el neurótico obsesivo escrupuloso solo pretende tener el sentimiento de una —pero absoluta— buena conciencia: es decir, un exceso, desde el punto de vista de lo que se puede desear humanamente, y al mismo tiempo una carencia, desde el punto de vista de lo que se puede realizar humanamente.

Terapéuticamente lo que importa, es construir un puente áureo para el neurótico obsesivo que finalmente le conduzca a la autoabolición del racionalismo. Para recorrer este camino equipamos al paciente con este lema: lo más racional es no querer ser demasiado racional.[56]

El neurótico obsesivo quiere «hacer» todo con conciencia y con voluntad y precisamente entonces todo parece «hecho» y «querido» y no fácil y fluido. Pero el sentimiento

56. Lo que importa desde un punto de vista profiláctico es una recomendación que aspira a una superación de la voluntad al cien por cien, a una renuncia a la pretensión a un conocimiento sabio al cien por cien y a una decisión justa al cien por cien. La recomendación ya hace mucho tiempo que fue anticipada: «¡No seas demasiado justo y no te vuelvas demasiado sabio! ¿Por qué quieres volverte loco?» (Eclesiastés, c. VII, v. 16). La persona en cuestión no se vuelve precisamente loca, demente, enferma mental; pero, ¿quién va a criticar a la Biblia si todavía no ha establecido el diagnóstico diferencial entre neurosis y psicosis?

es capaz de ser mucho más sensible de lo que la razón jamás sería capaz de ser perspicaz. De esta forma el corazón y el sentimiento se revelan cognitivamente superiores a cualquier inteligencia y a cualquier razón y de la misma forma, la espiritualidad inconsciente, es decir, no reflexiva, del hombre es más sabia de lo que él mismo, el hombre, vislumbra y también más sabia de lo que él, el hombre, se cree. En una palabra, la sabiduría del corazón del hombre tiene una dimensión cognitiva incalculable. El corazón no significa nada más que el núcleo y el centro del hombre, la persona, a saber, la persona íntima, la persona espiritual profunda.

De todo esto resulta hasta qué punto, en casos de neurosis obsesivas, sería necesaria una educación a confiar en lo inconsciente, a confiar en la espiritualidad inconsciente, en la superioridad cognitiva y decisiva del corazón y del sentimiento del hombre frente a su inteligencia y a su razón; en una palabra: lo que enseñamos al neurótico obsesivo, lo que le devolvemos, lo que tenemos que hacerle encontrar es confiar en la sabiduría de su propio corazón.

Conocemos un caso (Prof. Peter S.) en el que el paciente neurótico obsesivo cuando hablaba y pensaba, solía observarse a sí mismo tanto que llegó a tener miedo de que esta su obsesión de observación pudiese llevarle a perder el hilo cuando hablaba. Se desarrolló una creciente angustia de espera que llegó a ser un obstáculo real para su carrera. Le clarificamos que, en la medida en que renunciase a ser un buen orador, en esa misma medida sería de hecho un mejor orador; pues se fijaría menos en el cómo y mucho más en el qué de lo que quería decir en cada momento y sería capaz de hablar mejor. Para ser un orador mejor posible, cuanto más me fijo en el discurso en sí y como tal, tanto menos soy capaz de preocuparme por el contenido y el objeto del discurso.

¡Preguntémonos cuál era la base de su obsesión de observación! Era la angustia de perder el control sobre sí, de no dominarse y de dejarse llevar, de abandonarse a su inconsciente.

Sin embargo, no existe solo una sabiduría del corazón, como la espiritualidad inconsciente del hombre que hemos descrito, sino también una sabiduría de la lengua y en esta tenemos que ver, sin duda, el espíritu enriquecido y almacenado de la humanidad. ¡La lengua, con esta su sabiduría, dice que el hombre «cae» en el sueño; por consiguiente, también el carácter inconsciente que acompaña al sueño es algo en le que debemos dejarnos caer!

En la actualidad de ningún modo debemos obstinarnos en la posición según la cual en la psicoterapia lo que importa es hacer emerger a cualquier precio el inconsciente a la conciencia; pues el psicoterapeuta tiene que hacer consciente algo solo de forma transitoria. Él tiene que hacer consciente lo inconsciente —y también lo inconsciente espiritual— solo para que finalmente deje que esto se vuelva a hacer inconsciente; tiene que transformar una *potentia* inconsciente en un *actus,* consciente, con el único fin, sin embargo, de provocar finalmente un *habitus* de nuevo inconsciente: en última instancia el psicoterapeuta tiene que restablecer la naturalidad de realizaciones inconscientes.

Así pues, a menudo en la psicoterapia importa hacer que algo permanezca inconsciente o que se vuelva inconsciente. Pero también entendemos que volver a hacerse inconsciente, olvidar, representa un mecanismo esencial de protección y comprendemos la profunda sabiduría que se encuentra en una leyenda del Talmud, según la cual a todo recién nacido, al llegar al mundo, un ángel le da un golpe en la boca y acto seguido olvida lo que ha aprendido y visto antes de su nacimiento. Visto que tenemos que considerar esta «amnesia» platónica como un mecanismo de protección, podemos llamar al ángel talmúdico un ángel de la guarda.

Ahora, pues, se entiende que en la psicoterapia a menudo importará mucho más distraer la atención de algún síntoma alrededor del cual estaba centrada esta atención, que disolver el síntoma mismo. Al paciente se le puede recordar tranquilamente la conocida historia de aquel ciempiés que murió de forma miserable al intentar inútilmente poner en movimiento conscientemente sus «cien pies» observándose a sí mismo. Ya no sabía con qué pie debía empezar o en qué orden tenía que mover los pies. Pues la reflexión perturba la realización de aquellas acciones que normalmente se hacen de forma inconsciente y automática.

Está claro que, así como tenemos que elegir el método terapéutico de la intención paradójica frente a la angustia de espera, del mismo modo la obsesión de observación hace necesaria como correctora una derreflexión. Mientras que la intención paradójica capacita al paciente para ironizar la neurosis, con la ayuda de la derreflexión es capaz de ignorar los síntomas.

En última instancia, la derreflexión quiere decir: ignorarse a sí mismo. En *El diario de un cura rural* de Bernanos se encuentra la hermosa frase: «Odiarse es más fácil de lo que se cree; la gracia consiste en olvidarse». Ahora bien, podemos variar esta expresión y decir lo que muchas personas neuróticas deberían decirse con más frecuencia: mucho más importante que despreciarse mucho (exceso de escrupulosidad) u observarse demasiado (exceso de conciencia), mucho más importante que esto sería olvidarse por completo. Solo que nuestros pacientes no lo deberían hacer como Kant, que un día tuvo que despedir a su mayordomo ladrón y, sin embargo, no pudo superar la pena que le sobrevino y, para forzarse a ello, colgó en la pared de su habitación un cuadro con la inscripción: «Mi mayordomo debe ser olvidado». Así que le pasó como a aquel hombre al que se le había prometido que podía convertir el cobre en oro pero solo a condición de que no pensase en un camaleón durante los diez minutos que duraba el procedimiento alquimista en cuestión; después de lo cual no fue capaz de pensar en otra cosa que no fuese ese animal extraño en el que nunca en su vida había pensado.

Así no es posible; solo puedo ignorar algo —es decir, conseguir la derreflexión requerida— cuando actúo dejando de lado este algo, y cuando existo orientado hacia algo diferente. Y en este momento la logoterapia se transforma en análisis existencial, cuya esencia en cierto sentido consiste en que el hombre es centrado y orientado hacia el sentido concreto de su existencia personal (que se ha de clarificar a través del análisis en cada caso).

Pertenece a la esencia del hombre el carácter orientado y centrado sea en algo, sea en alguien, sea en una obra o en un hombre, en una idea o en una persona (véase p. 277). Pero esta ley fundamental de la existencia humana también tenemos que hacerla fecunda desde el punto de vista terapéutico. Y es precisamente el neurótico ansioso quien en última instancia puede ser arrancado del círculo vicioso de sus pensamientos que se mueven en torno a su angustia, solo cuando y solo en la medida en que no solo aprende a alejar su atención del síntoma, sino que también sabe dirigirse a un objeto. Cuanto más, en el sentido de una objetividad semejante, si se puede decir nueva, a saber, adquirida de forma nueva, el enfermo coloca en primer plano de su conciencia un objeto que sea capaz de hacer que su vida tenga sentido y sea digna de ser vivida, tanto más su propia persona y por tanto sus problemas personales se colocan en el trasfondo de la experiencia.[57]

Configuramos la propia persona solo entregándonos a algo.[58] Nos liberamos de esta angustia no a través de la autoobservación o incluso a través de la autorreflexión, no dejando que nuestra angustia envuelva nuestros pensamientos, sino a través de la autoinmolación, a través del autoabandono y a través del autosacrificio por algo digno de tal sacrificio.

Este es el secreto de cualquier autoconfiguración y nadie lo ha expresado de forma más pertinente que Karl Jaspers cuando escribe: «Lo que el hombre es, lo es a través de lo que él hace suyo».

Así pues hemos conocido cuatro tipos de actitudes esenciales:

---

57. Compárese con Gordon W. Allport: «A medida que el foco de concentración de los esfuerzos pasa del conflicto a unos objetivos desinteresados, la vida en su conjunto se vuelve más sana, aun cuando la neurosis nunca desaparezca del todo» (*The individual and his religión*, Nueva York, 1956, p. 95).
58. Compárese con Max Scheler, *Philosophische Weltanschauung*, Berlín 1954, p. 33: «Solo quien se quiere perder en una cosa, conquistará su auténtico yo».

1. La pasividad falsa: la huida del neurótico ansioso ante sus ataques de angustia.

2. La actividad falsa: *a*) La lucha del neurótico obsesivo contra sus ideas obsesivas, *b*) 1. Perseguir de forma forzada el placer sexual, al que se añade: *b*) 2. La reflexión forzada del acto sexual (lo uno no es menos patógeno que lo otro).

3. La pasividad correcta: ignorar (¡derreflexión!), incluso ironizar (¡intención paradójica!) el síntoma.

4. La actividad correcta: actuar dejando el síntoma de lado, el existir orientado hacia algo.

Por lo demás no se debe olvidar que no solo se revela como patógena la carga, sino también la descarga. Lo que importa es el correctivo terapéutico de una pretensión adecuada, por parte de un algo hacia lo cual sería conveniente actuar (véase antes). Pero precisamente por esto debemos poner de relieve el punto 4 anteriormente mencionado: la actividad correcta; dado que la sintomática de muchas neurosis se revela en última instancia y en el fondo como la proliferación psíquica a partir de la nada hacia un vacío espiritual, a partir de la carencia de sentido de una existencia concreta. Aquí volvemos a encontrar el vacío existencial, la frustración existencial.

Como hemos dicho, la logoterapia no se entiende como un sustituto, sino más bien como un complemento de la psicoterapia.

Evidentemente, la logoterapia no pretende sustituir a la psicoterapia en el sentido estricto de la palabra y utilizado hasta ahora, sino que solo pretende completarla, completar también su imagen del hombre en una imagen del hombre «completo» (a cuya totalidad, como hemos visto, pertenece esencialmente también lo espiritual).

Pero en modo alguno la logoterapia es solo un complemento de la psicoterapia, es también un complemento de la somatoterapia o, mejor dicho, de una terapia simultánea somatopsíquica, que se aplica tanto a lo somático como a lo psíquico, para desanclar la neurosis de estos dos puntos fijos.

Vemos una y otra vez que se llega a crear un círculo vicioso entre los trastornos funcionales vegetativos y endocrinos, por un lado, y los esquemas patógenos de reacción a estos trastornos funcionales, por otro, ensamblando una angustia reactiva de espera en una disposición vegetativa a la angustia, solo a través de la cual el paciente se enfrasca en una neurosis de angustia. Sin embargo, se mostró en casos semejantes que la terapia se puede concluir o la neurosis se puede superar por completo solo centrando y orientando al paciente hacia un sentido concreto de su existencia personal que se ha de clarificar por medio del análisis existencial.

Todos los círculos neuróticos, pues, solo pueden crecer hacia un vacío existencial de manera que incluso en los casos propiamente somatopsicógenos que no surgieron en modo alguno de lo espiritual, está indicada, sin embargo, una terapia desde lo espiritual, como se considera la logoterapia. Por tanto, la logoterapia representa un complemento noético de la terapia somatopsíquica.

Por consiguiente, en modo alguno la logoterapia pasa por alto lo biológico, lo fisiológico; esta solo pretende una cosa: a saber, que al tratar lo fisiológico y lo psicológico no se olvida de lo noológico. Cuando se construye una casa y al final el encargado de colocar las tejas inicia su trabajo, nadie le reprochará si no se preocupa por el sótano.

Naturalmente mantenemos que, en primer lugar, hay que arreglar todo lo que representa, si se puede decir así, la condición natural de la posibilidad de la existencia personal espiritual del hombre; sería desacertado si quisiéramos localizar las fuentes de trastorno en lo psíquico de forma tan unilateral y exclusiva como continuamente se hace; esto significaría localizarlas mal. No tenemos que pasar por alto ninguno de los momentos que confluyen en la etiología de las enfermedades neuróticas y no debemos sobrevalorar ninguno, si no queremos caer, respectivamente, en un somatologismo, psicologismo o noologismo.

La aportación casuística que presentamos a continuación debería ilustrar esto: la Sra. Eleonore W. (Policlínica neurológica, paciente de ambulatorio 3070/1952), de 30 años de edad. Llega con psicotofobia, criminofobia, homicidiofobia y suicidiofobia muy agudas. La psicotofobia se refiere a alucinaciones hipnagogas; parece que la paciente es eidética. A parte de esto es visiblemente obsesiva aguda y su obsesión forma el lado psicopático de la base constitutiva de su neurosis, mientras que el lado neuropático aparece bajo la forma de una simpaticotonía (de cuya legitimidad no tenemos que dudar junto con F. Hoff y Curtius) o de una hipertiroidosis que coincide en parte con esta última: tiroides agrandada, exoftalmía, temblores, taquicardias (140 pulsaciones p.m.), pérdida de peso (5 Kg.), metabolismo basal + 72 por ciento. A esta base constitutiva se añade un momento de predisposición: el trastorno vegetativo por una estrumectomía llevada a cabo hacía dos años, y finalmente un factor condicional: un desequilibrio vegetativo; pues un día la paciente tomó contra su costumbre un café fuerte y a continuación tuvo un ataque vegetativo de angustia al que respondió con una angustia reactiva de espera («después del primer ataque de angustia volví a tener miedo con solo pensarlo»). Más tarde la angustia de espera se condensa, como hemos visto, alrededor de sus ideas obsesivas. Un análisis existencial del caso hace emerger, más allá de la disposición psicopática y neuropática y de la base constitutiva, predispositiva y condicional, el trasfondo existencial de la neurosis; la paciente lo verbaliza de la siguiente forma: «Tengo un vacío mental; estoy colgada en el aire; todo me parece carente de sentido; siempre me ha ayudado el tener que preocuparme por alguien; pero ahora estoy sola; quisiera volver a tener un sentido en la vida». En estas palabras ya no se trata de la indicación anamnésica de una paciente. Lo que deducimos es más bien el grito de socorro de una persona y no es otra cosa que un vacío existencial lo que la paciente intentó describir con las palabras citadas anteriormente. Entonces, el motivo por el que la paciente se había dirigido a nosotros no consistía en su frustración existencial; sin embargo, la terapia surtió efecto solo cuando se le señaló el camino para llenar su vacío existencial y para reducir todas las proliferaciones neuróticas hacia el vacío.

En este sentido, la logoterapia se acredita no solo como terapia adecuada y causal de neurosis noógenas, sino también en neurosis no noógenas: en casos somatógenos y psicógenos es eficaz como terapia no específica; pues incluso en el caso en que el vacío existencial no es el factor patógeno propiamente dicho —pues la frustración existencial no es

Elementos del análisis existencial y de la logoterapia

forzosamente patógena— llenar este vacío es «antipatógeno» (Manfred Pflanz y Thure von Uexküll).

Y respecto a estos casos es válido el dicho de Paracelso: ciertamente la enfermedad surge de la naturaleza, sin embargo su curación surge del espíritu. Las neurosis no eran noógenas y a pesar de ello, incluso en estas era indicada una logoterapia combinada con la terapia simultánea somatopsíquica.

Pero no todos los pacientes reaccionan a todos los métodos y no todos los médicos tienen éxito con todos los métodos.

Por esta razón suelo decir que la psicoterapia es una ecuación con dos incógnitas: *psicoterapia*=$x+y$, siendo una incógnita la personalidad del médico, el único factor irracional y no calculable y la otra la individualidad del enfermo.

Y es importante no sobrevalorar lo técnico; si quisiéramos preocuparnos demasiado por la técnica, por lo que se refiere a la psicoterapia, solo admitiríamos que tras el enfermo no vemos al hombre, sino más bien vemos en el hombre a una máquina, dicho con otras palabras: no vemos al *homo patiens* sino únicamente *L'homme machine*.

ÍNDICE DE LAS FUENTES
(POR CAPÍTULO)

PRIMERA PARTE

I. *Zur geistigen Problematik der Psychotherapie*: «Zentralblatt für Psychotherapie» X (1938) 33-45.
II. *Seelenärztliche Selbstbesinnung*: «Christlicher Ständestaat» 30-1-1938, pp. 72-74.
III. *Philosophie und Psychotherapie*: «Schweizerische medizinische Wochenschrift» 31 (1939) 707-709.
IV. *Zur medikamentösen Unterstützung der Psychotherapie bei Neurosen*: «Schweizer Archiv für Neurologie und Psychiatrie» XLII (1939) 26-31.
V. «Psychologie und Psychiatrie des Konzentrationslagers», en H.W. Gruhle, R. Jung, W. Mayer-Gross y M. Müller (dirs.), *Psychiatrie der Gegenwart*, vol. III, Springer, Berlín-Gotinga-Heidelberg, 1961, pp. 743-759.
VI. *Rudolf Allers als Philosoph und Psychiater*, «Jahrbuch für Psychologie, Psychotherapie und medizinische Anthropologie» XI (1964) 187-192.
VII. *Psychologisierung - oder Humanisierung der Medizin?*: «Österreichische Ärztezeitung», año 36, 10 (1981) 701-707.

411

VIII. «Die Begegnung der Individualpsychologie mit der Logotherapie», en T. Reinelt, Z. Otalora y H. Kappus (dirs.), *Die Begegnung der Individualpsychologie mit anderen Therapieformen. Ausgewählte Beiträge vom 15. Kongress der Internationalen Vereinigung für Individualpsychologie vom 2. bis 6. August 1982 in Wien,* Reinhardt, Múnich-Basilea, 1984, p. 118-126.

IX. *Hunger nach Brot - und Hunger nach Sinn*: «Kulturmagazin Tiroler Impulse», año 2, 1 (1985) 6s.

X. *Man's Search for Ultimate Meaning,* conferencia pronunciada en 1985 durante la reunión anual de la American Psychiatric Association de Dallas (Texas, EE.UU.) con ocasión de la concesión al autor del premio «Oskar Pfister»

XI. Discurso público pronunciado el 10 de marzo de 1988 ante 35 000 personas en el Rathausplatz, la plaza del Ayuntamiento de Viena, en el marco de una manifestación conmemorativa de la invasión de Hitler, ocurrida 50 años antes.

XII. El texto de este discurso pronunciado en Seefeld apareció por primera vez en la miscelánea conmemorativa *Psychiatrie im Aufbruch. 100 Jahre Universitätsklinik für Psychiatrie Innsbruck, Tätigkeitsbericht 1989-1992,* ed. de H. Hinterhuber, Innsbruck, Verlag Integrative Psychiatrie, 1993, pp. 23-32.

SEGUNDA PARTE

«Grundriss der Existenzanalyse und Logotherapie», en: V.E. Frankl, V.E. von Gebsattel y J.H. Schultz (dirs.), *Handbuch der Neurosenlehre und Psychotherapie,* vol. 3, Urban & Schwarzenberg, Múnich-Berlín 1959, p. 663-736.

OTRAS OBRAS DE VIKTOR FRANKL

Obras en español

...*A pesar de todo, decir sí a la vida*, Barcelona, Plataforma, 2016.
Ante el vacío existencial. Hacia una humanización de la psicoterapia, Barcelona, Herder, 2010 (1.ª ed. 1980).
Búsqueda de Dios y sentido de la vida. Diálogo entre un teólogo y un psicólogo, con Pinchas Lapide, Barcelona, Herder,⁴2018.
El hombre doliente. Fundamentos antropológicos de la psicoterapia, Barcelona, Herder, ⁷2009 (1.ª ed. 1987).
El hombre en busca de sentido, Barcelona, Herder, 32016.
El hombre en busca del sentido último, Barcelona, Paidós, 2017 (1.ª ed. 1999).
En el principio era el sentido, con Franz Kreuzer, Barcelona, Paidós, 2014.
Escritos de juventud 1923-1942, Barcelona, Herder, 2007.
Fundamentos y aplicaciones de la logoterapia, Barcelona, Herder, 2012.
La idea psicológica del hombre, Madrid, Rialp, 2003 (1.ª ed. 1965).
La presencia ignorada de Dios. Psicoterapia y religión, Barcelona, Herder, ²2012 (1.ª ed. 1977).

La psicoterapia al alcance de todos, Barcelona, Herder, ⁹2010 (1.ª ed. 2003).

La psicoterapia en la práctica clínica, Barcelona, Herder, 2014.

La voluntad de sentido. Conferencias escogidas sobre logoterapia, Barcelona, Herder, ⁵2012.

Lo que no está escrito en mis libros. Memorias, Barcelona, Herder, 2016.

Psicoanálisis y existencialismo, México-Buenos Aires, Fondo de Cultura Económica, 2010 (1.ª ed. 1950).

Psicoterapia y existencialismo. Escritos selectos sobre logoterapia, Barcelona, Herder, ²2014 (1.ª ed. 2001).

Psicoterapia y humanismo. ¿Tiene un sentido la vida?, México-Madrid-Buenos Aires, Fondo de Cultura Económica, ⁹2014 (1.ª ed. 1978).

Sincronización en Birkenwald. Una conferencia metafísica, Barcelona, Herder, 2013.

Teoría y terapia de las neurosis. Iniciación a la logoterapia y al análisis existencial, Barcelona, Herder, 2008 (1.ª ed. 1992).